Mon cher ami et ancien étudiant, Gloire Emmanuel Ndongala, ; l'Église Américaine faible et apparemment en retard de « g provocatrices, et son défi est parfois cinglant, mais plein d'espoi texte à tous mes compagnons, aux chefs religieux et à tout d dépasser les « douleurs croissantes » afin de développer le musc derniers jours de conflit spirituel.

Dr Scott Camp
Évangéliste, Auteur, Educateur
www.scottcamp.org

Gloire Ndongala a écrit un livre qui va certainement réveiller l'église endormie. En tant qu'église, nous disons que nous croyons la Bible, mais nous devons encore nous attendre à ce que le Dieu de l'Église primitive fasse par nous ce qu'Il au travers les premiers disciples et plus encore. Gloire n'a pas seulement écrit un autre livre, il a mis sur papier le feu qui brûle en lui à propos du Seigneur et sa puissance et son amour sans fin.

Mme Chantal Yobuoe
Baccalauréat en finance, Maîtrise en sciences humaines en français, maîtrise en ministère, doctorat en ministère, Vision International University
Pasteur principal, Rapha Word Church DFW

En tant que musicien, prédicateur et formateur personnel, je crois plus que jamais que Dieu est sur le point d'envoyer un autre mouvement de son Esprit comme aux jours des réveils historiques passés. Dans le même souffle, je dis que ce geste ne durera pas sans une église mûre pour le gérer. Je connais mon cher ami Gloire depuis maintenant une décennie, et sa passion constante, sa faim et son zèle à voir une épouse compatible avec Jésus à tous les niveaux et prête pour le retour de Jésus est bien au-dessus du statu quo. Ce livre vous fera reconnaître notre manque actuel dans l'église dans la connaissance de Dieu, mais je crois qu'il va également provoquer une faim d'aller après la vérité et la justice. Nous voulons être une Église préparée et capable de gérer avec maturité la présence de Dieu dans une plus grande mesure. Que ce livre suscite, convainque et encourage les générations à venir à « grandir » et à être tout ce que Dieu voulait que son Église soit.

Cade Leuschner
Musicien et missionnaire intercesseur, Meleah House of Prayer
Fondateur de Forerunner Fitness

1

Lire "Église de maturité" est comme avoir un aperçu de façon dont l'Église primitive a fonctionné. Elle éclaire les actes miraculeux du corps du Christ qui ont été oubliés. Pour ceux qui cherchent à revenir à la simplicité du corps du Christ et à découvrir la complexité de notre Dieu, ce livre est un must. Les vérités qui ont été ignorées et oubliées depuis longtemps seront rendues à ceux qui les recherchent. Si vous cherchez la vérité, ou votre but dans cette vie et comment vous vous adaptez dans le corps du Christ, ce livre est pour vous. J'ai été personnellement défié et condamné par ce livre a fait naître en moi un nouvel embrasement de ma foi dans le Christ et l'affirmation de qui je suis dans le Christ.

Melonie Parmley, DO
Disciple de Christ
Doctorat en ostéopathie, Université Des Moines

J'ai reçu une copie du livre 'Église de maturité" à l'avance et je me suis dit : « Enfin, quelqu'un qui parle la vérité telle qu'elle était censée être dite ! » Nous vivons à une époque où les Écritures sont transformées en de fausses idéologies radicales. Les églises craignent trop d'offenser, ou elles tordent la Parole pour s'adapter à ce qu'ils veulent dans leur église, plutôt que ce que Dieu a appelé l'église à être. Gloire Emmanuel Ndongala plonge dans la vérité de l'Écriture, comme nous le devrions, et étudie les dons que nous avons tous été donnés par Dieu. C'est un livre qui vous aidera à découvrir vos dons et comment ils peuvent être utilisés efficacement sur la base des ECRITURES ! C'est de la sagesse de Dieu, et non de la connaissance de ce monde, que Gloire Emmanuel Ndongala peut appeler de façon efficace l'église à GRANDIR !

Britani Overman (mrsbsanchez13@gmail.com)
Agent de bord
Rédacteur en chef chez Tamara Taylor Edu Publishing
Baccalauréat en littérature Anglaise, Université du Colorado

Je connais Gloire depuis plus de 10 ans. Nous sommes allés à l'université ensemble, nous avons joué au basket ensemble, nous avons prié ensemble, et nous avons tous deux vu les familles de l'autre grandir un enfant à la fois. Nous nous sommes tous deux vus dans nos points les plus bas et dans nos points les plus hauts. Vous découvrez vraiment le vrai caractère de quelqu'un à leur point le plus bas. Pour Gloire, il n'a jamais changé qui il était dans le Christ quant à son point le plus bas. Il n'a jamais cessé de suivre le Christ, alors qu'il était tout à fait justifié de le faire pendant les batailles les plus dures de sa vie.
Son attachement à Dieu est inégalé, son amour pour sa famille est évident, et sa fidélité à ses amis est comme aucune autre. C'est un homme de la Parole, un homme de prière, et un homme passionné pour l'épouse du Christ.
Dans son livre, il y a un sentiment de Jérémie 6 :16, où le Seigneur a dit : « Placez-vous sur les chemins, regardez et renseignez-vous sur les pistes qui ont toujours été suivies. Quelle est la bonne voie ? Marchez-y et *vous trouverez le repos pour votre âme !». D'une manière générale, je crois que l'église s'est éloignée du chemin originel que Dieu voulait. Dans ce livre, je crois que Gloire, par la recherche profonde et la prière, a fait un excellent travail en redirigeant l'église vers

les anciens chemins. Je crois que chaque église et séminaire devrait adopter ce livre dans leurs bibliothèques, cours et programmes de disciples. Dieu a vraiment soufflé sur ce livre !

Matt Daniels
High School Campus Mentor
Certified Life Coach/Counselor
Worship Minister
Bachelor's Degree in Education

Gloire est indéniablement un vaisseau envoyé par Dieu pour un tel temps que celui-ci. Sa vie d'intégrité et son cœur de passion sont contigus. J'ai rencontré Gloire à l'université avec un groupe d'étudiants qui ont été vendus pour Jésus. Il dirigeait des réunions de prières où se produisaient régulièrement des miracles, des signes et des merveilles. Son impact sur ma vie est au-delà de ma capacité à décrire. J'ai vu Gloire grandir au fil des ans et les outils qu'il fournit dans ce livre ne proviennent pas seulement de son esprit et de son cœur, mais d'une expérience réelle. Ce livre est très bénéfique à toute personne appelée à diriger ou même à ceux qui désirent mûrir et se développer sur un plan personnel. Gloire fait un excellent travail en fournissant des informations de qualité et en examinant la lecture à travers les évaluations dans le livre. Chaque individu devrait faire une expérience d'une croissance quand il aura fini de lire ce livre.

Docteur Astacia Jones
Behavior Counselor, Newman International Academy
www.lifeabandon.com

Je connais Gloire depuis plus de cinq ans. Nous avons ri et pleuré ensemble. Vous ne connaissez jamais quelqu'un avant d'avoir eu l'occasion de vivre sous le même toit. En 2015, Gloire et sa famille ont emménagé avec moi. Comme ils vivaient dans ma maison, j'ai grandi spirituellement à bien des égards. Il n'a jamais rendu les choses difficiles pendant qu'il restait avec moi pourtant chaque fois qu'il finissait de me parler, bien que ce fût parfois difficile, je savais encore qu'il se souciait. Son livre est une incarnation de son cœur pour l'église.
L'église de la fin des temps doit grandir. Nous devons commencer à chercher de la nourriture solide et cesser d'être maintenus en vie par le lait. Ce livre est un livre incroyable à mâcher tous les jours. Il est rempli de connaissances bibliques et d'enseignements guidés par l'esprit dont tous les croyants ont besoin en ces jours. Profitez et imprégnez chaque mot !

Tanya Harper
Fille du Très-Haut,
Propriétaire de Pioneer Bar, TNT Casino, Water to Wine Steakhouse & Terrace
Propriétaire de Jamerica Rentals

J'ai rencontré Gloire il y a plus de 11 ans. Grâce à mes études supérieures, à ma carrière de pasteur et de missionnaire, et maintenant à mon travail de laïc d'amener mon appel sur le lieu de travail séculier, je peux dire avec confiance qu'il est non seulement un exemple modèle d'un disciple pleinement engagé du Christ, mais aussi un ami très fidèle. En tout temps je l'ai connu, il était plein d'intégrité, de grâce et d'amour pour tous ceux qui viennent sur son chemin. Gloire est aussi plein d'un feu prophétique que je n'ai jamais vu chez d'autre personne. Sa passion de voir prospérer l'église de Jésus-Christ est sans pareil. J'ai eu l'immense privilège de lire ce livre tôt et je peux tout à fait dire qu'il va défier, pousser, et faire grandir tous ceux qui le lisent. Le style d'écriture de Gloire est conversationnel et ses mots sont clairs. Nous devons grandir comme une église, mettre de côté le lait, et nous nourrir de la viande de la Parole. Que les vérités de ce livre vous changent de la même façon qu'ils m'ont changé.

Jose Lopez
Maîtrise en Théologie, Université Evangel
B.A. Ministères de l'Église, SAGU

Remerciements spéciaux

Je tiens à remercier tout particulièrement les personnes suivantes, sans qui ce livre ne serait pas ce qu'il est aujourd'hui :

Benjamin Liu pour la conception artistique originale.

Jason Rutel, Creative Nomads Empowering Change-Makers à se connecter, s'engager et rester en mission https://thecreativenomads.comInfo@thecreativenomads.com.

Britani Sanchez et Kelani Daniels pour l'édition du livre.

Une femme qui a semé une semence financière au nom de son oncle, William Verploegen.

Ma femme pour avoir été mon plus grand soutien.

Mon père spirituel, le Docteur Ansy Dessources, pour m'avoir encouragé.

Enfin, le Saint-Esprit pour Son inspiration.

Remerciements

Ce livre n'aurait pas pu être écrit s'il n'avait pas été inspiré en moi par l'Esprit Saint. Je crois que l'Esprit Saint m'a donné ce livre pour aider les individus à grandir dans divers domaines de leur foi.

Je voudrais également remercier Katie, ma femme et ma meilleure amie. Elle et moi avons traversé des choses inimaginables, mais par la grâce de Dieu, Il s'est montré plus fort dans nos faiblesses. Quand je doutais que Dieu puisse vraiment m'utiliser pour écrire, Katie combattait toujours ces mensonges avec la vérité de ce que Dieu dit de moi. Elle a vraiment été un rocher dans ma vie.

Je tiens également à remercier tous mes professeurs qui ont cru et investi en moi. Si ce n'est pour ceux qui m'ont enseigné et versé en moi à l'Université *Southwestern Assemblies of God*, je n'aurais aucune idée de la façon d'étudier vraiment la Parole de Dieu.

J'aimerais remercier ma mère qui a été une autre inspiration dans ma vie. Elle m'a appris à prier et à sacrifier tant de choses chaque jour pour que ma famille puisse réussir. Elle était la seule à être là pour mes frères et sœurs et moi et elle a fait de son mieux pour nous éduquer. Quand elle n'a pas pu s'occuper de nous, elle m'a confié aux mains de la famille Lucero, qui est devenue pour moi une deuxième famille.

Enfin, je voudrais remercier ceux que j'aime appeler des « amis évangéliques ». Ce sont des amis qui m'ont défié, encouragé et poussé dans l'appel que Dieu a pour moi. C'est par leurs prières que ma vie est là où elle est aujourd'hui !

Église de Maturité

Gloire Emmanuel Ndongala

Église de Maturité

Église de Maturité

Les citations des Écritures proviennent de la Sainte Bible,
Version Segond 21 (SG21) sauf indication contraire.

Coordonnées des auteurs :
Courriel : gloire@gloirendongala.com
Site web : gloirendongala.com
TikTok : Gloire777
YouTube : Gloire Ndongala
Instagram : Gloire777
Facebook : Gloire Emmanuel Ndongala

Première publication 2019. Deuxième édition 2020.
Publié par,
Gloire Emmanuel Ndongala

ISBN : 979-8-9856473-3-4

Pour la gloire de Dieu

Table des Matières

INTRODUCTION

Quand vous regardez dans le livre des Actes la façon dont l'église primitive a fonctionné et la comparer à la façon dont nos églises fonctionnent aujourd'hui, il est évident que nous sommes loin du modèle original. Certains peuvent soutenir que c'est parce que les cultures changent avec le temps, et ils diraient qu'il est nécessaire de changer la façon dont l'église fonctionne. Bien que cela soit vrai, la Parole de Dieu ne devrait jamais changer.

Je vais essayer d'aborder bibliquement ce que je vois comme le plus grand problème qui touche l'église, qui est l'immaturité. **Dans le but de ce livre, je définis l'immaturité comme l'incapacité d'un individu à prendre la vérité biblique et à la permettre de pénétrer son cœur.** Il en résulte une incapacité à porter le fruit de la piété dans leurs interactions quotidiennes avec les gens.

Je vais également examiner comment nous pouvons mettre en œuvre avec maturité les vérités bibliques dans la structure de l'église moderne. La maison de Dieu ne peut pas être remplie de désordre, et par ce livre, mon but est d'expliquer comment établir l'ordre voulu par Dieu dans l'église et comment il fonctionne.

Paul a abordé les questions de confusion, de désordre et d'immaturité dans l'église primitive aussi bien. L'église de Corinthe était une église qui grandissait dans les dons de l'Esprit, mais était immature dans la façon dont les croyants interagissaient entre eux et dans l'utilisation ordonnée des dons. Cela a conduit Paul à faire la déclaration, « Car Dieu n'est pas un Dieu de désordre, mais de paix. Comme dans toutes les Eglises des saints » (*1 Corinthiens 14 : 33*).

Comment combattez-vous le désordre, la confusion et l'immaturité dans l'Église ? La réponse est simple : nous devons regarder ce que la Parole de Dieu dit et l'appliquer. L'Église primitive a compris que la structure de direction de Dieu permettait aux gens de grandir et de mûrir.

Il y aura toujours des gens immatures dans l'église parce que nous sommes tous à différents niveaux avec le Seigneur. Il existe cependant une différence entre la maturité progressive et l'immaturité stagnante. La première épître de l'apôtre Jean dit ceci,

« Je vous écris, petits-enfants,
parce que vos péchés vous sont pardonnés à cause de son nom.
Je vous écris, pères,
parce que vous connaissez celui qui est dès le commencement.
Je vous écris, jeunes gens,
parce que vous avez vaincu le mauvais.
Je vous écris, petits-enfants,
parce que vous connaissez le Père.
Je vous ai écrit, pères,
parce que vous connaissez celui qui est dès le commencement.
Je vous ai écrit, jeunes gens,
parce que vous êtes forts,
que la parole de Dieu demeure en vous
et que vous avez vaincu le mauvais »
(1 Jean 2 : 12-14)

Clairement, quand on regarde ce passage, on peut voir qu'il y a des enfants dans l'église. Par les enfants, Jean ne parle pas simplement d'un enfant, mais d'un nouveau croyant. Toujours dans cette ligne de pensée, Jean parle des pères et des jeunes hommes.

Dans cette optique, la prémisse de mon livre ne vient nullement contre les nouveaux croyants. Au contraire, il s'agit de ne pas tolérer les comportements des chrétiens qui ont été sauvés pendant des années et encore boire du lait au lieu de manger des aliments solides comme un adulte devrait, comme Dieu les attendrait en saison.

Mon espoir est que, d'ici la fin de ce livre, vous comprendrez comment grandir dans la maturité spirituelle et serez prêt à avancer dans la plénitude de qui Dieu vous a appelés à être.

CHAPITRE 1
Est-ce que suis-je un missionnaire ?

C'était en 2004 et j'étais invité à l'église par une fille que j'admirais. J'avais 16 ans à l'époque et j'avais trop confiance en moi en raison de mes capacités athlétiques. Entré à l'église, j'avais trouvé une chaise derrière, et je m'étais tranquillement assis là en prévision.

Qu'anticipais-je ? Eh bien, ce n'était pas ma première fois dans une église. Avant cela, j'avais fréquenté de nombreuses églises congolaises parce que je suis né au Congo, et je devais y assister. Mais dans chaque église congolaise où je suis allé, quelque chose de fou est toujours arrivé. Les gens éclataient parfois dans la danse, et d'autres fois, ils étaient littéralement moussants à la bouche. Avec ces expériences dans mon esprit, j'anticipais quelque chose de fou ici.

Cependant, le service commença et progressa d'une manière normale et sans ces spectacles. Pas de manifestations folles, pas de danse jubilante, et certainement pas de mousse à la bouche. Ensuite, le pasteur me demanda si je voulais aller au camp avec le groupe de jeunes et il dit qu'ils allaient me payer. J'hésita jusqu'à ce qu'il dît : « Nous jouerons au basketball ». *Basketball ?* Ils pouvaient me compter !

Nous vivions au Colorado, et l'église avait une place dans les belles Rocheuses où ils campaient. Je me souviens avoir conduit dans le bus et avoir eu mon premier aperçu du camping. C'était très éloigné ; il n'y avait pas de maison dans trente blocs. Tout ce que j'aperçus était des dortoirs et un cerceau de basketball dehors.

Nous avons déchargé nos sacs et sommes allés dans nos dortoirs. Nous nous sommes rapidement préparés puisque c'était l'heure du dîner. Quand nous avons fini de manger, nous avons joué un petit match de basketball avant le début du service. Quand nous sommes tous entrés à l'intérieur, les lumières étaient éteintes et il y avait des lumières vertes sur la scène. Il y avait un groupe complet et ils ont commencé à chanter. Dès qu'ils l'ont fait, j'ai commencé à ressentir quelque chose que je n'avais jamais ressenti auparavant, comme de l'eau mélangée à du feu dans tout mon corps.

Cette présence, pleine d'amour, m'a frappé comme un semi-camion. Comme j'ai été consumé dans cet évènement, c'était comme si toute ma vie avait basculé sous mes yeux. Mon rêve avait toujours été d'aller en NBA (Basketball Américain), mais en quelque sorte, en ce moment, je savais que tout ce que je pouvais espérer accomplir allait pâlir par rapport à la grandeur de Dieu.

J'ai abandonné ma vie à Dieu à ce moment-là, et ce fut le début de ma découverte de qui Dieu m'a créé pour être. Ce moment m'a ouvert la porte à une telle passion, je pouvais difficilement me contenir. Avant cette rencontre, il semblait que chaque fois que j'assistais à un service, quelqu'un qui parlait s'arrêtait et me regardait pendant qu'il parlait et disait : « Tu vas être un grand homme de Dieu, et Dieu t'a appelé aux nations ».

Je n'ai jamais compris ce que cela signifiait. *Nations ? Comment puis-je aller ? Quand dois-je aller ? Comment puis-je m'y préparer ?* Je n'ai jamais vraiment su quoi faire avec les choses que les gens me disaient, alors J'ai simplement commencé à penser à toutes ces questions. Pendant ce moment, dans la présence de Dieu, ces questions ont commencé à courir dans mon esprit.

Parfois à l'église, les missionnaires venaient partager leurs expériences des lieux où ils étaient allés. Comme je les écoutais, j'avais toujours l'impression que mon cœur éclaterait de ma poitrine pendant qu'ils parlaient. En quelque sorte, au fond, je savais que je devais être missionnaire.

Dans Jean 7 : 3-5, les frères de Jésus le défie en questionnant indirectement s'il est vraiment le Messie. Le verset 5 dit : « En effet, ses frères non plus ne croyaient pas en lui ». Ce passage m'a toujours étonné. Les frères de Jésus vivaient dans la même maison et, selon les traditions orientales, dormaient probablement dans la même pièce pendant plus de 20 ans. Pourtant, ils ne croyaient pas en Lui.

Cela nous permet de savoir qu'une personne peut vivre avec Jésus, et Jésus ne peut toujours pas vivre en eux. C'était ma vie. J'ai grandi dans une maison chrétienne, mais le Christ n'a pas vécu en moi avant ce moment au camp.

Mon jeune pasteur, Joel Sosa, avait fréquenté une école au Texas appelée Southwestern Assembly of God University (SAGU). Quand il nous a emmenés à l'école pendant ma première année d'école secondaire, je savais que c'était là que j'allais aller devenir missionnaire.

Au SAGU, j'ai grandi au-delà de la croyance. J'ai tellement appris sur la Bible et c'est aussi là que j'ai trouvé ma femme (puis-je obtenir un amen ?). Mais je me souviens encore de la classe qui a contribué à façonner ma mentalité aujourd'hui. L'un de mes professeurs, qui était professeur d'études interculturelles, a fait une déclaration à notre classe qui a changé la vie pour moi. « Le mot missionnaire ne se trouve pas dans la Bible, c'est vraiment le mot 'apôtre' », dit-il.

Attendez, quoi ?

« Le mot 'apôtre' en grec c'est *'Apostolos'*, qui signifie *'envoyé'* », a-t-il expliqué. Je me souviens avoir regardé autour de la classe, mais personne d'autre ne semblait être aussi touché par sa déclaration que moi. Depuis que j'ai été sauvé, tout ce dont je rêvais, c'était d'être missionnaire, et maintenant mon rêve a été écrasé.

Je me suis dit, *si ce n'est pas dans la Bible et que le vrai nom est apôtre, pourquoi est-ce qu'on appelle les gens, missionnaires ?* Ce fut le début d'un voyage qui me conduisit à découvrir les cinq ministères dont la Bible parle.

J'ai donc commencé à étudier les cinq ministères. Pendant que je l'ai fait, j'ai commencé à réaliser à quel point c'est important pour le Corps du Christ. Si l'église pouvait être comparée à une équipe de basketball, les cinq ministères serait l'équipe de rêve. Il y a au total cinq office différents : Apôtre, Prophète, Evangéliste, Pasteur et Docteur. Lorsque chacun de ces offices fonctionne ensemble, ils aident le corps de l'église à grandir et à mûrir.

CHAPITRE 2
Les Dons sont morts

Avant de passer à un examen plus approfondi des cinq ministères et de la fonction de chaque office dans le corps du Christ, nous devons d'abord obtenir une bonne compréhension biblique des dons. Pour comprendre l'importance des dons, nous devons d'abord regarder Nombres 11. Moïse vient de sortir les enfants d'Israël de l'esclavage par la puissance de Dieu, et ils sont maintenant dans le désert. Au lieu d'être joyeux et content, cependant, le peuple commença à se plaindre contre Moïse et Dieu.

Bien que la plupart d'entre eux étaient adultes, sauf une poignée, étaient spirituellement immatures. Cela est clairement démontré par leur grognement, quelque chose que les bébés et les petits enfants font quand ils n'obtiennent pas ce qu'ils veulent. Moïse a fini par en avoir assez et a plaidé auprès de Dieu au sujet de la situation.

Moïse entendit le peuple pleurer, chacun dans sa famille, à l'entrée de sa tente. La colère de l'Eternel s'enflamma fortement. Moïse en fut attristé, et il dit à l'Eternel : « Pourquoi fais-tu du mal à ton serviteur et pourquoi n'ai-je pas trouvé grâce à tes yeux, au point que tu m'imposes la charge de tout ce peuple ? Est-ce moi qui suis le père de ce peuple ? Est-ce moi qui l'ai mis au monde pour que tu me dises : 'Porte-le contre toi comme une nourrice porte un enfant' jusqu'au pays que tu as juré à ses ancêtres de lui donner ? Où prendrai-je de la viande pour en donner à tout ce peuple ? En effet, ils viennent pleurer près de moi en disant : 'Donne-nous de la viande à manger !' Je ne peux pas, à moi tout seul, porter tout ce peuple, car il est trop lourd pour moi. Plutôt que de me traiter ainsi, tue-moi donc, si j'ai trouvé grâce à tes yeux, et que je ne voie pas mon malheur. » (Nombres 11 :10-15).

Moïse pouvait voir sa mort. Il se rendit compte qu'un seul homme ne pouvait pas porter le fardeau de tout un groupe de personnes. Il vivait un burnout. Mais Dieu sait ce dont nous avons besoin et quand nous sommes submergés, Il a déjà la solution prête pour nous.

> *« L'Eternel dit à Moïse : « Rassemble auprès de moi 70 hommes pris parmi les anciens d'Israël, des hommes que tu connais comme anciens et responsables du peuple. Amène-les à la tente de la rencontre et qu'ils s'y présentent avec toi. Je descendrai te parler là. Je prendrai de l'Esprit qui est sur toi et je le mettrai sur eux, afin qu'ils portent la charge du peuple avec toi et que tu ne la portes pas tout seul. »*
> *(Nombres 11 :1 6-17).*

La solution n'était pas que Moïse avait besoin de plus de Dieu, mais que Moïse avait besoin d'autres pour l'aider à accomplir la volonté de Dieu. **Le but n'est pas de devenir un spectacle d'une personne. L'objectif est d'être unifié comme un.** Se réunir en un seul corps aide à révéler l'Évangile au monde. La prière de Jésus fait écho à cela dans Jean 17 : 20-23 :

> *« Je ne prie pas pour eux seulement, mais encore pour ceux qui croiront en moi à travers leur parole, afin que tous soient un comme toi, Père, tu es en moi et comme je suis en toi, afin qu'eux aussi soient [un] en nous pour que le monde croie que tu m'as envoyé. Je leur ai donné la gloire que tu m'as donnée afin qu'ils soient un comme nous sommes un - moi en eux et toi en moi -, afin qu'ils soient parfaitement un et qu'ainsi le monde reconnaisse que tu m'as envoyé et que tu les as aimés comme tu m'as aimé. »*

Dieu prit l'Esprit qui était sur Moïse et le partagea avec les autres anciens, et tous, sauf deux, prophétisèrent une fois et arrêtèrent. Deux anciens continuèrent à prophétiser parmi le peuple. Josué, qui conduira plus tard les enfants d'Israël en terre promise, en prit connaissance. Et comment a-t-il il réagit à ces prophéties ?

> *« Un jeune garçon courut annoncer à Moïse : « Eldad et Médad prophétisent dans le camp. » Josué, fils de Nun, qui était au service de Moïse depuis sa jeunesse, prit la parole : « Moïse, mon seigneur, empêche-les-en !» (Nombres 11 : 27-28)*

Arrêtez-les ? Pourquoi Josué voudrait-il les arrêter ? **Josué ne voulait pas que le ministère de Moïse soit déshonoré. Nous aussi, nous pouvons être si zélés pour nos dénominations que nous essayons de retenir les autres sans savoir que l'Esprit de Dieu peut agir dans tout son peuple.**

Mais quelle a été la réponse de Moïse ?

> *« Moïse lui répondit : « Es-tu jaloux pour moi ? Si seulement tout le peuple de l'Eternel était composé de prophètes ! Si seulement l'Eternel mettait son Esprit sur eux !» (Nombres 11 : 29)*

Ce verset révèle le cœur de Dieu. Il n'est pas exclusif, mais inclusif. Ceci est repris dans le livre du prophète Joël 3 :1-2,

> *« *Après cela, je déverserai mon Esprit sur tout être humain ; vos fils et vos filles prophétiseront, vos vieillards auront des rêves, et vos jeunes gens des visions. Même sur les serviteurs et sur les servantes, dans ces jours-là, je déverserai mon Esprit. » [SG21]*

Il est clair que Moïse aspirait à un jour où tout le monde serait capable d'opérer comme porte-parole de Dieu. Pourquoi donc régresserions-nous ? *Si l'Ancien Testament est l'évangile caché et que le Nouveau Testament est l'évangile révélé, pourquoi voudrions-nous que les dons restent scellés ?*

Jésus déclare à ses disciples :

> *« En vérité, en vérité, je vous le dis, celui qui croit en moi fera aussi les œuvres que je fais, et il en fera même de plus grandes, parce que je vais vers mon Père. Tout ce que vous demanderez en mon nom, je le ferai afin que la gloire du Père soit révélée dans le Fils. Si vous [me] demandez quelque chose en mon nom, je le ferai. » (Jean 14 : 12-14).*

Selon Jésus, nous sommes censés faire plus maintenant, pas moins. Nous sommes censés opérer comme Il l'a fait. Il n'a fait que ce qu'Il a vu Son Père faire. Ne devrions-nous pas faire de même ?

CHAPITRE 3
Blasphémer contre le Saint Esprit

Juste avant que Jésus ne soit crucifié, Il a parlé à ses disciples de l'Esprit Saint. Il s'est assuré qu'ils comprenaient l'importance que l'Esprit de Dieu tombe sur eux et soit en eux. Il a même dit qu'il était mieux pour lui de partir, parce que s'il ne partait pas, le Saint-Esprit ne viendrait pas (Jean 16 : 7).

La signification de l'Esprit de Dieu dans nos vies ne peut pas vraiment être expliquée dans son intégralité, peu importe le nombre de livres que nous lisons, de films que nous regardons ou d'enseignements que nous étudions. Vraiment, pour comprendre même un peu notre besoin de Lui dans nos vies, nous devons nous résigner à Lui et Lui donner le plein contrôle.

À quel point l'Esprit Saint est-il précieux ? Jésus a dit un jour aux Pharisiens que blasphémer contre le Saint-Esprit était un péché impardonnable. Et que veut dire exactement blasphème l'Esprit Saint ?

Dans Matthieu 12, Jésus guérit les gens le jour du sabbat et la foule religieuse, à savoir les Pharisiens, est jalouse et amère envers Lui parce que les gens commencent à Le suivre au lieu d'eux. Ainsi, ils accusent Jésus d'utiliser des démons pour chasser les démons. Jésus leur explique alors qu'une maison divisée ne peut subsister et que même le royaume de Satan n'est pas divisé. Au verset 27, Jésus dit :

« Et si moi, je chasse les démons par Béelzébul, vos disciples, par qui les chassent-ils ? C'est pourquoi ils seront eux-mêmes vos juges. Mais si c'est par l'Esprit de Dieu que je chasse les démons, alors le royaume de Dieu est venu jusqu'à vous. [...] C'est pourquoi je vous dis : Tout péché, tout blasphème sera pardonné aux hommes, mais le blasphème contre l'Esprit ne leur sera pas pardonné. Celui

qui parlera contre le Fils de l'homme, cela lui sera pardonné ; mais celui qui parlera contre le Saint-Esprit, le pardon ne lui sera accordé ni dans le monde présent ni dans le monde à venir » (Matthieu 12 : 27-32).

Qu'est-ce que les Pharisiens ont fait qui a poussé Jésus à dire : « *Mais le blasphème contre l'Esprit ne leur sera pas pardonné* » ? Si nous examinons ce passage plus en profondeur, nous obtenons un aperçu de cela. Ils ont dit que Jésus chassait des démons par Béelzébul, qui est un autre nom pour Baal ou Satan. Mais est-ce que ce fut leur déclaration qui a vraiment causé qu'ils aient été réprimandés si durement, ou l'intention derrière cela ?

Je crois fermement que les Pharisiens blasphémaient ou risquaient de blasphémer contre l'Esprit Saint **parce qu'ils attribuaient consciemment ce que l'Esprit Saint faisait au diable.** Mais si Jésus a dit que c'est par la puissance du Saint-Esprit qu'Il a chassé les démons, et Il a réprimandé les Pharisiens pour avoir dit que c'était Satan qui travaillait en Lui, pourquoi sommes-nous si prompts à dire que ceux qui opèrent dans les dons sont utilisés par le diable ? Pourquoi certains disent-ils que les gens qui parlent en langues parlent une langue satanique ? N'avons-nous pas peur ?

Pour une personne de voir quelqu'un qui opère dans les dons de l'Esprit et puis de dire, « ils sont possédés par un démon », ou même de divertir ce processus de pensée, provoque le jugement.

CHAPITRE 4

Patrick, Béthanie et l'Église

Cette prochaine histoire que je vais partager est basée sur une histoire vraie. Pour protéger les personnes concernées, certains noms et événements ont été changés, mais le cœur du message est le même.

Patrick et son ami **Béthanie** avaient toujours été proches, mais pas seulement parce qu'ils ont grandi dans la même ville. Leur cœur pour Dieu leur a donné un lien spécial. Patrick était un sensitif c'est-à-dire le genre des personnes qui ressentent certaines choses, même s'il ne l'admettrait jamais parce qu'il ne voulait pas se sentir aussi féminin. Béthanie, d'autre part, était une *penseuse* c'est-à-dire quelqu'un qui entendait Dieu par ces pensées ou une connaissance soudaine. Tous deux ont senti à un jeune âge que Dieu les appelait à atteindre les nations avec l'Évangile.

Le passage qui décrit le mieux Patrick c'est quand Paul a dit, « Ayez du zèle, et non de la paresse. Soyez fervents d'esprit et servez le Seigneur. Réjouissez-vous dans l'espérance et soyez patients dans la détresse. Persévérez dans la prière. » (Romains 12 :11-12). Le zèle, par définition, signifie *passion, ferveur, ardeur ou enthousiasme*. Cela signifie aussi *une émotion intense et* une action convaincante[1]. La passion s'applique à une émotion qui est profondément émouvante ou ingouvernable. En outre, le mot *fervent* reflète le mot *zèle*. **Sur le plan biblique, quelqu'un qui est un «sensitif» c'est quelqu'un qui penche pour être zélé.**

D'autre part, un penseur, comme Béthanie, serait représenté avec exactitude par Proverbes 19 :2 : « Le manque de connaissance n'est bon pour personne, et celui qui précipite ses pas tombe dans le péché (S21). » Le mot pour « connaissance » en hébreu est *dah '-ath*, et il a de nombreuses significations différentes selon où et comment il est utilisé dans la Bible. La Concordance exhaustive de Strong décrit ce mot comme « rusé, ignorant, la connaissance, ignorant méchamment ». **Les penseurs sont des personnes qui misent trop sur leurs connaissances, et c'est ainsi qu'ils comprennent (ou fonctionnent dans) le monde.**

Patrick et Béthanie ont grandi dans la petite ville de Bismarck, Dakota du Nord. Ils avaient toujours voulu aller à différents endroits et partager l'évangile. Après avoir terminé ses études secondaires, Patrick *a senti,* et Béthanie *a pensé* que Dieu voulait qu'ils aillent à une université chrétienne. Patrick a prié jusqu'à ce qu'il sente Dieu dire que Patrick devrait aller à l'Alabama Christ-Centered University. Mais Béthanie priait aussi, et elle ne pouvait pas vraiment entendre ce que Dieu disait, alors elle a utilisé sa sagesse et a découvert quelles universités chrétiennes pouvaient lui donner les meilleures bourses. Il est arrivé que ce fut Alabama Christ-Centered University. C'est là qu'elle a décidé d'aller.

Quand ils sont arrivés à l'université, tous deux ont senti que Dieu les a conduits à différents programmes de diplôme. Patrick a fini par obtenir un baccalauréat en Church Leadership. Béthanie, en revanche, a obtenu un baccalauréat en Psychologie. Après avoir tous deux obtenu leur diplôme, ils sont tombés amoureux l'un de l'autre et se sont mariés. Après leur mariage, ils ont commencé à prier pour savoir où Dieu voudrait les utiliser. Ils préféraient rester dans leur confession actuelle parce que c'était la principale confession de l'université.

Ainsi, un jour, Patrick dit à Béthanie qu'il sentait que Dieu les appelait pour aller dans l'Etat du Maine. Béthanie, qui n'était pas du genre à simplement emballer et partir a demandé plus de détails à Patrick. Patrick lui a parlé de la vision que Dieu lui a donnée pour atteindre le peuple du Maine. Après avoir entendu Patrick partager son cœur, Béthanie a eu beaucoup de questions auxquelles Patrick ne pouvait pas répondre.

Maintenant, Béthanie avait toujours pensé qu'elle avait besoin d'obtenir son Masters dans le Social Work (travail social). Toujours incertain au sujet de la décision de Patrick, Béthanie prit l'ordinateur et commença à chercher s'il y avait les programmes de Social Work dans l'Etat de Maine. Elle effectua des recherches et trouva l'école appelé « College of Théophile » à Rockport, Maine. Ils avaient apparemment un programme de Social Work (travail social) incroyable, alors elle envoya sa demande. Dans les deux semaines, elle était acceptée.

Elle avait partagé la nouvelle avec Patrick. C'était une confirmation pour lui, alors il a dit, « on n'a qu'à préparer notre voiture et partir, et Dieu y pourvoira ». Béthanie, d'autre part, pensait qu'il serait beaucoup plus sage de s'assurer qu'ils aient un endroit pour rester en premier. Elle a cherché en ligne et a trouvé une maison à louer pas trop loin de l'école. Elle a contacté le propriétaire et a découvert que la maison était une maison de deux étages, le deuxième étage spacieux abritant deux chambres.

Elle en a parlé à Patrick, qui a répondu par une autre confirmation et a commencé à remercier Dieu. Béthanie était aussi excitée, mais elle était si timide qu'il était difficile de dire quand elle était excitée. Patrick a pu voir que Béthanie était excitée, car ils étaient amis depuis longtemps avant de se marier.

Ils ont préparé leur voiture et se sont dirigés vers Rockport. Patrick croyait que Dieu voulait qu'il partage l'évangile avec le peuple de Rockport, mais il ne savait pas à quoi cela ressemblerait. Comme d'habitude, il a juste fait confiance en Dieu.

Ils sont arrivés environ deux semaines avant que Béthanie ne commence à suivre ses cours. Pendant ces deux semaines, Patrick chercha une église pour eux. Il regarda en ligne et trouva une église appelée « Our Freedom in Christ Assembly (OFCA) ». Un dimanche matin, Patrick et Béthanie décidèrent de visiter l'église.

Quand ils sont entrés, il n'y avait pas trop de gens, et c'était une foule beaucoup plus âgée. Après avoir deviné leur décision, ils ont hésité à prendre place.

CHAPITRE 5
Patrick et l'Eglise

Après la fin du service, le pasteur de jeunes salua Patrick et Béthanie. En remarquant les bottes et les chemises en flanelle que portaient Béthanie et Patrick, il demanda :« *Que faites-vous dans cette partie de la ville ?*»

« *Eh bien, j'avais l'impression que Dieu nous appelait ici, alors nous sommes venus* », répondit Patrick.

"*Vous voulez aller au parc après le service ? Nous pouvons nous arrêter quelque part et prendre quelque chose à manger. Je paie la facture* », dit le pasteur des jeunes.

Patrick et Béthanie, habitués à avoir faim comme étudiants au collège dirent :« *Bien sûr !* »

Au parc, Patrick et Béthanie apprirent que le pasteur des jeunes était le fils du pasteur titulaire (de l'église). « *Qu'aimeriez-vous faire ici à l'église ? Comment aimeriez-vous servir ?* » demanda le pasteur des jeunes.

« *Je ferai tout ce que Dieu veut que je fasse* », répondit Patrick.

« *Eh bien, que pensez-vous d'être le pasteur des enfants (communément appelé école de dimanche) dans notre église ? Nous devrons d'abord effectuer une vérification des antécédents (appelé Background check), même si nous ne serions pas en mesure de vous payer tout de suite* ».

« *Laissez-moi prier à ce sujet et revenir vers vous* », dit Patrick.

Après avoir prié pendant une semaine, Patrick et Béthanie ont tous deux sentis que c'est ce qu'ils étaient censés faire. Ainsi, ils ont averti le pasteur des jeunes qui a ensuite obtenu l'idée approuvée par son père. Maintenant, le père et la mère du pasteur étaient plus âgés et avaient envisagé de prendre leur retraite. Alors, le pasteur des jeunes dit à Patrick : « *Mon père et ma mère vont bientôt démissionnés. Une fois qu'ils le feront, nous serons en mesure de vous payer un meilleur salaire. Pour le moment, cependant, l'église a accepté d'aider autant qu'elle le peut* ».

Patrick saisi l'occasion et commença à participer à l'église. Cependant, il sentit que quelque chose clochait. Il remarqua que les gens de l'Église évitaient de parler face à face au pasteur des jeunes pour des raisons inconnues. Il le partagea au pasteur des jeunes, qui la considéra comme une petite chose.

Patrick continua à travailler fidèlement avec les enfants. Par la grâce de Dieu, le ministère de Patrick commença à croître. Il a fait de petites campagnes de sensibilisation et pria que Dieu amènerait des gens à l'église. Dieu répondit à ses prières, et le ministère des petits enfants continua de croître.

Maintenant Patrick a aussi commencé à aider les jeunes parce que le pasteur des jeunes voulait qu'il fasse partie de la direction. À l'époque, la direction se composait du père du pasteur des jeunes (c'est-à-dire, le pasteur titulaire), de sa femme [l'enseignante de l'école de dimanche ('pour adulte')] et de la femme du pasteur des jeunes (la secrétaire). Le pasteur des jeunes était aussi un ancien au conseil, avec un autre ancien qui supervisait les finances.

Un jour de louange et d'adoration, Patrick se prosterna. Il le faisait souvent pour honorer Dieu. Soudain, quelque chose a heurté sa cage thoracique, lui coupant le souffle. Surpris et à bout de souffle, il leva les yeux et vit le pasteur des jeunes debout sur lui disant :« *Lève-toi.* »

Bouleversé et douloureux, Patrick s'assit et se traîna vers le banc le plus proche pour obtenir du soutien. *Que s'est-il passé ?* Pensait-il. Il resta silencieux pendant le reste de la cérémonie, serrant son côté douloureux.

Ce qui se passerait habituellement après le service, c'est que Patrick et Béthanie passeraient au-dessus de la maison du pasteur des jeunes pour un dîner de fin de soirée. Comme Béthanie était occupée à faire ses devoirs, Patrick se rendit seul à la maison, toujours confus par l'incident.

Ils s'assirent pour manger. Soudain, la femme du jeune pasteur parla, *« Pourquoi l'as-tu frappé ? »* demanda-t-elle à son mari.

Sans hésitation, il répondit : *« Je ne l'ai pas frappé. »*

Choqué, Patrick intervint, *« Tu m'as frappé ! »*

Pendant l'heure suivante, Patrick et la femme du pasteur des jeunes continuèrent à faire pression sur le pasteur des jeunes jusqu'à ce qu'il finisse par dire : *« Oui je t'ai frappé, je suis désolé »*.

Quand Patrick est rentré chez lui, il partagea les détails de la soirée avec Béthanie, espérant obtenir plus de compréhension, *« Il se passe probablement plus de choses que cela »*, dit-elle.

Maintenant, Patrick savait qu'il ne pouvait pas quitter l'église si Dieu ne lui ordonnait pas de le faire, donc il est resté. Un jour, alors qu'il était à la maison du pasteur des jeunes, la femme du pasteur de jeunes persuada son époux de partager ce qui se passait dans leur mariage. À contrecœur, il raconta comment ils abusaient l'un et l'autre. Sa femme ajouta rapidement sa version. *« Les deux ? »*, dit-elle. *« Pourquoi tu ne lui racontes pas toutes les choses que tu m'as fait, comme me frapper si fort que j'ai sauté un mur. »*

Patrick quitta leur maison, choqué et accablé. Il essaya d'appeler l'un de ses professeurs de collège pour des conseils, mais le professeur était occupé et incapable de répondre. Patrick partagea la situation à Béthanie, et elle donna quelques sages conseils à Patrick, *« Tu dois parler à la femme et savoir ce qu'elle veut faire »,* dit-elle. Patrick contacta la femme du pasteur de jeunes, s'assurant que son mari était là pour entendre aussi. *« Que voudriez-vous faire dans cette situation ? »* Patrick demanda. *« Je veux une restauration »,* répondit-elle *« Pouvez- vous nous aider, Béthanie et vous ? »*

Sa réponse choqua Patrick, et lui et Béthanie ont tous deux conclu que les pasteurs des jeunes avaient besoin de conseils professionnels. Patrick les contacta donc et partagea cela avec eux. Mais le jeune pasteur et sa femme étaient en désaccord, *« Nous avons déjà essayé le counseling, et ça n'a pas fonctionné. C'est notre dernier recours. »*

Patrick et Béthanie ont alors décidé d'essayer de leur donner quelques conseils pastoraux. Quand ils se sont tous présentés pour la première réunion, Béthanie leur a dit que la restauration devait être quelque chose vers laquelle ils accepteraient de travailler. Ils ont accepté d'essayer.

La première réunion, cependant, finit par être un désastre. Pendant six heures, le pasteur refusa d'admettre être un agresseur. Après avoir quitté la réunion, Béthanie, étant sage, s'adressa à Patrick et lui dit :*« Cela ne marchera pas. Ça va drainer la vie hors de toi.* » Mais Patrick, qui pensait que son don de foi pouvait résoudre quoi que ce soit, n'a pas écouté.

Patrick essaya de les aider en prodiguant plus de conseils pastoraux. Le pasteur des jeune, cependant, était encore têtu. Espérant changer la situation, Patrick leur conseilla de le dire au pasteur principal. Ils refusèrent, comme le pasteur principal était âgé, et ils pensaient que cela briserait son cœur et pourrait précipiter sa mort.

Mais Patrick savait qu'ils avaient besoin de prendre des responsabilités, alors suggéra que le membre du conseil financier soit présent. *Cela réglera la situation,* pensait Patrick. Mais ce que Patrick ne savait pas, c'est que le membre du conseil d'administration était devenu fidèle à la famille et considérait la femme du jeune pasteur comme une fauteuse de troubles.

Au lieu d'obtenir son aide, Patrick devait maintenant parler à ce membre du conseil de son rôle d'ancien et de la responsabilité qui en découlait. Bien que ce membre du conseil soit bien plus âgé que Patrick d'au moins 30 ans, il semble qu'il n'ait grandi que physiquement, mais qu'il soit encore spirituellement immature.

Patrick, le pasteur des jeunes et le membre du conseil d'administration en sont venus à la conclusion qu'une fois par semaine, ils se réuniraient tous pour demander des comptes au pasteur des jeunes. Ils lui demandaient comment allait son mariage et lui demandaient de faire des changements pour aider sa famille à devenir plus saine.

Cependant, au début de ces réunions hebdomadaires, il est devenu évident que le pasteur des jeunes ne voulait pas se soumettre. Il aurait toujours un moyen de rompre la conversation pour que Patrick soit considéré comme le fauteur de troubles.

Lors d'une réunion, le pasteur des jeunes, fondit en larmes et dit :« *J'ai l'impression que Patrick me juge.* »

Patrick répondit en disant *"1 Corinthiens 5 dit que nous sommes censés juger ceux qui sont dans l'église. Cela ne veut pas dire les condamner, mais ne pas tolérer leur péché "*. Le membre du conseil, espérant être le gardien de la paix, répondit en défendant le pasteur des jeunes.

Patrick continua cependant à pousser la note, car il savait que **le vrai amour ne pouvait être dénué de vérité.** Ainsi, il a lu les exigences d'un ancien pour eux de Tite 1 : 6-9 ;

> *« Des hommes irréprochables, fidèles à leur femme, dont les enfants soient croyants et ne soient pas accusés de débauche ou insoumis. En effet, en tant qu'intendant de Dieu, il faut que le responsable soit irréprochable. Il ne doit pas être arrogant, colérique, buveur, violent ni attiré par le gain. Il doit au contraire être hospitalier, ami du bien, réfléchi, juste, saint, maître de lui, attaché à la parole digne de confiance telle qu'elle a été enseignée, afin d'être capable à la fois d'encourager les autres par la saine doctrine **et de réfuter les contradicteurs** »*

Patrick ne pouvait pas comprendre pourquoi ces chrétiens chevronnés ne pouvaient pas accepter ce que la Bible disait. **Il semblait que la Parole de Dieu avait pénétré leur esprit, mais qu'elle n'avait pas encore vraiment pénétré dans leur cœur.**

Les choses ont été si mauvaises dans leur mariage que Patrick a parlé au membre du conseil d'administration et au pasteur des jeunes de la façon dont le pasteur des jeunes avait besoin de démissionner pendant un certain temps pour mettre de l'ordre dans sa maison. Le plan était que quelqu'un prendrait la relève pour lui car ils prendraient le temps d'obtenir des conseils plus professionnels.

Bien que le pasteur ait accepté, il a tout de même réussi à contrôler les choses dans le ministère des jeunes. Patrick finit par prendre la relève de la position du pasteur de jeunes pendant cette période de « *restauration* ». Le pasteur principal, cependant, commença à devenir aggravé par la situation. À ses yeux, il s'agissait d'une prise de contrôle hostile. Parce qu'il était inconscient de la question du mariage du pasteur des jeunes, il pensait que Patrick essayait de reprendre l'église.

Le jeune pasteur se servit lentement de sa relation avec son père pour retrouver sa position d'origine. **Patrick, qui avait la foi mais n'avait pas la sagesse de savoir quand passer à (autre choses), commença à se sentir dépassé et eut une dépression nerveuse.**

Par la suite, beaucoup de jeunes se dispersèrent. La congrégation a également perdu certains de ses membres. Certains sont entrés dans les sectes tandis que d'autres ont simplement restés à la maison et ont juré de ne plus jamais fréquenter l'église. Ils se sont sentis abandonnés par Dieu, quand en réalité c'est le système de direction de l'homme et son comportement qui les ont arrachés de la communion avec Dieu.

CHAPITRE 6
L'Argent du jeu de Monopoly

À cette époque - là, les choses n'étaient pas faciles chez Béthanie. Vous voyez, Béthanie avait toujours été pratique. Elle avait grandi en utilisant la sagesse que Dieu lui avait donnée pour naviguer dans la vie. Pour elle, si elle pouvait « voir l'Étoile du Nord » (savoir où était la prochaine étape), elle ne se perdrait jamais.

Mais parfois, c'était tellement brouillard ou orageux qu'elle ne pouvait pas voir l'Étoile du Nord. Pendant ces temps, elle se sentait impuissante. Elle et Patrick luttaient financièrement, mais elle n'avait rien à faire. Avec une charge de cours complète et un stage, Béthanie a dû compter sur ce que Patrick a apporté à la maison financièrement.

Elle a calculé ce dont ils auraient besoin pour gagner chaque mois pour survivre. Le loyer était de 750 $/mois, et Patrick ne recevait que 250 $/semaine, dont 200 $ étaient juste remboursés. Ils devaient encore manger et payer le carburant.

Béthanie suggéra souvent à Patrick l'idée d'obtenir un emploi, ce à quoi Patrick répondait : *« J'ai l'impression que nous avons besoin de marcher par la foi en ce moment »*. Cela nuisait à Béthanie. Pour elle, faire confiance à Dieu était quelque chose auquel elle n'était pas habituée.

D'une manière ou d'une autre, Dieu été entrain de pourvoir tous les mois. Parfois, les gens déposaient de la nourriture chez eux, et parfois les gens leur écrivaient au hasard des chèques. Comme elle était témoin de cette disposition miraculeuse, elle essayait toujours de comprendre logiquement comment toutes les factures étaient payées chaque mois.

Un jour, Patrick et Béthanie parlaient au téléphone à leurs amis et partageaient toute la folie qu'ils avaient vécue jusqu'ici dans la vie. Leurs amis étaient sur l'autre ligne en totale incrédulité. *« Comment vivez-vous ? »* demandèrent leurs amis. Patrick répondit en plaisantant : *« Nous vivons de l'argent provenant du jeu de Monopoly »*. Béthanie en a tiré une satisfaction. C'était l'analogie parfaite ; L'argent monopolistique n'a pas de valeur réelle et ils pouvaient tous deux s'y rapporter parce que leurs finances n'avaient aucune valeur.

Dieu utilisait cette époque dans la vie de Patrick et de Béthanie pour les aider à mûrir. Bien que Béthanie ait continué à lutter dans sa sagesse, elle savait que Dieu l'aidait à mûrir en la laissant survivre, elle et Patrick, grâce à *« l'argent du Monopoly »*.

CHAPITRE 7
Béthanie et l'Ecole

Pendant que Patrick s'occupait du pasteur des jeunes, Béthanie était aussi tout occupée à l'école. **À première vue, il semblait que l'école était à la hauteur de son nom, comme Théophile signifie « Celui qui aime Dieu ».** Cependant, quand elle a commencé à suivre les cours, elle a rencontré de la résistance sous tous les angles.

D'abord, il y avait les professeurs. Alors qu'elle suivait son programme de Social Work, il semblait que presque tous les professeurs qui se disaient chrétiens étaient déterminés à saper le christianisme. Dès le départ, dans presque toutes les classes où Béthanie allait, les professeurs élevaient l'humanisme sur la piété.

Béthanie refusa de compromettre sa foi et resta forte sur la Parole de Dieu. Cela a rendu certains de ses professeurs si furieux qu'ils ont noté ses travaux en fonction de ses valeurs et non des critères du devoir.

Béthanie se rendit chez le président du département de Social Work dans l'espoir qu'il entendrait son cas et l'aiderait. Elle lui parla de l'injustice qui s'était produite et demanda son aide. *« Le professeur qui note vos copies a traversé des situations terribles dans sa vie »*, a-t-il dit. *« Ce que vous avez écrit a peut-être touché des blessures qu'il avait. »*

Cette réponse semblait très lâche à Béthanie. *Est-ce que cela lui donne le droit de coter mal mon papier parce qu'il peut être offensé par ça ?* pensait-elle. Béthanie était partie frustrée et sans mots.

Béthanie avait une camarade de classe nommé Becky qui vivait de l'autre côté de la rue et venait de temps à autre. Becky se disait lesbienne et n'était pas tranquille à ce sujet. Béthanie et Patrick l'aimaient et ont pris le temps de nouer une amitié avec elle.

Ils l'invitaient et cuisiner pour elle et se contentaient de sortir avec elle. Ici et là, le sujet de l'identité de genre serait soulevé, et Becky admettrait son style de vie et en discuterait avec Patrick et Béthanie. Ils l'écoutaient, mais ils ne bougeaient pas sur ce que la Parole de Dieu révélait au sujet de l'homosexualité.

Un jour, Patrick lui a parlé et lui a dit : « *Vous savez, parfois, les gens qui ont affaire à des questions d'identité de genre ont été maltraités quand ils étaient plus jeunes* ». Aussitôt, Becky a commencé à pleurer et a admis que sa haine des hommes provenait d'être violée à un jeune âge. Patrick et Béthanie ont continué à parler avec elle, à la conseiller et à la conduire dans la vérité.

Après cette conversation, Becky se sentait libre pour la première fois. Elle a commencé à lire la Bible par elle- même et a vraiment compris comment Dieu voyait l'homosexualité. Elle a compris que c'était un péché. Elle se sentait vraiment condamnée par l'Esprit Saint et elle savait qu'elle ne pouvait pas continuer à vivre dans ce mode de vie. Le but du ministère de Béthanie et de Patrick n'était pas de lui faire tomber amoureux d'un homme, mais de l'aider à tomber amoureux de Jésus.

Malheureusement, des ennuis l'attendaient tout autour du coin. Voyez-vous, l'un des professeurs de Béthanie et de Becky aimait beaucoup Becky. Ce professeur avait un doctorat en psychologie, et il était aussi pasteur. Sa femme était mise au lit pour cause de maladie, de sorte qu'il embauchait habituellement un étudiant pour surveiller leurs enfants, car elle était trop malade pour s'occuper d'eux. Finalement, il a embauché Becky.

Voyant en lui un homme honnête, elle accepta de travailler pour lui. Après un certain temps, il l'a invitée à son église. Elle a commencé à devenir plus active, à assister à des services et à aider à des projets dans la communauté.

Il a commencé à expliquer à Becky comment lui et sa femme étaient simplement colocataires. Il lui a dit qu'il ne l'aimait plus. Que la seule raison pour laquelle ils étaient encore ensemble était pour les enfants. Il continua de lui dire qu'il tombait amoureux de Becky.

Maintenant, Béthanie et ce professeur ne s'entendait pas. Elle l'entendait toujours dire des choses étranges en classe et le défiait. Il a dit une fois comment, dans certains cas, les personnes divorcées et remariées allaient encore passer du temps avec leur vieux conjoint et même dormir dans le même lit. Ce n'était pas beaucoup pour lui, mais Béthanie avait l'impression que le professeur partager ce point de vue parce qu'il planifié quelque chose de louche (ou pas bien).

Becky s'attacha lentement à ce professeur. Elle a fini par faire un voyage de mission avec l'église et pendant qu'ils étaient là, il l'a trompée en croyant qu'il l'aimait et a fini par avoir une affaire avec elle.

Quand elle est rentrée de son voyage, Patrick est venu lui parler de la façon dont le voyage s'est passé. Dans son cœur, une voix calme lui a parlé et lui a dit : « *Demandez-lui ce qui s'est passé entre elle et le professeur* ». Donc, Patrick, sachant que c'était Dieu qui parlait a demandé Becky à ce sujet.

Elle a éclaté en larmes. « *Il m'aime, il m'aime vraiment* », dit-elle.

« *S'il t'aimais, il ne t'aurait pas fait ça* », dit Patrick. Béthanie commença à réconforter Becky et à l'encourager à en parler à l "école, mais Becky avait peur. La femme du professeur, qui avait appris l'incident, a condamné Becky pour les actions de son propre mari et a essayé d'attirer Becky à leur maison. Il était évident qu'elle avait elle aussi un plan quelque part dans sa tête.

Béthanie encouragea sagement Becky à ne pas aller chez elle. Becky se sentait déchiré à l'intérieur parce que ce professeur, qui été son pasteur, avait utilisé son pouvoir et profité d'elle. Mais Patrick et Béthanie continuèrent à dire à Becky : « Ce n'est pas la première fois qu'il fait cela. Ne tombez pas pour ses mensonges ». Bien sûr, leur déclaration a été confirmée. Becky finit par entrer en contact avec la femme du professeur, qui lui demanda de ne pas informer l'école.

« Ce n'est pas la première fois qu'il fait cela », dit-elle. « Mais s'il vous plaît ne le dites pas. Il perdra son emploi et s'il perd son emploi, je suis tellement malade que je ne peux pas travailler et nous perdrions tout ».

Finalement, Becky a avisé l'école et ils l'ont enlevé. Il était clair pour Béthanie que l'école ne voulait pas que leur image se ruine, donc ils n'ont pas traité la question comme ils auraient dû. Il était presque balayé sous le tapis.

Où est ce pasteur maintenant ? Bien sûr, servant dans une autre église. Combien de victimes cet homme a-t-il eues ? Combien de vies a-t-il détruites ? Comment une université qui prétend connaître Dieu peut-elle faire autant de compromis ? Que ce serait-il passé si le président avait pris au sérieux les compromis bibliques des professeurs ?

Cette situation laissa Becky blessée, perdue et confuse, et sa vision de Dieu devint déformée. **Elle a ensuite passé du temps dans un centre de thérapie dans l'espoir de retrouver une bonne perspective de Dieu.**

CHAPITRE 8
L'Immaturité

Il y a beaucoup de Becky dans le monde, cachés dans l'ombre et réduits au silence par les abus. **Si nous, en tant qu'Église, ne changeons pas de façon proactive notre façons de gérer les situations et nous assurer au mieux de nos capacités, que des choses comme celle-ci ne se produisent plus, nous pourrions perdre une génération à cause de la méfiance.**

Je crois que l'immaturité est une grande partie du problème. Dans l'introduction, j'ai défini ce que je crois être l'immaturité : l'incapacité d'un individu à prendre la Parole de Dieu et à la laisser pénétrer son cœur.

Le 2 octobre 2016, ma femme a donné naissance à notre fils, Dóxa. Cette expérience était de loin la chose la plus folle que j'ai jamais vécue. Elle a travaillé (labouré) pendant plus de 30 heures, et je ne pouvais rien faire pour vraiment aider à soulager sa douleur. Je ne me suis jamais sentie aussi impuissant dans ma vie ! Mais comme le dit l'Ecriture,

> *« Lorsqu'une femme accouche, elle éprouve de la tristesse parce que son heure de souffrance est venue, mais, lorsqu'elle a donné le jour à l'enfant, elle ne se souvient plus de la douleur à cause de sa joie d'avoir mis un enfant au monde »* (Jean 16 : 21).

Vraiment, ma femme a senti cette façon.

Le processus n'est pas différent lorsqu'il s'agit de la naissance spirituelle. Dans Jean 3, Jésus explique à l'un des pharisiens, Nicodème, que la seule façon pour un être humain d'être sauvé est pour lui de naître à nouveau (Jean 3 : 3). Cela choqua

Nicodème parce qu'il n'avait jamais entendu parler de ce concept. Mais c'est vraiment la seule façon de voir ou d'entrer dans le Royaume de Dieu.

Quand nous partageons le Christ avec les gens et les aidons à venir à la lumière, le processus peut être frustrant, et dans certains cas même dangereux. Mais quelle joie quand nous les voyons vraiment choisir de naître de nouveau !

Tout au long des Écritures, nous sommes comparés aux enfants, et tout comme les enfants, nous devons mûrir. Mais comment mûrir ? Je crois que Dieu nous a donné les outils nécessaires à ce processus, mais c'est à nous de les utiliser. Avant d'explorer ces outils, nous allons mieux comprendre à quoi ressemble l'immaturité dans l'église.

Leurs fruits ne mûrissent pas

Dans Luc 8 : 5-15, Jésus parle aux disciples de la parabole du semeur. À la foule, il le parle dans une parabole, mais à ses disciples il le rend clair. Ce que j'ai fait dans le paragraphe suivant est de mettre à la fois la parabole et la réponse ensemble afin que vous puissiez les voir simultanément et comment ils corrèlent. Je vais me concentrer sur une partie clé du passage, les versets 7 et 14.

Jésus fait une analogie entre une semence et la Parole de Dieu. Il explique qu'il existe quatre types de sol (terre) dans lesquels la graine peut être jetée. Chaque terre répond à la graine selon ses caractéristiques. Jésus utilise cette illustration pour expliquer le salut et ce qui empêche la semence (la Parole de Dieu) de pénétrer dans le cœur de quelqu'un.

« *Un semeur sortit pour semer sa semence. (11. **Voici ce que signifie cette parabole : la semence, c'est la parole de Dieu**). Comme il semait, une partie de la semence tomba le long du chemin ; elle fut piétinée et les oiseaux du ciel la* mangèrent. *(12. Ceux qui sont le long du chemin, ce sont ceux qui entendent ; puis le diable vient et enlève la parole de leur cœur, de peur qu'ils ne croient et soient sauvés).* Une autre partie tomba sur un sol pierreux ; quand elle eut poussé, elle sécha, parce qu'elle manquait d'humidité. *(13. Ceux qui sont sur le sol pierreux, ce sont ceux qui, lorsqu'ils entendent la parole, l'acceptent avec joie ; mais ils n'ont pas de racine, ils croient pour un temps et abandonnent au moment de l'épreuve).* Une autre partie tomba au milieu des ronces ; les ronces poussèrent avec elle et l'étouffèrent. *(14 Ce qui est tombé parmi les ronces, ce sont ceux qui ont entendu la parole, mais en cours de route ils la laissent étouffer par les préoccupations, les richesses et les plaisirs de la vie, et ils ne parviennent pas à maturité).* Une autre partie tomba dans la bonne terre ; quand elle eut poussé, elle produisit du fruit au centuple. » Après cela, Jésus dit à haute voix : « Que celui qui a des oreilles pour entendre entende. » *(15. Ce qui est tombé dans la bonne terre, ce sont ceux qui ont entendu la parole avec un cœur honnête et bon, la retiennent et portent du fruit avec persévérance).*

Sur les quatre endroits où la semence est jetée, un seul sol *« répond »* correctement : le bon sol. Les trois autres sols sont entravés par des choses différentes. Cela signifie que seulement ¼ (ou 25 %) des gens répondent bien à la Parole de Dieu. Pas étonnant que Dieu veuille que nous travaillions ensemble !

Le sol symbolise le cœur d'une personne. Si nous comprenons cette parabole, nous pouvons mieux comprendre comment atteindre les gens et ce qui les empêche de répondre à l'évangile et d'en mûrir.

La Semence Jetée sur le Chemin

La première graine dont Jésus dit que la semence est jetée sur le chemin mais les oiseaux qui représentent Satan la volent avant qu'elle ait une chance de pousser. **Je trouve cela assez intéressant parce que je pense que si vous êtes sur le chemin, vous êtes en sécurité et vous savez où vous allez.** Apparemment, pourtant il ne s'agit pas de ce que vous pouvez voir, mais de ce qui est en dessous.

La Semence Jetée sur les Rochers

La prochaine série de graines tombe dans les roches et pousse. Les gens avec ce type de graines répondent même avec joie, mais tout comme les plantes qui poussent sur le côté de la montagne n'ont pas assez de terre pour s'enraciner, c'est la même chose avec ces types de personnes. La Bible dit qu'ils croient pendant un certain temps. Combien de temps faut-il ? Cinq, 20, 60 ans ?

Il y a des gens qui vont à l'église toute leur vie, et à la fin de la journée, ils vont s'adapter à cette catégorie. Ces gens ne seront jamais vraiment enracinés dans la foi, mais ils ressembleront encore à un arbre qui est planté.

La Semence Jetée sur les Epines

Le troisième sol se caractérise par les soucis, les richesses et les plaisirs de la vie. Celui-ci pour moi est le plus trompeur parce que ces gens ont des fruits, mais leurs fruits n'atteignent jamais la maturité. En tant que croyants, on nous enseigne que nous pouvons connaître les faux enseignants par leurs fruits (Matthieu 7 : 15-20). Ces gens ont du fruit, mais c'est immature. Ils croient qu'ils sont sauvés et ils ont même un niveau d'amour, joie, paix, patience, gentillesse, bonté, fidélité, douceur et autodiscipline (Galates 5 : 22-23).

La Semence Jetée sur le bon Sol

Un seul endroit où la semence a été enracinée profondément dans le cœur, et c'était le bon sol. La Bible dit que ces gens ont reçu la semence en faisant six choses. Ils **ont écouté la Parole, ainsi ils ont acquis la foi parce que la foi vient de l'écoute de la Parole. Ils la tenaient fermement par la méditation, et avaient un cœur honnête et bon, ce qui signifie simplement qu'ils étaient réels, authentiques et sincères sur leurs triomphes et leurs fautes.** Ils portaient des fruits (Galates 5 : 22-23), et ils étaient patients pendant que leurs fruits se développaient. Ils avaient des cœurs contrariés, et Dieu demeure avec ceux qui sont contrariés (Ésaïe 57 :15). Ce sont toutes des choses mûres à faire, mais comment quelqu'un qui est immature peut-il comprendre ces concepts ?

Pour cette raison, je crois que l'immaturité plonge l'église. Alors comment obtenez-vous quelqu'un qui est immature, a été sauvé pendant des années, qui croit qu'ils connaissent vraiment Dieu, pour comprendre qu'il ou elle marche dans la tromperie ?

Dans l'église aujourd'hui, nous jetons la semence dans divers terrains, mais nous ne disons jamais vraiment aux gens comment la recevoir. Nous semons, mais parce que les gens ne continuent pas à l'arroser, la semence n'atteint jamais leur cœur et provoque des changements. Ainsi, nous devenons pour toujours coincés dans le même cycle. Les chrétiens qui ont été sauvés pendant 50 ans et qui lisent la Bible tous les jours sont encore incapables de reconnaître la différence entre la chair et l'Esprit dans leurs réponses quotidiennes.

Dans certaines réunions du conseil d'administration dans les églises, au lieu de se soucier des âmes qui sont sauvées, les membres râlent et se plaignent de l'argent qui manque à l'église et célèbrent l'argent qu'elle a gagné. Quand il est temps de prier, ces gens sont souvent trop occupés et considèrent la prière comme insignifiante (même s'ils peuvent parler de son importance). Souvent, ils élèvent des visions supérieures à la Parole. Ils peuvent voir les rêves de Dieu comme secondaires à leurs opinions personnelles, ou même croire que les gens ne reçoivent pas les rêves de Dieu.

Pour certains, rien n'est démoniaque, ou tout est démoniaque ; Satan est impuissant, ou Satan est à craindre ; la délivrance est pour les nations du tiers monde et les Américains sont trop civilisés pour être possédés ; La médecine est la réponse sans question et il est correct si un chrétien visite un médecin. Ils vivent dans une dichotomie chrétienne : la moitié de leurs actions proviennent du conseil de la chair et la moitié de l'Esprit.

Les pasteurs ont rivalisé avec moi parce qu'ils comparaient leur ministère au mien alors que nous étions dans la même équipe ; églises qui ont été préjugés, sexistes, méprisants, moquerie, calomnies, et ont incorporé des règlements qui exaltent l'hérésie au-dessus de la Parole de Dieu. Mais je ne suis pas le seul. D'innombrables personnes ont eu la même chose qui leur arrive et bien pire.

Pourquoi cela continue - t - il de se produire ? Bien sûr, je crois que le maître derrière tout cela est le diable, mais notre système d'église dans son ensemble est devenu propice aux opérations sataniques.

CHAPITRE 9
Le Système Ecclésiastique

La plupart des églises fonctionnent comme une entreprise mondaine. En effet, les membres du conseil d'administration m'expliquent pourquoi ils pensent qu'une église devrait être gérée plus comme une entreprise. **Beaucoup de croyants ont acheté le mensonge que faire de l'argent est le but et les âmes sont secondaires.** Tout cela est alimenté par la hiérarchie dans nos églises.

Souvent, les gens sont placés au pouvoir en fonction de leur expérience de vie au lieu de leur rencontre avec Dieu. J'ai fait partie des conseils d'église où les gens ne savaient même pas qu'ils étaient anciens, et ils ne savaient pas non plus quelle était leur responsabilité biblique. Ce serait comme si je rejoignais une équipe de basketball et que je n'avais jamais joué au basketball auparavant, mais je fais partie de l'équipe parce que je suis grand.

Maintenant, je sais que vous pouvez regarder mon âge et combien de temps j'ai servi dans le ministère et penser, *« tu n'as pas été dans le ministère depuis si longtemps »*. C'est pourquoi j'ai pris le temps d'interviewer des serviteurs qui travaillent depuis des années. Je les ai interrogés sur leurs expériences avec les conseils d'église, et chacun a partagé sa rencontre avec l'immaturité. Je leur ai posé toutes ces quatre questions :

- Depuis combien de temps êtes-vous pasteur ?
- Pendant vos années de fonction pastoral, diriez-vous que vous aviez des conseils d'église qui étaient spirituellement mûrs ?
- Diriez-vous que le conseil de l'église connaissait l'évangile ?

- Y a-t-il des exemples d'immaturité au sein du conseil de l'église que vous pourriez détailler ?

Voici une réponse d'un pasteur qui a vraiment parlé au cœur de la question. Il est dans le ministère depuis 33 ans, et certaines de ses expériences vous surprendront :

J'ai commencé à servir en tant que pasteur principal (titulaire) en 1991. Avant cela, j'ai été pasteur de jeunes pendant environ cinq ans, à temps partiel ou à temps plein, avec un salaire très petit.

*Les conseils d'administration des églises sont très variés. J'ai dirigé trois églises en tant que pasteur principal et je ne citerai évidemment pas de noms ni même d'églises dans cette réponse. Il y a toujours un mélange de niveaux de maturité dans les conseils avec lesquels j'ai travaillé. Je dirais que l'un des plus grands problèmes des conseils d'église est **qu'ils ont tendance à penser que servir dans n'importe quel type de conseil communautaire et le conseil d'église est la même chose.***

***Ils ont du mal à trouver un équilibre entre le spirituel et le pratique dans un conseil d'église, car dans n'importe quel conseil communautaire, il suffit de penser au pratique pour réussir.** Ainsi, la réponse à votre question est que certains membres du conseil ont toujours eu un esprit spirituel et d'autres non. Et il y a ceux qui sont parfois spirituels et d'autres fois non. Vous pouvez certainement considérer cela comme de **l'immaturité spirituelle**, ou vous pouvez considérer que tout le monde est en processus, si cela a un sens.*

Est-ce que je dirais que les conseils d'administration des églises connaissent l'évangile ? Dans un sens fondamental, je dirais que oui. Ils

savent que Jésus est le seul moyen de salut, et que l'homme est un pécheur et a besoin d'un sauveur. Certains, malgré le nombre des années dans le ministère, n'en savent pas beaucoup plus que cela cependant. J'ai eu un membre à une époque qui a admis qu'il n'avait jamais lu la Bible et qu'il n'en connaissait qu'une infime partie, même s'il avait fréquenté l'église pendant des années.

Je pourrais vous donner beaucoup d'histoires. Dans la première église que j'ai dirigée, j'ai dû interrompre une réunion d'affaires un soir parce que deux membres du conseil étaient sur le point de se battre à coups de poing pour une petite affaire. C'était certainement de l'immaturité. Dans cette même église, il y avait un temps pour l'élection d'un nouveau membre et l'église a rejeté mon candidat, qui était un croyant mature, en faveur d'un nouveau croyant.

Peu de temps après, ce nouveau membre a fait circuler une position visant à me faire démettre de mes fonctions de pasteur. J'ai choisi de ne pas me battre et j'ai démissionné. Je gagnais 300 dollars par mois dans cette église et Dieu avait fait d'incroyables miracles financiers pour eux, mais lorsque j'ai demandé une augmentation, ce même membre du conseil a déclaré que je gagnais plus d'argent que lui. Il était au chômage.

Il y a eu beaucoup de fois où le conseil d'administration n'avait aucune vision. Nous avons manqué une occasion d'acheter une maison et une propriété pour 20 000 $ à cause de l'absence de vision de la part du conseil. Souvent, le conseil est très limité par ce qu'il voit plutôt que d'être libre d'agir par la foi. Je crois *qu'il faut compter les coûts, mais je crois aussi qu'il y a un moment où il faut*

agir par la foi.

Même lorsque les entreprises du monde embauchent des gens, ils ne se contentent pas de n'importe qui. Pourquoi, alors que nous sommes censés rendre des comptes à un Dieu éternel ? La Bible dit que la moisson est abondante, mais les ouvriers sont peu nombreux, et que nous devrions **prier** pour que le Dieu de la moisson envoie les travailleurs dans son champ de moisson (Matthieu 9 : 37).

La plupart du temps, cependant, nous ne prions pas vraiment. Nous permettons à nos règlements de régir toutes nos décisions au lieu de la parole de Dieu. **Si nous ne faisons pas attention, nous pouvons en arriver à nous moquer de la confirmation de Dieu et à aimer l'adoration des gens**. Nous ne mesurons pas toujours l'efficacité d'une église en fonction de l'importance de l'offrande.

Dans notre culture, nous avons également isolé les pasteurs en leur permettant de travailler seuls. Un pasteur n'a pas été créé pour diriger seul. Timothée avait Paul, Tite avait Paul, et ainsi de suite. Ce que nous avons fait, cependant, c'est élever un homme si haut qu'il tombe souvent. Dans de nombreux cas, cela peut ouvrir la porte aux pasteurs qui deviennent dominateurs, contrôlants ou orgueilleux. Tous les pasteurs ne sont pas comme ça, mais lorsque nous abandonnons les pasteurs sur leur propre île, ces tentations deviennent séduisantes. **Mon espoir est d'alléger les pressions qui accompagnent la vision moderne du ministère pastoral.**

Voici une liste de statistiques sur les pasteurs dans l'église :

- 13 % des pasteurs actifs sont divorcés.
- 23 % ont été licenciés ou contraints de démissionner au moins une fois dans leur carrière.
- 25 % ne savent pas où se tourner lorsqu'ils ont un conflit ou un problème familial ou personnel.
- 25 % des femmes de pasteurs considèrent l'horaire de travail de leur mari comme une source de conflit.
- 33 % se sentent épuisés au cours de leurs cinq premières années de ministère.
- 33 % déclarent que le fait d'être au ministère constitue un danger pur et simple pour leur famille.
- 40 % des pasteurs et 47 % des conjoints souffrent de burnout, d'horaires effrénés et/ou d'attentes irréalistes.
- 45 % des femmes de pasteurs disent que le plus grand danger pour elles et leur famille est l'épuisement physique, émotionnel, mental et spirituel.
- 45 % des pasteurs disent avoir souffert de dépression ou d'épuisement dans la mesure où ils avaient besoin de prendre un congé du ministère.
- 50 % se sentent incapables de répondre aux besoins du travail.
- 52 % des pasteurs disent qu'ils croient, ainsi que leur conjoint, que le ministère pastoral est dangereux pour le bien-être et la santé de leur famille.
- 56 % des femmes de pasteurs disent ne pas avoir d'amis proches.
- 57 % quitteraient le ministère pastoral s'ils avaient un autre endroit pour aller ou une autre vocation qu'ils pourraient faire.
- 70 % n'ont pas d'amis proches.
- 75 % signalent un stress sévère causant l'angoisse, l'inquiétude, la perplexité, la colère, la dépression, la peur et l'aliénation.
- 80 % des pasteurs disent n'avoir pas suffisamment de temps avec leur conjoint.
- 80 % pensent que le ministère pastoral affecte négativement leur famille.
- 90 % se sentent non qualifiés ou mal préparés pour le ministère.
- 90 % travaillent plus de 50 heures par semaine.
- 94 % se sentent sous pression pour avoir une famille parfaite.

- 1 500 pasteurs quittent leur ministère chaque mois pour cause d'épuisement, de conflit ou d'échec moral[1].

Comment résoudre ce problème apparemment énorme sur nos mains ? Eh bien, la planche doit être complètement démontée à moins que nous voulions toujours gérer l'église comme une entreprise.

Je n'utiliserais même plus le terme Comité ; Je le changerais en quelque chose comme le Conseil. Je vois les concepts de « Conseils » dans la Bible (Proverbes 24 :6 et 15 :22) sont de bons exemples. Contrairement aux membres du conseil que nous en sommes venus parfois à appeler des chefs, l'église primitive avait un conseil d'anciens et de diacres.

Avoir des anciens et des diacres au lieu d'un simple « conseil » aide à diviser le travail de la bonne façon. Dans le chapitre 6 des Actes, il a été signalé aux apôtres que certaines veuves et les malheureux étaient négligés. Les apôtres savaient que leur rôle était de fournir de la nourriture spirituelle, mais nous avons encore besoin de manger aussi physiquement pour qu'ils disent ceci :

> « ... choisissez parmi vous sept hommes de qui l'on rende un bon témoignage, remplis d'Esprit [saint] et de sagesse, et nous les chargerons de ce travail. Quant à nous, nous continuerons à nous consacrer à la prière et au ministère de la parole. » Cette proposition plut à toute l'assemblée. Ils choisirent Etienne, un homme plein de foi et d'Esprit saint, Philippe, Prochore, Nicanor, Timon, Parménas et Nicolas, un non-Juif d'Antioche converti. Ils les présentèrent aux apôtres et ils posèrent les mains sur eux en priant. » (Actes 6 : 3-6).

Ces hommes devaient avoir de grandes relations avec les gens autour d'eux, bonne réputation, et plein de l'Esprit. Pour être plein de l'Esprit, vous ne pouvez pas être plein de vous-même, donc cela signifie qu'ils avaient une relation intime avec l'Esprit Saint, ils avaient les fruits de l'Esprit (Galates 5 : 22-23) et ils opéraient dans les dons de l'Esprit. Plein de sagesse, Proverbes affirme que la crainte de Dieu est le commencement de la sagesse ; dans le livre de Jacques, Jacques fait une distinction claire entre la sagesse divine et la sagesse mondaine (Jacques 3 : 13-18). Plein de sagesse ne signifie pas nécessairement qu'ils étaient simplement pratiques. Cela signifie qu'ils se sont conduits avec une grande intégrité que leur mode de vie découlait de mettre Dieu à la **première place.**

Ces hommes n'étaient pas seulement des membres de la congrégation qui votaient au scrutin secret. Le vote secret fonctionne le mieux lorsque les motivations des gens sont alignées sur la parole de Dieu. Paul déclare ceci en parlant à l'église de Corinthe :

> *« Nous rejetons les actions honteuses qui se font en secret, nous ne nous conduisons pas avec ruse et nous ne falsifions pas la parole de Dieu. Au contraire, en faisant connaître clairement la vérité, nous nous recommandons à toute conscience d'homme devant Dieu » (2 Corinthiens 4 :2).*

Je crois qu'il est facile d'être sous-estimé lorsque nous votons secrètement pour les gens de l'Eglise. Ce que je veux dire, c'est qu'il peut être très attrayant pour certains de voter non pas sur base de conscience ou de conviction, mais du favoritisme et de performance.

Dans les Écritures, les hommes et les femmes qui ont été choisis dans ces postes de direction étaient des gens dont la vie leur a prouvé qu'ils méritaient le poste qui leur était offert. **Le vote n'est pas le dernier mot, mais la conviction et la direction du Saint-Esprit tel qu'il était et devrait être.** Paul expose ensuite le rôle d'un diacre dans 1 Timothée chapitre 3 : 8-14. Il déclare que :

> *« Les diacres eux aussi doivent être respectables, n'avoir qu'une parole et ne pas s'adonner à la boisson ni être attirés par le gain. Ils doivent garder le mystère de la foi avec une conscience pure. Qu'on les mette d'abord à l'épreuve et qu'ils exercent ensuite leur ministère, s'ils sont sans reproche. De même, les femmes doivent être respectables, non médisantes, sobres, fidèles en tout. Les diacres doivent être fidèles à leur femme et bien diriger leurs enfants et leur propre maison. En effet, ceux qui ont bien rempli leur service gagnent l'estime de tous et une grande assurance dans la foi en Jésus-Christ. »*

Il y a beaucoup de choses dont Paul parle ici que je crois comme une église sur laquelle nous avons compromis. La raison pour laquelle nous avons fait cela, je crois, a trait au verset 10 : *« Qu'on les mette d'abord à l'épreuve et qu'ils exercent ensuite leur ministère, s'ils sont sans reproche »*. Beaucoup de problèmes surgissent si nous ne les traitons pas avant de permettre aux gens de servir dans des postes de direction, comme les anciens et les diacres, dans le Corps du Christ. Sinon, au moment où nous nous rendons compte qu'ils ont des problèmes majeurs comme la calomnie, l'alcoolisme et l'avidité, ou qu'ils n'ont aucune compréhension de l'évangile, c'est trop tard - nous leur avons déjà donné une position de pouvoir. Au lieu d'être co-travailleurs, ils deviennent sans le savoir des barrages routiers.

Beaucoup d'églises se sont divisées parce que les dirigeants ne mettent pas à l'épreuve ceux qu'ils mettent à la tête. La Bible dit que les dirigeants seront jugés plus strictement (Jacques 3 :1). Puisque c'est vrai, on pourrait penser que nous ne serions pas si prompts à nommer tout un chacun dans un rôle de leadership parce que ce faisant, nous les mettons en place pour l'échec.

Le terme « diacre » en grec est *diakonos*, qui signifie serviteur ou ministre.[2] Je n'ai jamais vu le concept d'un volontaire chrétien dans la Bible, pourtant de nombreuses églises adhèrent à cela. Le terme de volontaire chrétien est utilisé par les croyants dans certains cas pour indiquer qu'ils ne sont responsables que du travail qu'ils accomplissent dans une certaine mesure ; au-delà de cette mesure, il est hors de leurs mains. Donc, quand ils se sentent frustrés par la position où ils sont placés ~~dans~~, ils peuvent juste dire « je suis juste un volontaire » et se sentent justifiés de laisser le pasteur sec. **La réalité est que si nous, en tant que leaders, n'expliquons pas ce que cela signifie pour quelqu'un d'être à la tête avant de devenir un leader, ils ne considèrent jamais vraiment ce pour quoi ils s'inscrivent.**

La partie suivante du conseil est celle des anciens. Comme nous l'avons déjà dit, la plupart des conseils ne savent pas vraiment quelles sont les exigences pour être un ancien ou que les membres du conseil sont des anciens, à moins qu'il n'en soit fait autrement. C'est ce que Paul dans 1 Timothée déclare comme les Stipulations pour quiconque veut être un ancien :

> *« Cette parole est certaine : si quelqu'un aspire à la charge de responsable, c'est une belle tâche qu'il désire. Il faut donc que le responsable soit irréprochable, fidèle à sa femme, sobre, réfléchi, réglé dans sa conduite, hospitalier, capable d'enseigner. Il ne doit pas être buveur, violent [ni attiré par le gain], mais au contraire*

doux, pacifique et désintéressé. Il faut qu'il dirige bien sa propre maison et qu'il tienne ses enfants dans la soumission et un entier respect. En effet, si quelqu'un ne sait pas diriger sa propre maison, comment prendra-t-il soin de l'Eglise de Dieu ? Il ne doit pas non plus être un nouveau converti, de peur qu'aveuglé par l'orgueil il ne tombe sous le même jugement que le diable. Il faut enfin qu'il reçoive un bon témoignage de la part des gens de l'extérieur, afin de ne pas tomber dans le discrédit et dans les pièges du diable » (1 Timothée 3 : 1-7).

Dans les chapitres précédents, j'ai partagé une histoire sur Patrick et Béthanie. Patrick et Béthanie affrontèrent des pasteurs dont la vie ne reflétait pas ce passage. Dans le cas de Patrick, l'ancien qui était responsable de garder le pasteur redevable ne savait pas vraiment quel était son rôle, alors il s'est rangé du cote du pasteur même s'il est clairement écris dans 1 Timothée 3 :3 qu'un responsable doit être *« pas violent..., mais doux »* et qu'il devrait *« bien diriger sa maison. »*

Dans la situation de Béthanie, le pasteur/professeur ne pouvait manifestement pas bien gérer sa propre maison (1 Timothée 3 :4). Les signes étaient là, mais il était le chef de son conseil à l'église et d'autres membres du conseil ne le tenaient pas vraiment redevable des qualifications d'un surveillant (ou superviseur). Ceci a fait pour une combinaison préjudiciable. Comment cette situation aurait-elle pu être différente si cet homme était confronté à la Parole de Dieu, surtout si les gens qui l'affrontent savaient comment tenir correctement le pasteur responsable ? Mieux encore, que faire si l'école chrétienne savait reconnaître l'avertissement de Dieu, même s'il était porté à leur attention par un être humain ?

Je me suis assis aux réunions du conseil d'église où les anciens ne pouvaient pas discerner ce que la volonté de Dieu était sur une base régulière. Quand viendrait le temps de prier pour les gens, certains anciens s'asseyaient juste en arrière au lieu de participer à la prière. La Bible déclare en Jacques 5 :14.

> *« Quelqu'un parmi vous est-il malade ? Qu'il appelle les anciens de l'Eglise et que les anciens prient pour lui en lui appliquant de l'huile au nom du Seigneur. »*

La plupart des anciens ne se présentent même pas aux réunions de prière. Il y a eu des moments où quelqu'un a demandé la confirmation de Dieu et Il l'a fait, même si c'était presque impossible et Dieu l'a confirmé, mais les anciens n'ont pas tenu leur engagement envers Dieu.

La réalité est qu'il y a des anciens qui ont été placés comme diacres et des diacres qui ont été placés comme anciens. Il y a une différence distincte entre les deux. Un ancien doit faire partie des piliers spirituels de l'église : Prêcher, Enseigner, Prier, Protéger les brebis, et se tenir contre les fausses doctrines (1 Timothée 5 :17, Tite 1 :7, 1 Pierre 5: 1-2, 1 Timothée 3:2, 2 Timothée 4:2, Tite 1:9, Actes 20:17 ; Actes 28-31).

Le travail d'un diacre est de faciliter le cœur de Dieu par des moyens naturels, tels que le maintien de la réputation avec la communauté, la prise en charge des veuves et des démunis, et la distribution de nourriture dans la congrégation (Actes 6 : 3-6, 1 Timothée 3 : 8-14). **Sur le plan biblique, les anciens travaillent avec le spirituel, et les diacres rendent le spirituel pratique. Lorsque vous obtenez ces deux emplois mélangés et que personne ne connaît leurs responsabilités bibliques, cela peut ouvrir la porte au chaos et à la confusion.**

CHAPITRE 10
Adoration ou Louange

L'immaturité que nous voyons dans l'église, cependant, ne se limite pas aux membres du conseil d'administration. C'est évident dans toutes les parties de l'église. Un autre domaine qui a été touché est le culte. **Il y a d'innombrables façons que les gens cherchent à adorer Dieu, et s'il est fondé sur la Bible, il devrait être universellement accepté.** Que dit donc la Bible à propos du culte ?

La première fois que le mot *« adoration »* est utilisé (en anglais), dans la Bible, c'est dans Genèse 22 :5. Abraham et Sara ont été appelés par Dieu à le suivre. Sara est stérile, mais Dieu leur promet un enfant et la promesse s'accomplit. Des années plus tard, cependant, Dieu dit à Abraham de prendre son fils, son fils unique par Sara, et de le sacrifier sur le sommet de la montagne.

Avant qu'Abraham ne monte sur la montagne, il dit à ses serviteurs qui étaient avec lui et son fils *: « ...Restez ici avec l'âne ; moi et le garçon, nous irons là-bas, nous adorerons et nous reviendrons vers vous".* - Cette déclaration est profonde.

Sachant très bien que Dieu lui a parlé pour sacrifier son fils, Abraham relie son acte d'obéissance a l'adoration. Dieu arrêta Abraham juste avant de sacrifier son fils. Il le mettait à l'épreuve pour voir s'il aimait Dieu pour sa promesse ou pour qui il était.

Je veux mentionner ici que chaque épreuve qui surgit dans notre vie ne vient pas de l'ennemi. Dans le livre des Juges, nous lisons au sujet d'un Dieu qui a laissé les ennemis d'Israël pour un but.

« Voici les nations que l'Eternel laissa tranquilles pour mettre à travers elles les Israélites à l'épreuve, tous ceux qui n'avaient pas connu les guerres de conquête de Canaan. – Il voulait seulement que les générations des Israélites, ceux qui ne l'avaient pas connue auparavant, connaissent et apprennent la guerre. » (Juges 3 : 1-2).

Parfois, nos épreuves viennent de Dieu Lui-même, et Son épreuve nous affine et nous définit.

Il est essentiel de comprendre cette histoire et la réponse d'Abraham pour savoir ce qu'est réellement l'adoration. Quand Dieu a dit à Abraham de sacrifier son fils unique avec Sara, Abraham ne s'est pas plaint ; il a répondu avec foi. Il s'empara de son âne, saisit son fils et ses serviteurs et se dirigea vers la montagne.

Il n'y avait pas d'instruments et pas de chants, juste de l'obéissance. Ainsi, quand nous obéissons à Dieu, nous l'adorons. Dans Romains 12 :1, il est dit :

« Je vous encourage donc, frères et sœurs, par les compassions de Dieu, à offrir votre corps comme un sacrifice vivant, saint, agréable à Dieu. Ce sera de votre part un culte raisonnable. ».

Adorer Dieu va au-delà de chanter à Dieu. C'est un mode de vie, c'est répondre quotidiennement à Dieu, c'est aimer Dieu et aimer son prochain. Par conséquent, quand nous disons à l'église des choses comme *« il est temps pour adorer »*, je crois que cela peut être un obstacle à d'autres qui peuvent ne pas comprendre que l'adoration devrait être une habitude. Il est important de toujours clarifier ce que nous voulons dire.

Dans la Bible Jésus dit que par nos paroles nous serons justifiés, et par nos paroles nous serons condamnés (Matthieu 12 :37). **Les paroles comptent pour Dieu ; elles devraient aussi** nous paraître importantes. Il est important de décrire les choses de la bonne façon, sinon les gens peuvent prendre les choses de la mauvaise façon. Au lieu de dire *« Il est temps d'adorer »,* nous pouvons dire quelque chose comme : *« Il est temps de louer Dieu ».*

Même dans la louange il y a tant de façons de louer. Quand la Bible parle de *« louange »,* comme dans les Psaumes ou dans d'autres endroits, cela signifie quelque chose de plus. Il y a sept mots en hébreu qui peuvent nous aider à mieux décrire et éduquer la congrégation et le monde sur ce qu'est la louange.

Premièrement, nous avons le mot *halal*. Hallelujah vient du mot halal. Halal signifie *« se vanter au point de paraître insensé »*[1].

Un bon exemple d'un verset est Psaumes 48 :2 : *« L'Eternel est grand, il est l'objet de toutes les louanges… ».* Même s'il dit simplement *« louange »* en français, c'est le mot halal. **En d'autres termes, la grandeur de Dieu devrait nous amener parfois à nous vanter sur lui au point de paraître insensé, non seulement dans le secret, mais aussi en public.**

Comme un enfant, je me souviens quand j'allais à l'église et voir des gens avec leurs mains vers le haut. Je n'ai jamais compris pourquoi ils faisaient cela. Cependant, j'ai appris qu'il y a d'innombrables endroits dans la Bible qui nous instruisent à lever les mains vers Dieu. En hébreu, la parole qui reflète la levée des mains vers le ciel est *yadah*.

Cependant, Yadah signifie bien plus que simplement lever les mains. **Il prend une connotation d'abandon et de confession. Quand quelqu'un lève les mains, il abandonne sa vie à Dieu et déclare que Lui seul est son espérance, sa joie, son amour, sa patience, etc.** Un bon exemple se trouve dans Psaume 30 :10 : *« Que gagnes-tu à verser mon sang, à me faire descendre dans la tombe ? La poussière **te célèbre-t-elle** ? Raconte-t-elle ta fidélité ? »*

Le mot hébreu suivant pour la louange est *todah*. Todah signifie chanter les louanges à Dieu ensemble comme une unité, en harmonie. Dieu ne nous a pas appelés à vivre isolément, nous sommes appelés à vivre la vie en tant que communauté. Todah est si important pour le corps de l'église de rester dans l'unité parce qu'il nous fait reconnaître que le sacrifice de Dieu n'est pas seulement pour nous, mais aussi pour notre prochain.

Le Psalmiste le dit ainsi :

> *« Je me rappelle avec émotion l'époque où je marchais entouré de la foule, où j'avançais à sa tête vers la maison de Dieu, au milieu des **cris de joie (todah)** et de reconnaissance d'une multitude en fête ». (Psaumes 42 :5)*

Rester en phase avec ce concept est un autre mot en hébreu pour la louange, *shabach*. Shabach est une forte adoration et une attitude joyeuse et écrasante, témoignant de ce que Dieu a fait.

C'est l'un des quelques mots qui ne se traduit pas seulement par *« louange »* en français. Psaume 32 :11 dit, *« Justes, réjouissez-vous en l'Eternel et soyez dans l'allégresse ! Poussez des **cris de joie (shabach)**, vous tous qui avez le cœur droit ! »*

Un autre mot pour la louange en hébreu est barak. Barak le Seigneur est d'exprimer une attitude d'amour, de soumission et de confiance par l'acte de s'agenouiller. C'est une position et une expression de donner continuellement place à Dieu. En grandissant, je me souviens que ma mère nous a emmenés à l'église. **Là-bas, je voyais ces personnes âgées s'agenouiller devant Dieu, et leur dévotion suscitait en moi des émotions plus profondes que l'océan.**

Lorsque nous lisons les Psaumes en français, le mot barak se traduit dans certains cas par le mot « bénir ». Psaume 34 :2 est un bon exemple : « *Je veux bénir (barak) l'Eternel en tout temps : sa louange sera toujours dans ma bouche.* »

Beaucoup de gens qui sont nés avant les années 70 peuvent se rappeler une époque où l'église n'était pas un grand fan d'instruments. Aujourd'hui encore, certaines Églises s'élèveront contre l'utilisation d'instruments pour louer Dieu. Pourtant, la Bible dit le contraire de cette façon de penser.

La Bible contredit cela. En hébreu, il y a en fait un mot qui donne instruction de louer Dieu avec des instruments, et c'est le mot zamar. Zamar signifie chanter de la musique et faire de la musique. Quand on joue de la batterie ou de la guitare dans l'église, c'est un zamar pour Dieu. Psaumes 57 :8-9 montre un exemple de zamar :

> « *Mon cœur est rassuré, ô Dieu, mon cœur est rassuré ; je chanterai, je ferai retentir mes instruments. Réveille-toi, mon âme, réveillez-vous, mon luth et ma harpe ! Je veux réveiller l'aurore !*"

Dieu peut se déplacer à travers les instruments utilisés. La vie de David en est un témoignage. Après que Saül ait désobéi aux instructions de Dieu donnés par l'intermédiaire du prophète Samuel dans 1 Samuel 15, un mauvais esprit est envoyé de

Dieu pour le tourmenter. **Dieu n'est pas l'auteur du mal mais, quand Dieu est absent, les ténèbres sont présentes.**

> *« Lorsque le mauvais esprit envoyé par Dieu était sur Saül, David prenait la harpe et en jouait. Saül se calmait alors et se sentait mieux, et le mauvais esprit s'éloignait de lui »* (1 Samuel 16 :23)

L'acte de jouer de la lyre est zamar, et par le zamar de David, le mauvais esprit quitta.

Le septième mot pour la louange en hébreu est *tehillah*. C'est semblable au mot halal et signifie chanter spontanément un nouveau chant ou un hymne à Dieu du cœur. Il y a des églises qui sont complètement silencieuses quand la louange commence - personne ne dit rien. Bien qu'il y ait des moments pour se taire dans la présence de Dieu, pour quiconque de dire que le silence est la seule méthode de louange n'est pas biblique.

Tehillah est trouvé dans Psaume 100 :4 : *« Entrez dans ses portes avec reconnaissance, dans ses parvis avec des chants de louange* **(tehillah)** *! Célébrez-le, bénissez son nom. »*

Ce ne sont pas les seuls mots qui expriment la louange en hébreu, mais ce sont eux qui expliquent la profondeur de ce que dit le psalmiste. Compte tenu de ces sept mots, il est important pour l'église de bien comprendre et être en mesure d'expliquer la louange et de ne pas simplement l'appeler adoration. **Vraiment louer Dieu fait partie de l'adoration de Dieu, mais adorer Dieu n'est pas seulement le louer par des chants et des instruments ; c'est un mode de vie.**

Comment alors sommes-nous censés louer Dieu ? Paul explique ceci en Colossiens 3 :16 :

> « Que la parole de Christ habite en vous dans toute sa richesse ! Instruisez-vous et avertissez-vous les uns les autres en toute sagesse par des psaumes, par des hymnes, par des cantiques spirituels, chantez pour le Seigneur de tout votre cœur sous l'inspiration de la grâce. »

Paul commence ce verset en s'assurant que l'on comprend la nécessité pour la Parole de Dieu d'habiter en un individu. C'est à partir de cela qu'il déclare que nous devons nous enseigner et nous exhorter les uns les autres dans toute la sagesse. Poursuivant cette pensée, il déclare trois différentes façons de chanter à Dieu, « *chantant des psaumes et des hymnes et des chants spirituels* ». Ceci est ancré dans la dernière partie du verset qui dit « *(...) chantez pour le Seigneur de tout votre cœur* ».

Quelle est la différence entre psaumes, hymnes et chants spirituels ? **Les psaumes racontent une histoire de sa gloire, les hymnes lui donnent toute la gloire, et les chants spirituels révèlent sa gloire.**

Tandis que nous nous exhortons les uns les autres à mieux aborder la louange dans nos églises, de nombreux domaines de l'immaturité diminueront. Les gens pourront vraiment exploiter ce que louer Dieu signifie, comment Le louer, et pourquoi nous Le louons. En outre, l'adoration ne sera plus considérée comme une période où les instruments jouent, et les lumières sont amoindries ; elle sera considérée comme un mode de vie.

CHAPITRE 11
Prière

Grandir chez moi signifiait passer par un camp d'entraînement spirituel. Ma mère était le sergent et ce qu'elle disait était la loi, surtout quand il s'agissait de la prière, ce dont nous avons fait beaucoup. Nous avons prié avant de faire quoi que ce soit !

Nous avons prié avant de manger, de faire des achats, d'aller à l'école, de dormir, avant de faire une activité, de prier sur tout ce qui nous était donné, et tout ce que nous trouvions partout devait être couvert par la prière. Il ne s'agissait pas non plus de prières silencieuses ; il sonnait normalement comme vous étiez en guerre et votre bouche était la mitrailleuse.

Je me souviens qu'une fois, ma mère priait pour la nourriture si longtemps que je me suis endormie. Quand elle a fini de prier tout le monde est allé à la table et a commencé à manger et j'étais encore endormi. Je me suis réveillé seulement après avoir entendu des fourches et des cuillères frapper les assiettes.

La façon dont nous priions en famille a été fortement influencée par notre culture congolaise. Quand j'étais petit au Congo (Kinshasa), je me souviens que nous allions à ces réunions de prière appelées veiller (mot français qui signifie « *rester éveillé volontairement sans dormir* »). Un veiller était quand les gens se réunissaient dans une église ou dans la maison d'une personne pour prier pendant autant de jours que le ministre estimait que Dieu le jugeait nécessaire et que toutes les trois heures tout le monde se réveillait et priait ensemble. Au cours de ces réunions de prière intenses, nous jeûnions tous, abandonnions le confort de nos lits et dormions sur le sol. Dieu a fait des merveilles !

Avec cette compréhension culturelle de la prière dans mon arrière-plan, quand je suis venu en Amérique et que je suis allé à une réunion de prière avec les Américains, j'ai été repris par ce que je considérais comme un manque de ferveur. La passion pour la prière extérieurement était en effet absente dans beaucoup des églises où je suis allé en Amérique (Etats-Unis), mais ce qu'ils manquaient dans l'expression extérieure, ils ont compensé parfois dans la dévotion intérieure. Tandis que dans ma culture, ce que nous avons présenté parfois extérieurement n'a pas toujours été capturé intérieurement.

La prière peut être exprimée différemment tant qu'elle est intrinsèquement alignée avec la parole de Dieu. En d'autres termes, une personne peut prier tranquillement ou bruyamment, tant que la motivation de son cœur vient de ce que l'Esprit Saint a révélé dans les Écritures. C'est pourquoi la façon la plus mûre de prier est tout comme la Bible vous le suggère.

Qu'est-ce que la prière ? Le mot *prier* dans le grec est *proseuchomai (pros-yoo'-khom-ahee)* προσεύχομαι et il signifie un échange de souhaits ou d'idées[1]. C'est pourquoi j'appelle la prière le meilleur échange. En priant Dieu, une personne prend son inquiétude, son péché, sa honte, sa haine, ses rêves, ses inaptitudes, ses peurs et tout ce qui est charnel ; et Dieu l'échange avec sa justice, sa paix, son amour, son espérance, sa sainteté, sa patience, sa maîtrise de soi, sa douceur et tout ce qui incarne la piété. Cependant, c'est la définition large de la prière.

Il y a des segments de prière qui, je crois, donnent une explication encore plus détaillée de ce qu'est la prière. Ces segments de prière se trouvent dans 1er Timothée.

Pendant son quatrième voyage missionnaire, Paul l'Apôtre a écrit la première lettre à Timothée à son fils spirituel (1 Timothée 1 :2), un jeune pasteur du nom de Timothée.

Paul avait placé Timothée comme surveillant de cette église à Éphèse, qui est situé près des rives occidentales de la Turquie moderne. Dans le chapitre un de 1er Timothée, nous voyons que certains faux enseignants avaient surgi dans l'église que Timothée surveillait. Paul a écrit cette lettre pour rappeler à Timothée l'accusation qu'il lui avait donnée de ne pas écouter de faux enseignants (1 Timothée 1 :3-6), de donner à Timothée d'autres conseils spirituels sur la façon de superviser les affaires de l'Église (1 Timothée 2), et d'instruire Timothée sur la façon de placer les gens dans la direction (1Timothy 3 :1-13 ; 5 :17-25).[2]

L'une des affaires de l'Église dont Paul écrivit haut et fort était la prière. Paul écrivit : « *J'encourage donc avant tout à faire des demandes, des prières, des supplications, des prières de reconnaissance pour tous les hommes, pour les rois et pour tous ceux qui exercent l'autorité, afin que nous puissions mener une vie paisible et tranquille, en toute piété et en tout respect. Voilà ce qui est bon et agréable devant Dieu notre Sauveur, lui qui désire que tous les hommes soient sauvés et parviennent à la connaissance de la vérité. En effet, il y a un seul Dieu et il y a aussi un seul médiateur entre Dieu et les hommes : un homme, Jésus-Christ, qui s'est donné lui-même en rançon pour tous. Tel est le témoignage rendu au moment voulu* » (1 Timothy 2 :1-6 S21). Ici dans 1 Timothée chapitre 2 est la première fois que nous voyons la prière être divisée en quatre catégories : Prières, Prières de reconnaissance(ou Actions de grâces), Supplications, et Prière d' intercessions.

Pour illustrer ces différents segments de prières, j'aime utiliser mes relations entre ma femme et moi. Quand j'ai rencontré ma femme, nous avons commencé par échanger des noms, des idées, parler de nos rêves et de nos souhaits. C'était le début de notre relation ; nous apprenions à nous connaître.

Il y a eu un échange des deux côtés. Cela peut être comparé à ce que j'appelle la première étape de base de la prière qui est simplement appelée *prière* et c'est le créateur de la relation. C'est alors qu'une personne commence sa relation avec Dieu. Ils découvrent le nom de Dieu, ils commencent à échanger des idées, des souhaits et une amitié s'ensuit.

Après que ma femme et moi avons commencé à construire notre relation un peu plus, j'ai commencé à remarquer toutes les choses étonnantes qu'elle ferait pour moi, et je ne pouvais m'empêcher d'être reconnaissant. Vice versa, je voulais aussi faire des choses pour elle, et elle aussi était reconnaissante pour moi d'être dans sa vie. Être reconnaissant pour elle a contribué à construire une confiance en elle qu'elle allait être là pour moi.

Après la prière, qui est le créateur de la relation, vient l'action de grâces (ou prières de reconnaissance) qui est le créateur de la confiance. Quand une personne commence à remercier Dieu, elle devient plus confiante en Dieu. La foi en grec est *Pistis* et elle signifie persuasion divine, croyance, confiance[3]. Si vous manquez de foi, commencez à remercier Dieu pour ce qu'il a fait dans votre vie, proclamez la vérité de sa parole malgré la situation et vous verrez finalement une augmentation de la confiance envers Dieu dans votre vie.

Ensuite, ma femme et moi avons commencé à parler plus sérieusement de notre relation. Je me sentais comme elle était celle pour moi et j'ai décidé de lui acheter une bague de fiançailles. Après lui avoir obtenu une bague, je me suis envolé pour Montana et j'ai humblement, mais avec confiance de manière très sincère, demandé sa main dans le mariage à son père.

Après avoir obtenu l'accord de son père, j'ai mis en place une journée que j'allais demander à Katie de me marier. J'ai invité ses parents et j'ai créé la surprise. Dès qu'elle a obtenu son diplôme, je l'ai emmenée à l'endroit où nous avons d'abord déclaré notre amour l'un pour l'autre. Une fois là-bas, je lui ai demandé humblement, en toute confiance, si elle allait me marier, et elle a dit oui.

Cette humble demande de sa main dans le mariage peut être comparée à des prières de supplications. Quand quelqu'un supplie, il plaide humblement avec Dieu au sujet de quelque chose qu'il croit important et confie avec confiance qu'il recevra sa demande. Il y a un véritable cri du cœur quand on supplie, c'est pourquoi j'appelle supplication le changeur de cœur. Par la supplication, je crois que le réveil est apporté dans notre propre vie et dans la vie des autres.

Après les supplications vient le dernier type de prières, les prières d'intercession. Nos deux mondes ont complètement changé après notre mariage parce que nous en sommes devenus un. Grâce à notre unité, nous sommes devenus le pont entre les familles et les amis. Par l'intermédiaire de Katie, j'ai fait partie de sa famille et j'ai fait la connaissance de ses amis et, par mon intermédiaire, elle a fait partie de ma famille et connaissance de mes amis.

De même, lorsque nous intercédons, nous relions notre famille terrestre à notre famille céleste. Nous devenons un pont et alors que nous prions pour ceux qui ne connaissent pas Dieu, par nos prières ils arrivent à se connecter avec Dieu auquel nous sommes mariés. Par conséquent, j'appelle l'intercession le changeur du monde. Une personne qui intercède n'accomplit pas sa volonté pour le monde, mais la volonté de Dieu, qui est que personne ne périsse, mais que tous viennent à la repentance.

Jésus, quand il était ici sur la terre, a fait chacune de ces prières. Il communiquerait avec son père et échangerait des idées et des souhaits avec lui. Par exemple, quand il a dû choisir ses disciples, Jésus a communiqué avec son Père toute la nuit à ce sujet (Luc 6 :12).

C'est un bon exemple de ce que nous devrions faire avant de prendre des décisions dans la vie aussi. **Parce que ne pas consulter Dieu en tant que chrétien avant de prendre une décision qui change la vie, c'est comme l'insulter et dire que je n'ai pas besoin de votre permission.** Si Jésus, le Fils de Dieu, demandait à son Père céleste avant qu'Il ne choisisse les disciples, à combien plus forte raison devons-nous chercher Dieu avant de prendre d'énormes décisions dans la vie ?

La prière suivante que Jésus a priée était une prière d'action de grâces. Quand les disciples sont revenus après avoir chassé les démons, ils ont célébré le fait que les démons ont été chassés. Jésus, voulant toujours s'assurer que nos cœurs sont bien positionnés, exonéra les disciples de marcher dans l'autorité de Dieu tout en s'assurant qu'ils comprenaient qu'une personne connaissant réellement l'Evangile est plus importante que les démons chassés.

« Voici, je vous ai donné le pouvoir de marcher sur les serpents et les scorpions et sur toute la puissance de l'ennemi, et rien ne pourra vous nuire. Cependant, ne vous

réjouissez pas de ce que les esprits vous sont soumis, mais réjouissez-vous de ce que vos noms sont inscrits dans le ciel. » *(Luke10 :19-20* SG21*).*

C'est directement après cela que Jésus commence les prières d'action de grâces. *« A ce moment même, Jésus fut rempli de joie par le Saint-Esprit et il dit : « Je te suis reconnaissant, Père, Seigneur du ciel et de la terre, de ce que tu as caché ces choses aux sages et aux intelligents et les as révélées aux enfants. Oui, Père, je te suis reconnaissant car c'est ce que tu as voulu »* (Luke10 :21 SG21).

Dans cette prière, Jésus reconnaît que son Père Céleste est le Seigneur des cieux et de la terre, et que Dieu est au contrôle. De même, l'Evangile devrait nous faire réjouir dans le Saint-Esprit et donner à Dieu une offrande d'action de grâces.

En outre, Jésus a prié des prières des supplications. Dans l'épitre aux Hébreux chapitre 5, l'auteur commence le chapitre en décrivant magnifiquement l'une des principales tâches du Grand-Prêtre (ou Souverain sacrificateur) dans l'Ancien Testament. Ce devoir était une fois par an sur Yum Kippur, le jour de l'expiation, le Grand Prêtre entrerait une fois dans le Saint des Saints et ferait des sacrifices pour toute la nation d'Israël. L'auteur a expliqué que puisque le Grand Prêtre était lui-même vulnérable à des faiblesses, il devait aussi faire des sacrifices pour lui-même (Hébreux 5 :1-2).

Il a continué et a expliqué qu'aucun prêtre ne s'est jamais nommé comme prêtres, plutôt c'était un rendez-vous divin. Pareillement, Jésus a été ordonné par Dieu. C'est pourquoi le psalmiste David proclama prophétiquement : *« …Tu es mon fils, je t'ai engendré aujourd'hui ! »* (Psaume 2 :7 ; Hébreux 5 :5). Pourtant, parce que les Grands Prêtres terrestres avaient des faiblesses, Jésus n'aurait pas pu passer par leur ordre sacerdotal. L'ordre sacerdotal de Jésus vient plutôt de Melchisédek (Melech signifiant Roi, tsaddiq signifiant justice), Roi de Justice (Hébreux 5 :6 ; 7 :2).

L'auteur de l'épitre aux hébreux déclarera plus tard, dans cette épitre, que Melchisédek « *On ne lui connaît ni père ni mère, ni généalogie, ni commencement de jours ni fin de vie, mais, rendu semblable au Fils de Dieu, il reste prêtre pour toujours.* » (Hébreux 7 :3). Cette figure de l'Ancien Testament qui apparaît pour la première fois à Abram dans Genèse 14 :17 n'est pas un homme commun. Il est donc concluant qu'il est un Christophanie (en anglais Christophany), une apparence obscure du Christ dans l'Ancien Testament. C'est par son ordre divin que Jésus obtient sa prêtrise d'une lignée dépourvue de péché.

Après avoir établi que Jésus est aussi prêtre, l'auteur de l'épitre aux Hébreux commence à expliquer comment Jésus a accompli ses devoirs sacerdotaux. Car chaque prêtre devait faire des sacrifices pour la nation d'Israël et pour eux - mêmes, comment Jésus a-t-il offert ses sacrifices étant qu'il était parfait et qu'il n'avait pas besoin d'offrir des agneaux et des chèvres, mais il était encore obligé d'accomplir sa charge de prêtre. L'auteur de l'épitre aux Hébreux déclare : « *Aux jours de sa chair, Jésus offrit des prières et des supplications, avec des cris et des larmes bruyantes, à celui qui pouvait le sauver de la mort, et il fut entendu à cause de sa révérence* » (Hébreux 5 :7 S21).

Jésus se positionna de tout cœur sur la terre comme un agneau sacrificiel. Ce n'est pas seulement sur la croix qu'Il est devenu l'agneau sacrificiel, plutôt par la prière qu'Il a incarné ce rôle. Il s'est abandonné lui-même à ce rôle par une prière intense et des supplications. En criant à Dieu en notre faveur et à cause de sa révérence envers son Père céleste, la mort ne pouvait le garder.

En expliquant qui nous sommes, Pierre déclare : « *Vous, au contraire, vous êtes un peuple choisi, des prêtres royaux, une nation sainte, un peuple racheté afin de proclamer les louanges de celui qui vous a appelés des ténèbres à sa merveilleuse lumière.* » (1 Pierre 2 :9). Comme Jésus, nous aussi nous avons été appelés à marcher comme prêtres sur la terre sans lignée terrestre, mais dans la lignée du Christ. Il est donc de notre devoir de prier avec ferveur pour le monde comme Jésus a prié et continue de prier pour nous.

Enfin, Jésus a également intercédé pour nous lorsqu'il était ici sur terre. Cette prière d'intercession est la plus longue prière enregistrée que Jésus ait effectuée.

Jésus prie,

« *Je ne prie pas pour eux seulement, mais encore pour ceux qui croiront en moi à travers leur parole, afin que tous soient un comme toi, Père, tu es en moi et comme je suis en toi, afin qu'eux aussi soient [un] en nous pour que le monde croie que tu m'as envoyé. Je leur ai donné la gloire que tu m'as donnée afin qu'ils soient un comme nous sommes un - moi en eux et toi en moi -, afin qu'ils soient parfaitement un et qu'ainsi le monde reconnaisse que tu m'as envoyé et que tu les as aimés comme tu m'as aimé. Père, je veux que là où je suis ceux que tu m'as donnés soient aussi avec moi afin qu'ils contemplent ma gloire, la gloire que tu m'as donnée parce que tu m'as aimé avant la création du monde* » (Jean 17 :20-24 SG21)

Alors qu'il prie pour ses disciples et ceux qui croiront en lui à l'avenir, Jésus remplit son rôle de médiateur entre Dieu et l'homme. Il veut que Ses amis, Sa famille, quiconque est prêt à écouter, et leurs amis et leur famille viennent et connaissent Son Père intimement.

Non seulement Jésus a intercédé alors qu'il était ici sur la terre, mais Il est toujours en train d'intercéder pour nous au ciel. L'auteur de l'épitre aux Hébreux, après avoir expliqué que le sacerdoce de Jésus est pour toujours, déclare : *« Par conséquent, il peut aussi sauver parfaitement ceux qui s'approchent de Dieu à travers lui, puisqu'il est toujours vivant pour intercéder en leur faveur »* (Hébreux 7 :25 SG21). Cela est profond et devrait nous mettre tous au défi de prier régulièrement pour ceux qui connaissent Dieu maintenant et ceux qui viendront le connaître à l'avenir.

Une autre partie de la prière est le jeûne. Ce que beaucoup appellent le jeûne, je voudrais considérer un régime. Le jeûne va au-delà de l'abandon d'un repas ou des réseaux sociaux, il a à voir avec une posture de cœur. Dans le chapitre suivant, je vais élaborer ce qu'est le jeûne.

CHAPITRE 12
Le Jeûne

Quand j'ai jeûné pour la première fois, j'avais environ cinq ans. Je vivais au Zaïre, aujourd'hui renommé la République Démocratique du Congo, et ma famille essayait d'échapper au régime du tyran *Mobutu Sese Seko*. Son nom de famille signifiait *« éternel. »*

La police secrète de Mobutu était venue chercher mon père pour l'emprisonner et le tuer. Mon père, par la grâce de Dieu, avait échappé pour les États -Unis d'Amérique. Il ne pouvait pas nous emmener tous avec lui, et après avoir été aux États-Unis, il a commencé à remplir des documents pour qu'on le rejoigne aux États-Unis.

C'est alors que les choses ont commencé à être retardées. Nos documents que nous avons déposés auprès du bureau de l'immigration disparaissaient. Cela s'est produit pendant des mois. Enfin, ma mère et d'autres pasteurs au Congo se sont rendu compte qu'il s'agissait d'une bataille spirituelle.

Après cette réalisation, ils se sont convenu pour un jeûne. Tout le monde jeûnait, y compris les enfants. Contrairement aux adultes, qui n'ont rien mangé tous les trois jours, les enfants mangés après le coucher du soleil chaque jour. Juste après le jeûne et prière, nos documents ont réapparues et c'était ma sœur aînée *Lona*, mon frère aîné *Sandy* et moi qui avons été autorisés à venir États-Unis avec le statut d'asile.

Ma mère venait d'accoucher de ma petite sœur Martha, et elle n'avait pas fait ses papiers correctement quand elle est venue rendre visite à mon père pour la première fois, à cause de cela, elle et ma petite sœur ont dû rester jusqu'à ce que sa situation d'immigration ait été clarifiée. Pour nous, venir aux États-Unis n'était rien de moins qu'un miracle. Il y avait beaucoup de gens avec beaucoup plus d'argent que nous qui n'étaient pas admis aux États-Unis.

Dieu nous a vraiment aimés. Je crois aussi que par le jeûne nous avons pu faire la guerre dans l'esprit et recevoir notre percée. Cependant, je ne recommanderais jamais un enfant à l'âge où j'étais, à jeûner, en même temps je n'ai jamais été dans une situation où toute ma famille était constamment en danger d'être tué.

Je ne juge pas ma mère, elle a fait ce qu'elle pouvait faire, avec la compréhension qu'elle avait à l'époque. Le jeûne est un outil puissant qui, lorsqu'il est utilisé correctement, peut nous rapprocher de Dieu. Quand nous jeûnons, nous utilisons une arme spirituelle qui aide à faire progresser le Royaume de Dieu.

Le mot hébraïque qui décrit le mieux le jeûne est le mot צום *tsum* a prononcé *tsoom*. Ce mot signifie couvrir (la bouche) [1]. Dans le Nouveau Testament, la définition du jeûne est semblable à celle du mot hébreu pour le jeûne.

Le mot pour jeûner en Grec est *nesteuo* prononcé *nace-tyoo '-o*. Le sens de ce mot est « *s'abstenir comme un exercice religieux de la nourriture et de la boisson : soit entièrement, si le jeûne n'a duré qu'une seule journée, soit de la nourriture coutumière et de choix, si elle a continué plusieurs jours* »[2]. Dans l'Ancien et le Nouveau Testament, le jeûne est lié à la restriction alimentaire.

Jésus, après avoir été baptisé, a été immédiatement conduit dans le désert par le Saint-Esprit, où il a été tenté et a dû jeûner pendant quarante jours. La Bible dit : « *Puis Jésus fut emmené par l'Esprit dans le désert pour être tenté par le diable. Après avoir jeûné 40 jours et 40 nuits, il eut faim.* » (Matthieu 4 :1-2 SG21). Ce verset souligne l'importance du jeûne. Si Jésus, le Fils de Dieu, devait jeûner, combien encore nous ?

Ce jeûne que Jésus a fait était juste après qu'il a été ordonné pour faire le ministère. Comme mentionné précédemment, c'est l'Esprit Saint qui a conduit Jésus dans le désert. Jésus, qui s'était vidé de sa divinité (Philippiens 2 :5-8), pendant qu'il était dans le désert il a choisi d'avoir une dépendance complète sur son Père. Cette confiance dans le Père a été démontrée par son jeûne et, lorsqu'il a été tenté, sa capacité à déclarer ce que la parole de Dieu a déclaré.

Nous lisons dans les Écritures que le tentateur, Satan, n'a pas réussi à tenter Jésus. Jésus, par son jeûne, nous a montré comment être victorieux contre la tentation. **La victoire contre la tentation vient quand une personne s'appuie complètement sur Dieu.**

Plus tard, dans Matthieu, quand on lui demanda pourquoi les disciples de Jean jeûnaient et que ses disciples ne le faisaient pas, Jésus répondit : « *... Les invités à la noce peuvent-ils être tristes tant que le marié est avec eux ? Les jours viendront où le marié leur sera enlevé, et alors ils jeûneront.* » (Matthieu 9 :15 SG21). L'Époux Jésus a été ramené au Ciel, de sorte que les jours de jeûne sont sur nous.

Mais quelle est la bonne façon de jeûner et la mauvaise façon de jeûner. En Ésaïe 58, on répond à cette question sur ce qu'est un jeûne vrai et faux. Au début de ce chapitre, Dieu, par Ésaïe, élève une lamentation concernant les enfants d'Israël (Ésaïe 58 :1-2).

Après que Dieu a soulevé la lamentation concernant les enfants d'Israël, Il leur réitère leurs plaintes et commence à leur expliquer pourquoi leur jeûne ne fonctionne pas. « *' A quoi nous sert - il de jeûner, si tu ne le vois pas, de nous humilier, si tu n'y fais pas attention ?' C'est que, le jour où vous jeûnez, vous accomplissez vos propres désirs et traitez durement tous vos ouvriers. Votre jeûne débouche sur des procès et des disputes, sur de méchants coups de poing. Vous ne jeûnez pas, comme vous le faites aujourd'hui, de manière à faire entendre votre voix là-haut. Est-ce un jeûne de ce genre que je préconise, un jour où l'homme s'humilie ? S'agit-il de courber la tête comme un roseau ? Faut-il se coucher sur le sac et la cendre ? Est-ce cela que tu appelles un jeûne, un jour agréable à l'Eternel ? »* (Ésaïe 58 :3-5 S21).

Selon Ésaïe 58 :3-5, le jeûne ne doit pas être un acte égoïste, mais notre manque de nourriture ne signifie rien s'il n'est pas accompagné d'un amour pour notre prochain. La foi sans travail est morte (Jacques 2 :14-26). Dieu renforce encore cela en disant : *« Est-ce un jeûne de ce genre que je préconise, un jour où l'homme s'humilie ? S'agit-il de courber la tête comme un roseau ? Faut-il se coucher sur le sac et la cendre ? Est-ce cela que tu appelles un jeûne, un jour agréable à l'Eternel ? Voici le genre de jeûne que je préconise : détacher les chaînes dues à la méchanceté, dénouer les liens de l'esclavage, renvoyer libres ceux qu'on maltraite. Mettez fin aux contraintes de toute sorte ! Partage ton pain avec celui qui a faim et fais entrer chez toi les pauvres sans foyer ! Quand tu vois un homme nu, couvre-le ! Ne cherche pas à éviter celui qui est fait de la même chair que toi !* (Ésaïe 58 :5-7 S21).

Relâcher les liens des méchants, défaire les liens de l'esclavage, libérer les opprimés, et briser chaque joug a quelque chose à voir avec la guerre (ou combat) spirituelle. Par le jeûne, nous sommes appelés à nous battre pour une percée spirituelle dans notre vie et dans la vie des autres. Un joug est une traverse en bois qui est placé sur le cou de deux animaux, généralement des bœufs, et relié à la charrue ou au chariot que les animaux tirent.

Comme ces animaux, l'humanité aussi est attachée aux servitudes du péché. Nous sommes esclaves de la chair et des choses de ce monde. Alors quand nous jeûnons avec le cœur droit, Dieu brise nos jougs et d'autres pour lesquelles nous prions.

Suivant ce que Dieu dit au sujet de la rupture des jougs, Dieu déclare : « *Partage ton pain avec celui qui a faim et fais entrer chez toi les pauvres sans foyer ! Quand tu vois un homme nu, couvre-le ! Ne cherche pas à éviter celui qui est fait de la même chair que toi !" (Ésaïe 58 :5-7 SG21).*

Quand une personne jeûne, elle doit chercher à s'aligner avec le cœur de Dieu. Aimer les autres est une façon de montrer que nous aimons Dieu. Car les Écritures disent : « *Si quelqu'un dit : 'J'aime Dieu', alors qu'il déteste son frère, c'est un menteur. En effet, si quelqu'un n'aime pas son frère qu'il voit, comment peut-il aimer Dieu qu'il ne voit pas* » *(1 Jean 4 :20 SG21).*

Les enfants d'Israël avaient la bonne posture corporelle, mais le mauvais cœur. Ils jeûnaient dans l'espoir d'obtenir ce qu'ils voulaient au lieu de désirer ce que Dieu désirait. Mais s'ils avaient fait cela avec les bonnes raisons, alors selon la parole de Dieu, ils auraient reçu leur percée.

> *« Alors ta lumière jaillira comme l'aurore et ta restauration progressera rapidement, ta justice marchera devant toi et la gloire de l'Eternel sera ton arrière-garde. Alors tu appelleras et l'Eternel répondra, tu crieras et il dira :*
> *« Me voici !»*
> *Oui, si tu éloignes du milieu de toi la contrainte, les gestes menaçants et les paroles mauvaises, si tu partages tes propres ressources avec celui qui a faim, si tu réponds aux besoins de l'opprimé, ta lumière surgira au milieu des ténèbres et ton obscurité sera pareille à la clarté de midi. L'Eternel sera constamment ton guide, il répondra à tes besoins dans les endroits arides*

et il redonnera des forces à tes membres. Tu seras pareil à un jardin bien arrosé, à une source dont l'eau n'arrête jamais de couler. Grâce à toi, on reconstruira sur d'anciennes ruines, tu relèveras des fondations vieilles de plusieurs générations. On t'appellera réparateur de brèches, restaurateur de sentiers fréquentés » (Ésaïe *58 :8-12 SG21).*

Le jeûne est un outil spirituel puissant. Lorsqu'une personne jeûne avec maturité, elle fait l'expérience de la guérison, de la protection, de la délivrance et de la restauration. Le jeûne, pour un croyant, ne devrait pas être facultatif, il devrait être une partie nécessaire de la vie.

CHAPITRE 13
La Voix de Dieu

Je me souviens de la première fois que j'ai entendu la voix de Dieu. J'étais à l'université, et c'était ma première année. J'étais régulièrement attaqué par des esprits démoniaques et je ne pouvais pas comprendre pourquoi cela m'arrivait.

Un jour, alors que j'étais sur le point de m'endormir sur la partie basse du lit superposé de ma chambre, je me suis soudain retrouvé à regarder le dos de quelqu'un qui écrivait sur le plus grand tableau noir que j'ai jamais vu de ma vie. En regardant cette personne, je me sentais comme si je n'avais aucune force, presque comme si j'avais été drogué et que mon corps était engourdi et pourtant j'étais encore pleinement conscient. Mon expérience a été comme celle de Daniel quand l'Ange a répondu à ses prières pour la repentance.

« Resté seul, j'ai vu cette grande apparition et me suis retrouvé sans force. Mes traits se sont décomposés et j'ai perdu toute force. J'ai entendu le son de ses paroles et en l'entendant je suis tombé, dans une profonde torpeur, le visage contre terre. » (Daniel10 :8-9 SG21).

Pendant que je m'y posais dans cet état numéroté, mes yeux observaient l'homme qui se trouvait devant le tableau géant. Au milieu de mon observation, l'homme a commencé à écrire sur le tableau géant en langue hébraïque. Pendant qu'il écrivait, je sentais dans mon esprit que cette langue qu'il écrivait était céleste. En outre, pendant qu'il écrivait, je pouvais entendre la craie frapper le tableau noir.

A ce moment-là, j'ai essayé de regarder de plus près pour voir si je pouvais peut-être lire ce qui se trouvait sur le tableau et soudain, j'ai entendu la voix de Dieu.

Imaginez avec moi que vous étiez dans un endroit qui avait le plus grand système de sonorisation dans le monde. Cet endroit pâlirait par rapport à la nature tout-consommatrice **de la voix de Dieu. Sa voix était retentissante, entourant tout mon être, il était partout à la fois.**

Dieu m'a dit : « *Tu es sur le point de commencer à être attaqué, mais pendant que tu seras attaqué, ne t'inquiète pas, je serai là* ». Dès qu'il a dit la dernière partie, « *Je serai là* », mon corps s'est gelé. Soudain, j'étais à l'extérieur de mon corps, pourtant j'étais toujours connecté à mon corps, et je me voyais là et mon corps était figé dans la position où j'étais allongé.

Mes yeux étaient tous les deux ouverts vers la porte de la salle de bain qui était tout droit devant. La chambre était sombre et il y avait juste une lumière sombre échappant à la salle de bain. Mon corps qui était gelé se sentait comme si quelqu'un qui était un million de fois plus fort que moi me tenait fixe dans ma position. Je ne pouvais pas clignoter, je pouvais à peine respirer, et je ne pouvais pas parler, j'étais coincé.

Comme j'étais planté comme une planche, j'ai commencé à sentir que quelque chose d'autre était dans la pièce avec moi. C'avait l'aire étrange, comme si j'étais dans un film d'horreur surnaturel. En même temps, j'avais l'impression de ne pas être seul, j'ai entendu ce mouvement effrayant venir de l'autre côté de la pièce.

Dans mon esprit, j'ai commencé à crier à plusieurs reprises « *Jésus !* » J'ai essayé aussi fort que possible de cligner ou de parler et je ne pouvais même pas bouger. Le grognement que j'ai entendu a commencé à se rapprocher lentement de moi. Plus le son se rapprochait de moi, plus je commençais à distinguer l'image de cette silhouette de lézard.

Mon cœur battait fort car il se rapprochait de mon visage. Il y avait des papiers de devoirs que je mettais devant moi sur le sol et comme la créature s'approchait de mon visage, je pouvais l'entendre s'écrouler sur mes papiers. Ma perspective de ce scénario était pour davantage de mon corps qui était sur le sol en regardant vers l'avant incapable de bouger et mon esprit qui semblait planer sur toute cette scène, une vue panoramique de sortes.

Juste quand j'ai pensé que cette chose allait serrer mon visage, j'ai attrapé un regard de lumières éclatant du coin supérieur droit sur le côté opposé de l'endroit où j'ai posé. La lumière était comme un feu d'artifice étincelant quand ils sont allumés mais plus intense comme s'il y avait de l'électricité qui était la source de chaque rayon de Lumière. Tandis que la lumière commençait à éclater de ce coin, toute la pièce commençait simultanément à trembler comme s'il y avait un tremblement de terre. Aussitôt la créature s'écurait à travers le mur et j'ai pu crier *« Jésus ! »*

Même si cette rencontre avec le surnaturel était intimidante, j'ai trouvé la paix profondément à l'intérieur parce que j'ai entendu Dieu dire : *« Je serai là »*. En outre, après avoir entendu la voix de Dieu, toutes mes questions sur les raisons de mon agression ont été répondus. A partir de ce moment, je savais que les attaques spirituelles que Dieu laissait se produire dans ma vie étaient des épreuves pour m'apprendre à endurer des difficultés auxquelles je serai confronté dans la vie.

Il n'y a rien de plus rassurant que la voix de Dieu. Il n'y a rien de plus puissant que la voix de Dieu. Dieu par sa voix a parlé du monde dans l'existence. Mais comment mûrissons-nous en discernant la voix de Dieu ?

Dans le 1er livre du prophète Samuel, chapitre 3, je crois que cette question sur la façon dont nous mûrissons en entendant la voix de Dieu est répondu. Le passage se déroule ainsi, Samuel le prophète qui était encore un jeune homme ager de presque 12 ans, dort dans la tente de tabernacle (la tente qui tenait l'Arche de l'Alliance) à proximité de l'Arche de Dieu, quand soudain il entend une voix appeler son nom, « *Samuel* ».

Immédiatement Samuel, croyant la voix venir d'Eli, le prêtre qui le surveillait, a parlé et dit, « *Me voici* » et a couru vers Eli et a dit, « *Me voici, car tu m'as appelé.* » (1 Samuel 3 :4-5). Eli répondit en disant à Samuel qu'il ne l'appelait pas et qu'il pouvait retourner et se coucher. Ce va-et-vient entre Samuel, cette voix inconnue, et Eli c'est arrivé trois fois avant qu'Eli se rende compte que c'était Dieu qui appelait le garçon.

Eli, maintenant conscient que c'était la voix de Dieu que Samuel entendait, a instruit à Samuel et lui a dit, « *Va te coucher et, si l'on t'appelle, dis : 'Parle, Eternel, car ton serviteur écoute.'* » Et Samuel alla se coucher à sa place. » (1 Samuel 3 :9 SG21). Après cette instruction d'Eli, la fois suivante que Samuel a entendu son nom appelé il a répondu exactement comme Eli lui avait instruit, « *Parle, car ton serviteur écoute.* » (1 Samuel 3 :10).

Mais pourquoi Samuel ne pouvait - il pas discerner la voix de Dieu lui- même ? Selon la Bible, la raison pour laquelle Samuel ne pouvait discerner la voix de Dieu était qu'il ne connaissait pas encore Dieu ou sa parole « *Samuel ne connaissait pas encore l'Eternel, la parole de l'Eternel ne lui avait pas encore été révélée.* » (1 Samuel 3 :7 SG21).

Par conséquent, pour qu'un individu sache discerner avec maturité la voix de Dieu, deux choses doivent avoir lieu. Premièrement, il doit connaître Dieu.

Deuxièmement, la parole de Dieu doit lui être révélée. Je trouve intéressant que même si Samuel a été donné à Dieu par sa mère dès un jeune âge (1 Samuel 1 :28), il a servi à Dieu (1 Samuel 2 :11 ; 2 :18 ; 3 :1), et il dormait dans la tente de tabernacle qui abritait aussi l'Arche de Dieu qui tenait les Dix Commandements (1 Samuel 3 :3), nous lisons encore qu'il ne connaissait pas le Seigneur.

Peut-être parce que connaître Dieu commence par dire personnellement oui à l'appel de Dieu. Il est au-delà de ce que les relations de votre mère et père avec Dieu sont ou même au-delà d'aller à un bâtiment d'église, bien que toutes ces choses puissent être bénéfiques, connaitre Dieu a plus à faire avec une personne qui intimement répond à Dieu. Par conséquent, je crois que le vrai commencement d'une relation personnelle avec Dieu pour un chrétien, doit commencer par lui admettre que Jésus est Le Seigneur et connaitre que le salut se trouve seulement en Lui.

De plus, bien que nous lisions que Samuel ne connaissait pas Dieu, nous pouvons déduire de son mode de vie qu'il désirait connaître Dieu. Premièrement, il s'est soumis à celui que Dieu avait placé sous sa direction. Nous voyons ce cœur de soumission quand Samuel croyait qu'Eli l'appelait. Samuel ne s'est jamais plaint quand il a entendu son nom être appelé, il a simplement répondu avec un cœur qui était prêt à servir.

Deuxièmement, Samuel dormait dans la maison de Dieu, il se mettait en présence même de Dieu. La simple demande pour nous aujourd'hui serait de se soumettre à la gouvernance de l'Église. Nous permettant d'apprendre des apôtres, des prophètes, des évangélistes, des pasteurs et des enseignants que Dieu a placé au-dessus de nous. Faire partie du corps de l'église et se rassembler avec d'autres croyants.

Beaucoup de personnes qui lisent ceci pourraient dire, mais l'église est corrompue, ainsi était la maison d'Eli. Écoutez la parole que Dieu donne à Samuel après l'avoir appelé sur la maison d'Eli

« Alors l'Eternel dit à Samuel : « Je vais faire en Israël une chose telle que toute personne qui l'apprendra en restera abasourdie. Ce jour-là j'accomplirai vis-à-vis d'Eli tout ce que j'ai prononcé contre sa famille ; je le commencerai et je le finirai. Je le lui ai déclaré, je veux punir sa famille pour toujours. En effet, il avait connaissance du crime par lequel ses fils se sont maudits et il ne leur a pas fait de reproches. C'est pourquoi je jure à la famille d'Eli que jamais son crime ne sera expié, ni par des sacrifices ni par des offrandes. » (1 Samuel 3 :11-14 SG21).

Que feriez-vous après avoir entendu ce mot, quitter l'église ? Ne pas dire que nous devrions rester dans les cultes ou continuer à permettre aux gens de nous maltraiter parce que ce n'est pas le cœur de Dieu pour nous. **Je souligne cependant le fait que tout simplement parce que les choses ne sont pas parfaites dans une église, ne signifie pas que Dieu vous a appelé à cesser de vous soumettre à la direction qu'il a établie.**

Samuel se soumit encore à Eli, ce qui lui permit d'obtenir de la clarté sur la voix de Dieu. C'est Eli qui a reconnu que c'était Dieu qui appelait Samuel. Est-il possible que la raison pour laquelle vous ne pouvez pas entendre Dieu est parce que vous refusez de vous soumettre au leadership des personnes sous qui Dieu vous a placé ?

En outre, la parole de Dieu dit spécifiquement *« ... et la parole de l'Eternel ne lui avait pas encore été révélée. »* (1 Samuel 3 :7 SG21). Fascinant comment il dit « révélé

» au lieu de dire parce que Samuel n'avait pas passé du temps à lire sa parole. **Je crois que c'est parce que la connaissance de la Parole de Dieu va au-delà de la simple lecture, la révélation, se produit lorsque l'Esprit Saint ouvre vos yeux spirituels, votre cœur, et par cette illumination, une personne commence à discerner la voix de Dieu.**

Par conséquent, Samuel ne pouvait discerner la voix de Dieu jusqu'à ce que la Parole de Dieu lui ait été révélée ; une leçon précieuse pour nous tous sur l'importance de connaître la parole de Dieu. Nous avons lu plus à ce sujet révélateur à la fin du passage quand il dit, *« L'Eternel continuait à apparaître à Silo ; en effet l'Eternel se révélait à Samuel à Silo en lui adressant la parole. »* (1 Samuel 3 :21 SG21).

Dieu nous parlera. La question est : écoutons-nous quand il parle ? Il fut un temps dans le Nouveau Testament où Dieu parla à Jésus au milieu de tous et où certains pensaient que c'était un tonnerre, tandis que d'autres croyaient que c'était la voix d'un ange.

« Père, révèle la gloire de ton nom !» Une voix vint alors du ciel : « J'ai révélé sa gloire et je la révélerai encore. » La foule qui était là, et qui avait entendu, disait que c'était le tonnerre. D'autres disaient : « Un ange lui a parlé " (Jean 12 : 28-29 SG21).

Remarquez qu'il y a une différence dans la réponse à la voix de Dieu. Certains pensaient que c'était le tonnerre, en d'autres termes il y avait des gens quand Dieu parlait qui ne pouvaient pas discerner la voix de Dieu. Pour eux, la seule réponse plausible à ce qui s'était passé était naturelle, le tonnerre. D'autre part, les autres croyaient qu'il était surnaturel, mais ne comprenaient toujours pas vraiment que c'était la voix de Dieu.

Ce passage parle de la nécessité d'accroître le discernement de la voix de Dieu. Jésus était le seul qui savait que c'était le Père qui parlait parce qu'Il connaissait le Père intimement et qu'Il était la Parole de Dieu manifestée. Où es-tu au milieu de la foule ?

Êtes-vous le type que chaque fois quand Dieu parle, vous pensez « *c'était juste un rêve ?* » Ou êtes-vous du genre à penser que Dieu peut parler à travers n'importe quelle religion, si c'est « *surnaturel* » c'est Dieu ? Nous devons mûrir dans la façon dont nous discernons la voix de Dieu, et cela commence par le connaître intimement et mûrir dans la façon dont nous déchiffrons sa parole.

CHAPITRE 14
Mûrir dans la Façon dont nous Déchiffrons la Parole de Dieu

En février 2015, ma femme et moi avons déménagé de New York à Montana. Nous sommes venus aider un ami pasteur qui dirigeait une congrégation à Cut Bank, dans l'Etat du Montana.

Montana était un tout nouveau monde pour moi. Ayant obtenu mon diplôme dans une école secondaire qui comptait 2 500 personnes dans le Colorado, ce fut un choc culturel de déménager dans une ville avec seulement 3 000 personnes. Mais le plus grand choc de mon système a été de vivre à côté d'une réserve Amérindienne.

Browning est le nom de la réserve Amérindienne de Blackfeet qui n'était qu'à environ 32 'miles' (presque 50 kilomètres) à l'ouest de Cut Bank. Être si près de la réserve avait affecté la démographie de Cut Bank. Selon *World Populations*, 32 % de la population de Cut Bank est autochtone.[1]

Cela signifiait que sur une base quotidienne, je serais à frotter les épaules avec beaucoup d'Amérindiens. En outre, au fil du temps, notre église a développé une grande relation avec une autre église à Browning appelée « *Four Winds Assemblies of God* » Cela a favorisé mes interactions avec les Amérindiens.

En essayant de parler de Jésus aux Amérindiens, ils mentionneraient toujours que Jésus est le « *sauveur de l'homme blanc* ». Leur compréhension de ce Jésus est venue des « *hommes blancs* » (colons) qui sont d'abord venus en Amérique. Beaucoup d'entre eux n'ont pas présenté l'évangile de la bonne façon aux Amérindiens. Ils les ont subjugués, commettant des actes de violence et de viol incroyables et odieux à leur encontre, les dépouillant entièrement de leur culture, de leur dignité et de leur langue. Et la pire partie de tout cela était qu'ils ont fait tous ces actes au nom de Jésus.

Les effets de leur analphabétisme biblique, a créé des barrières majeures entre l'Evangile de Jésus-Christ et beaucoup d'Amérindiens même à ce jour. Je crois que si ces colons savaient déchiffrer la parole de Dieu avec maturité, alors beaucoup, sinon tous, ces atrocités auraient pu être évités.

Malheureusement, l'analphabétisme biblique n'est pas seulement un problème du passé. *« Selon l'American Bible Society, près de neuf ménages sur dix (87 %) possèdent une Bible, et le ménage moyen en a trois »*[2] Pourtant, lorsqu'il s'agit de lire leur Bible, un très faible pourcentage la lit. *Lifeway* a effectué des recherches sur 1 000 personnes leur posant des questions sur l'alphabétisation (ou connaissance) biblique, voici quelques-uns des résultats :

« LifeWay Research a trouvé que 1 Américain sur 5 a lu au moins une fois la Bible. Cela inclut 11 % qui ont lu la Bible entière une fois, et 9 % qui l'ont lue à plusieurs reprises. Un autre 12 % disent avoir lu presque toute la Bible, tandis que 15 % ont lu au moins la moitié.

Environ la moitié des Américains (53 %) ont relativement peu lu de la Bible. 1 sur 10 n'en a rien lu, tandis que 13 % ont lu quelques phrases. 30 % disent avoir lu plusieurs passages ou histoires ».

Cependant, cette étude n'a même pas demandé *« combien de personnes étudient la Parole de Dieu ? »* Pouvez- vous imaginer combien le pourcentage serait inférieur si la question avait trait à l'étude de la Parole de Dieu ?

La lecture est une chose, mais pour comprendre vraiment ce que le texte dit, il faut étudier la Parole. Aujourd'hui, dans la société, chacun a une interprétation de ce que dit un verset de la Bible. Mais est- ce ainsi que nous divisons à juste titre la Parole de Dieu ?

Si quelqu'un prend l'herméneutique, c'est la méthode pour étudier les manuscrits anciens, on découvrira qu'il y a des règles pour arriver à une interprétation saine d'un texte biblique. Examinons deux passages et essayons de voir comment nous pouvons mieux vérifier l'interprétation exacte de ces textes.

Le premier verset que nous allons évaluer est Jean 11 : 35 c'est l'un des versets les plus courts de la Bible et il dit simplement, *« Jésus pleura ».* Si je disais que Jésus pleura pour montrer que Dieu pleure, est-ce que je vais interpréter avec exactitude ce passage ?

Il y a une vérité là-dedans, mais ce n'est pas le but de Jésus de pleurer. La raison pour laquelle Jésus pleura, diraient certains, est à cause de l'incrédulité, tandis que d'autres diraient que c'est à cause de la compassion, tandis que d'autres encore diraient que la mort de Lazare a précipité les larmes.

Comment découvrez-vous pourquoi cela se produit vraiment ? Normalement, ce processus prend plusieurs pages. J'ai écrit un document de 21 pages sur un verset. Pour le bien de ce livre, cependant, je vais résumer le processus. Pour mieux comprendre comment interpréter l'Écriture, on peut lire *Grasping God's Word : A Hands-On Approach to Reading, Interpreting, and Applying the Bible,* par J. Duvall et J. Hays.

Il faut d'abord prier. Demandez à Dieu d'ouvrir les yeux de votre cœur afin que vous puissiez voir la vérité. Deuxièmement, découvrez qui est l'Auteur. Ensuite, la date à laquelle cela a été écrit parce qu'il vous donnera une meilleure compréhension de la culture. Lire le livre entier puis relire tout le passage. L'une des raisons pour lesquelles les gens prennent l'écriture hors contexte est qu'ils ne la lisent pas dans son contexte.

C'est ce qu'on appelle l'analyse interprétative ; vous analysez le passage pour mieux comprendre le but. Pendant que vous faites cela, cherchez des indices qui pourraient vous diriger vers la bonne conclusion. Après cela, connaissez votre public. John écrivait à des personnes ayant une culture spécifique.

Ensuite, vous trouvez le mot clé dans le verset, « *pleura* ». Lorsque vous obtenez le mot, vous devez savoir ce que cela signifie dans sa langue d'origine. Puisque c'est l'Evangile de Jean, le texte a été écris en Grec.

dakruó : pleurer
Partie du discours : Verbe
Courte définition : J'ai versé des larmes, j'ai pleuré
Définition : J'ai versé des larmes, pleure.[3]

D'accord, en regardant la racine grecque, nous découvrons que pleurer signifie pleurer en silence. Donc, il pleure littéralement. Mais pourquoi pleure-t-il ?

Vous pouvez maintenant faire des références croisées, ce qui signifie que vous recherchez dans la Bible différents versets qui se rapportent à celui-ci. Il existe un dicton selon lequel la Bible interprète la Bible. Cela signifie simplement que si vous ne pouvez pas le confirmer ailleurs dans les Écritures, il y a de fortes chances que ce soit votre imagination.

Quand il approcha de la ville et qu'il la vit, Jésus pleura sur elle et dit : « Si seulement tu avais toi aussi reconnu, aujourd'hui, ce qui peut te donner la paix ! Mais maintenant, cela est caché à tes yeux. Des jours viendront pour toi où tes ennemis t'entoureront d'ouvrages fortifiés, t'encercleront et te serreront de tous côtés. Ils te détruiront, toi et tes enfants au milieu de toi, et ils ne laisseront pas en toi pierre sur pierre, parce que tu n'as pas reconnu le moment où tu as été visitée. » (Luc 19 : 41-44).

Isaïe 53 : 1-6

*Qui a cru à notre prédication ?

A qui le bras de l'Eternel a-t-il été révélé ?

Il a grandi devant lui comme une jeune plante,

comme un rejeton qui sort d'une terre toute sèche;

Il n'avait ni beauté ni splendeur propre à attirer nos regards,

et son aspect n'avait rien pour nous plaire.

Méprisé et délaissé par les hommes,

homme de douleur, habitué à la souffrance,

il était pareil à celui face auquel on détourne la tête:

nous l'avons méprisé, nous n'avons fait aucun cas de lui.

Pourtant, *ce sont nos souffrances qu'il a portées,

c'est de nos douleurs qu'il s'est chargé.

Et nous, nous l'avons considéré comme puni,

frappé par Dieu et humilié.

Mais lui, il était blessé à cause de nos transgressions,

brisé à cause de nos fautes:

la punition qui nous donne la paix est tombée sur lui,

et *c'est par ses blessures que nous sommes guéris.

Nous étions tous comme des brebis égarées :

chacun suivait sa propre voie,

et l'Eternel a fait retomber sur lui

nos fautes à tous.

Voyons maintenant ce que les commentaires ont à dire sur ce verset. Les commentaires sont des œuvres savantes (d'érudits) d'individus ou de groupes de personnes qui ont effectué des recherches approfondies sur les Écritures, versets par verset, et certains d'entre eux mot par mot. Celui que je vais utiliser est gratuit en ligne écrit par mon Matthieu Henry au sujet de Jean 11 :35.

« *La tendre sympathie du Christ pour ces amis affligés est apparue par les troubles de son esprit. Dans toutes les afflictions des croyants, il est affligé. Son souci pour eux a été démontré par sa gentille enquête après la dépouille de son ami décédé. Se trouvant à la mode en tant qu'homme, il agit de la manière des fils des hommes. Il l'a montré par ses larmes. Il était un homme de douleur et connaissait le chagrin. Les larmes de compassion ressemblent à celles du Christ. Mais le Christ n'a jamais approuvé cette sensibilité dont beaucoup s'enorgueillissent, alors qu'ils pleurent à de simples récits de détresse, mais sont endurcis aux vrais malheurs. Il nous donne l'exemple de nous retirer des scènes de gaieté, afin de réconforter les affligés.* »[4]

En conclusion, Jésus pleura parce que ses amis pleuraient pour leur frère mort. **Il nous montre la compassion de Dieu ; Il peut vraiment s'identifier à nous.** En outre, cela nous montre que Jésus était pleinement homme et pleinement Dieu. Il avait de la sympathie pour l'humanité.

Les versets ont une interprétation mais des applications différentes. Maintenant que nous avons fait une partie du travail et étudié les Écritures, nous pouvons dire avec confiance, bien que ce ne soit pas la raison pour laquelle Jésus a pleuré, **« à travers par Jésus qui pleure, nous savons que Dieu aussi pleure ».**

Le deuxième passage concerne Thomas doutant de Jésus. Le passage se trouve dans Jean 20 : 24-29. Nous en parlons tous dans nos églises, nous l'avons même surnommé « *Thomas le sceptique* ». Mais pourquoi Thomas ne croyait-il pas ? Pouvons-nous vraiment, définitivement, savoir pourquoi il doutait ou sommes-nous juste partis avec des spéculations ?

Utilisons nos outils d'interprétation pour voir si nous pouvons savoir exactement pourquoi Thomas doutait. Premièrement, qui est l'auteur ? L'auteur de l'Évangile de Jean selon de nombreux érudits est Jean le bien-aimé, frère de Jacques, cousin de Jésus. On peut acquérir cette information en se référant aux différents commentaires.

Deuxièmement, à qui écrit-il ? Le public est les Juifs et les Gentils pendant l'occupation romaine de ce que nous connaissons aujourd'hui comme Israël/Palestine. Quel est le but du livre de l'Evangile de Jean ? Le but du livre de Jean est la régénération.

Après cela, il faut lire tout l'Evangile parce que l'ensemble de l'Evangile doit être compris comme une seule lettre. Il doit y avoir une compréhension que les versets et les chapitres n'étaient pas dans le texte original de sorte que parfois en tant que lecteurs nous pouvons manquer sur le focus du passage parce que nous croyons que l'idée a cessé quand le chapitre a fait.

Comme on termine la lecture du livre, ils devraient obtenir une compréhension du but derrière ce que l'auteur avait écrit. Maintenant, on peut visiter tout le chapitre où se trouvent les versets et lire à travers lui en voyant s'il y a des indices situationnels.

Ensuite, vérifiez s'il y a d'autres livres qui coïncident. Puisque cela fait partie de l'Évangile et que nous savons qu'il y a quatre livres de l'Évangile, peut-être qu'il y aura plus d'indices dans les autres Évangiles. Les quatre Évangiles mentionnent Thomas, mais cette situation particulière n'est évoquée que dans Matthieu 28 : 17 où il est dit : « *Quand ils le virent, ils se prosternèrent [devant lui], mais quelques-uns eurent des doutes* ».

À part Matthieu, aucun autre Évangile ne couvre cet événement comme l'Évangile de Jean. Maintenant, vérifions ce que les commentaires ont à dire sur pourquoi Thomas doutait. Beaucoup de commentaires sont d'accord sur l'idée que Thomas a hésité dans sa foi, mais pas trop dire pourquoi ? Certains parlent de la nature humaine « *voir c'est croire* » mais y a-t-il plus à cette histoire ?

Voici les versets entourant l'histoire de lui doutant bien que le mot doute n'est pas mentionné ici l'acte est clairement mis en évidence quand il dit, « *Si je ne vois pas dans ses mains la marque des clous, si je n'y mets pas mon doigt et si je ne mets pas ma main dans son côté, je ne croirai pas.* » (Jean 20 : 25).

Jean écrit dans les versets avant que Thomas doute,

> *« Le soir de ce même dimanche, les portes de la maison où les disciples se trouvaient [rassemblés] étaient fermées car ils avaient peur des chefs juifs ; Jésus vint alors se présenter au milieu d'eux et leur dit : « Que la paix soit avec vous !» Après avoir dit cela, il leur montra ses mains et son côté. Les disciples furent remplis de joie en voyant le Seigneur. Jésus leur dit de nouveau : « Que la paix soit avec vous ! Tout comme le Père m'a envoyé, moi aussi je vous envoie. » Après ces paroles, il souffla sur eux et leur dit : « Recevez le Saint-Esprit ! Ceux à qui vous pardonnerez les péchés, ils leur seront pardonnés ; ceux à qui vous les retiendrez, ils leur seront retenus. » Thomas appelé Didyme, l'un des douze, n'était pas avec eux lorsque Jésus vint »* (19-24).

Le but de l'Evangile de Jean est la régénération. Ce but est entrelacé dans tout le livre. Pourrait-il s'agir de quelque chose dont parle Jean ici aussi ? Le verset 22 dit : « Après ces paroles, il souffla sur eux et leur dit : « Recevez le Saint-Esprit ! »

Quand Jésus dit ceci, y a - t- il un autre endroit où nous pouvons trouver un événement semblable dans la Bible ? La réponse est oui si nous devions faire une étude approfondie, nous trouverions plusieurs fois ; de Nombres 11 à Joël chapitre 2 et quelques-uns des autres prophètes, où Dieu met son esprit ou il est indiqué qu'il mettra son Esprit dans l'humanité.

Mais pour plus de temps, nous allons nous concentrer sur une situation que beaucoup de gens disent correspondre à cette situation. Il y a un argument qui affirme que ce que Jean écrivait ici est le même que ce que Luc a écrit dans Actes chapitre 2. Regardons ce que Luc a écrit :

« Quand le jour de la Pentecôte arriva, ils étaient tous ensemble au même endroit. Tout à coup il vint du ciel un bruit comme celui d'un vent violent, qui remplit toute la maison où ils étaient assis. Des langues qui semblaient de feu leur apparurent, séparées les unes des autres, et elles se posèrent sur chacun d'eux. Ils furent tous remplis du Saint-Esprit et se mirent à parler en d'autres langues, comme l'Esprit leur donnait de s'exprimer » (Actes des Apôtres 2 : 1-4).

Aussi bien que les gens qui soutiennent cette déclaration aient pu l'être, je crois qu'il y a une chose claire qu'ils ont manquée. Dans Actes 2, ils étaient tous dans un seul endroit, mais dans Jean 20, Thomas n'était pas là. Cela annule clairement l'affirmation que ces événements sont les mêmes. Qu'est - ce que cela signifie pour nous, en tant que lecteurs de la Parole, et plus encore pour ceux qui étudient profondément les Écritures ?

Cela signifie que quand Jésus a soufflé sur eux et a dit « : « *Recevez le Saint-Esprit !* », ce n'était pas une situation baptismale, mais une situation régénératrice. Si cela est vrai et si Thomas n'était pas là quand cet événement a eu lieu, alors on pourrait conclure que Thomas doutait de la résurrection de Jésus en partie parce qu'il n'était pas régénéré !

C'est l'Esprit de Dieu qui nous convainc que Jésus est Seigneur. La Bible dit *:* « *C'est pourquoi je vous le déclare, personne, s'il parle par l'Esprit de Dieu, ne dit : « Jésus est maudit !» Et personne ne peut dire : « Jésus est le Seigneur !» si ce n'est par le Saint-Esprit. » (1 Corinthiens 12 : 3).* Aucun des disciples n'a cru jusqu'à ce qu'ils aient vu Jésus eux-mêmes, **c'est donc la grâce de Dieu qui a ouvert la porte de la foi à leur cœur.**

On ne peut donc pas en vouloir à Thomas de ne pas croire, aucun homme ne peut croire en Dieu sans la persuasion et la conviction de l'Esprit Saint. Pourquoi alors Jésus a- t- il réprimandé Thomas ?

Parce que nous sommes tous responsables de ce que nous avons entendu. Entendre, c'est comme voir dans la Bible. « *Ainsi la foi vient de ce qu'on entend et ce qu'on entend vient de la parole de Dieu* » *(Romains 10 : 17).* Le témoin qui parle de la résurrection du Christ a la grâce de transmettre la foi dans un cœur humble. Paul déclare ceci en parlant de l'importance du témoignage :

> « *Mais comment donc feront-ils appel à celui en qui ils n'ont pas cru ? Et comment croiront-ils en celui dont ils n'ont pas entendu parler ? Et comment entendront-ils parler de lui, si personne ne l'annonce ? Et comment l'annoncera-t-on, si personne n'est envoyé ? Comme il est écrit : Qu'ils sont beaux les pieds [de ceux qui annoncent la paix,] de ceux qui annoncent de bonnes nouvelles !» (Romains 10 : 14-15)*

Comment est-ce la faute de Thomas alors ? **Je ne crois pas que Thomas soit réprimandé pour ne pas avoir la capacité de croire, mais plutôt pour ne pas préparer son cœur à recevoir.**

En tant que les humains il n'y avait aucun moyen pour nous d'arriver à Dieu, ainsi Dieu est venu à nous. Notre travail est d'admettre quand nous avons du mal à croire quelque chose. Que veux-je dire ? Bien Thomas aurait pu dire, *« les gars, priez pour moi, j'ai du mal à croire ce que vous dites ».* En faisant cela, il aurait pris la voie de l'humilité et Dieu fait toujours grâce aux humbles. Mais au lieu de cela, il a fièrement déclaré : *« Si je ne vois pas dans ses mains la marque des clous, si je n'y mets pas mon doigt et si je ne mets pas ma main dans son côté, je ne croirai pas. »* (Jean 20 : 25).

Dans l'ensemble, la façon dont nous traitons la parole de Dieu compte. Nous pouvons étudier la parole de Dieu avec maturité ou prendre les écritures hors de leur contexte avec immaturité. Comme je l'ai dit plus tôt, si nous ne mûrissons pas dans la façon dont nous étudions la parole de Dieu, nous pouvons blesser beaucoup de gens et les éloigner de Dieu.

Le mauvais traitement de la Parole de Dieu est directement lié à ce que nous croyons être ou à la façon dont nous nous percevons. Par conséquent, si notre compréhension de ce que Dieu a fait de nous est fondée sur la vérité, elle nous aidera à mûrir dans notre façon de traiter la Parole de Dieu.

CHAPITRE 15
Le Nous Complexés

Quand je pense aux chrétiens d'aujourd'hui, je me souviens d'un jouet avec lequel je jouais quand j'étais enfant. Il s'agissait d'une boîte contenant de multiples formes différentes. Le but était de faire rentrer les blocs que vous aviez dans la bonne forme sur la boîte. Un triangle ne pouvait pas rentrer dans un carré et vice versa. **En tant que corps de l'église, nous ne sommes pas en forme parce que nous avons des dons, mais nous ne savons pas où ils vont dans l'église. Certains d'entre nous ne réalisent même pas qu'ils sont doués !**

Jacques 1 : 17 dit que "*Tout bienfait et tout don parfait viennent d'en haut ; ils descendent du Père des lumières, en qui il n'y a ni changement ni l'ombre d'une variation.*" **Savoir de quoi Dieu vous a doté est essentiel pour connaître votre dessein**. Le monde utilise souvent des tests de personnalité pour pouvoir identifier les dons des différentes personnes. Certaines entreprises encouragent leurs équipes de direction à les passer pour s'assurer que les gens comprennent comment mieux communiquer, travailler les uns avec les autres, et où ils peuvent être le mieux utilisés dans l'entreprise.

Cela ne devrait pas être différent pour l'église. Nous devons comprendre quels sont nos dons afin de pouvoir vraiment savoir comment communiquer les uns avec les autres et où Dieu veut que nous soyons. Dans le premier chapitre de ce livre, j'ai parlé d'une classe donnée par mon professeur qui a détruit ma compréhension de qu'est-ce qu'un missionnaire. C'est également dans ce cours que mon professeur a expliqué les trois dons que nous possédons tous.

Avant ce cours, je savais en quelque sorte que j'avais des dons, mais je n'avais aucune idée de ce qu'ils étaient vraiment. Mon cours m'a permis d'explorer la formulation selon laquelle nous sommes trois et un. Tout comme Dieu est trois en un, nous sommes aussi trois en un : esprit, âme et corps. Le concept d'une personne qui est trois en un n'est pas nouveau, mais l'implication spirituelle de cette notion a ouvert ma compréhension d'une manière dont je ne soupçonnais pas l'existence. Le verset 23 de la Première lettre aux Thessaloniciens 5 montre clairement cette notion :

> " Que le Dieu de la paix vous conduise lui-même à une sainteté totale et que tout votre être, l'esprit, l'âme et le corps, soit conservé irréprochable lors du retour de notre Seigneur Jésus-Christ !"

Un autre endroit dans la Bible où cette notion est clairement abordée est dans l'épitre aux Hébreux 4 : 12 :

> " En effet, la parole de Dieu est vivante et efficace, plus tranchante que toute épée à deux tranchants, pénétrante jusqu'à séparer âme et esprit, jointures et moelles ; elle juge les sentiments et les pensées du cœur."

L'auteur de l'épitre aux Hébreux écrit clairement que la Parole de Dieu pénètre « jusqu'à séparer âme et esprit, jointures et moelles. » Lorsqu'il mentionne les articulations et les moelles, il parle de la chair d'une personne.

Chaque partie de notre nature a sa propre fonction. Par exemple, avant de me marier, je suis un fils. Après le mariage, je deviens un mari. Puis, lorsque j'ai un enfant, je deviens un père. Tous ces rôles font partie de ce que je suis. **Ils sont distincts par nature, mais un en moi.**

Lorsque Dieu a créé Adam et Eve, je crois qu'à l'origine, les humains connaissaient leur identité dans son intégralité. Ils pouvaient se connecter à Dieu par leur esprit, s'abandonner à Sa volonté par leur âme et utiliser leur corps comme un instrument de culte. Mais lorsque Eve a été trompée et qu'Adam a volontairement péché, ils ont perdu de vue l'identité pour laquelle Dieu les avait créés.

L'esprit de l'homme est immédiatement mort, et les humains se sont retrouvés avec un corps et une âme qui mouraient. Bien que le Nouveau Testament soit le meilleur endroit pour trouver le concept d'esprit, d'âme et de corps, cette postulation prend racine dans Genèse 1 : 26, lorsque Dieu dit : *"Faisons l'homme à notre image, à notre ressemblance !"*

De qui Dieu parle-t-il lorsqu'il dit « *Faisons* » et encore « *à notre ressemblance* » ? Pour répondre à cette question, je crois qu'il faut examiner les indices donnés dans Genèse 1. Premièrement, nous avons l'Esprit de Dieu.

L'Esprit de Dieu nous est présenté dès le début du chapitre, lorsque Moïse écrit : « *La terre n'était que chaos et vide. Il y avait des ténèbres à la surface de l'abîme et l'Esprit de Dieu planait au-dessus de l'eau.* » (Genèse 1 : 2)

Ensuite, nous entendons la voix du Père qui dit : « *Qu'il y ait de la lumière !* » (Genèse 1 : 3). Maintenant, le Fils est plus difficile à discerner, mais je crois que lorsque Dieu dit : « *Qu'il y ait de la lumière ! et il y eut de la lumière* », cela correspond à Jésus. La raison pour laquelle je crois cela est que les luminaires (le soleil, la lune et les étoiles) n'ont pas été créés avant le quatrième jour.

Jésus fait écho à ce concept lorsqu'il dit : « Je suis la lumière du monde. Celui qui me suit ne marchera pas dans les ténèbres, mais il aura au contraire la lumière de la vie. » (Jean 8 : 12). **Non pas que cette lumière dans la Genèse était Lui en soi, mais cette lumière était une préfiguration de ce qu'Il serait finalement pour le monde.**

La source de notre être est notre esprit. Par conséquent, naître de nouveau, c'est être spirituellement vivant. Notre âme est le centre de notre être, et c'est de là que viennent notre volonté, nos émotions et notre esprit. Le corps exécute ce que l'esprit ou l'âme lui dicte. Le corps est connu pour ses envies de nourriture, d'eau, de plaisir, etc. et celles-ci sont influencées par l'âme et l'esprit.

Lorsque nous naissons, la plupart d'entre nous penchent soit vers les « sensitifs », soit vers les « penseurs ». Myers Briggs, une société leader dans le domaine des personnalités, a effectué des recherches sur ces deux personnalités. Lorsqu'elle essaie de différencier les personnes qui pensent et celles qui ressentent, elle pose des questions telles que : « *Aimez-vous accorder plus de poids aux principes objectifs et aux faits impersonnels (pensée) ou accordez-vous plus de poids aux préoccupations personnelles et aux personnes impliquées (sentiment) ? ».*

À la lumière de ce qui précède, je suis fermement convaincu que l'on peut diviser tous les habitants du monde en deux catégories : les "sensitifs" et les « penseurs ». **Les personnes qui ressentent pensent aussi, elles traitent simplement ce qu'elles pensent à travers leurs sentiments. D'autre part, les penseurs ressentent aussi, mais ils traitent leurs sentiments à travers leurs pensées.**[1]

Aucun verset ne dit clairement qu'une personne est une personne qui ressent ou qui pense (sensitif ou penseur), tout comme aucun verset ne dit que Jérémie était un prophète pleurnicheur (et pourtant tout le monde l'explique de cette façon). Comme j'y ai fait allusion dans l'histoire de Patrick et Béthanie, le mot zèle peut décrire une personne qui est plutôt une personne qui ressent et la connaissance peut faire allusion à une personne qui pense.

À ce sujet, comme je le développerai plus tard, il existe des passages et des personnages dans la Bible qui reflètent les tendances d'une personne qui ressent et d'une personne qui pense. Les Proverbes 3 : 5-6 abordent également le problème de la confiance excessive en son cœur *(celui qui ressent)* ou de l'appui sur sa propre compréhension *(celui qui réfléchit).*

Le concept de celui qui ressent et de celui qui réfléchit n'est pas une polarité parfaite *(ce qui signifie que les gens ne sont pas parfaitement l'un ou l'autre)*, mais plutôt que nous avons tendance à pencher vers l'un ou l'autre.

Vous avez peut-être l'impression d'être bien équilibré. Il est important de se rappeler que nos interactions avec les autres et l'environnement sont un véritable indicateur de la façon dont nous préférons prendre des décisions dans le monde.

Il est essentiel de comprendre cela car, bien que nous ayons des dons, la façon dont chaque don circule d'une personne à l'autre varie en raison de la lentille que nous utilisons pour voir le monde. Prenons par exemple Patrick et Béthanie. Patrick est clairement une personne qui ressent et qui opère dans le don de la foi, et il est presque toujours ému par ce qu'il ressent. En revanche, Béthanie était une penseuse et possédait le don de sagesse. Elle était émue par ce qu'elle pensait.

Il y a aussi ce que j'aimerais appeler les « personnalités culturelles ». **En bref, c'est lorsque vous grandissez dans une culture qui vous couvre de honte incognito si vous agissez d'une certaine manière ou qui vous célèbre publiquement si vous agissez selon ce que la société juge acceptable.** Meurs est un bon mot pour décrire cela. Les mœurs sont *« les coutumes fixes et moralement contraignantes d'un groupe particulier ».* [2]

Dans ma culture Congolaise, l'une de nos meurs est que nous pouvons avoir tendance à être bruyants. Bien sûr, tout le monde n'est pas comme ça dans la culture, mais c'est la culture qui donne le ton. Ainsi, si vous êtes une personne timide et tranquille dans la culture Congolaise, vous serez souvent chahuté et obligé de vous conformer à la culture ou d'être isolé. Mais ce qui en résulte n'est pas ce que vous êtes vraiment, mais la manière dont la culture vous a façonné.

La Trinité nous a donné un don pour chaque partie de notre nature. Cela ne signifie pas que nous sommes dépourvus des autres dons, mais plutôt que nous sommes naturellement enclins à nous épanouir dans certains d'entre eux. La façon dont chaque personne utilise ces dons diffère selon qu'elle est une personne qui ressent ou qui pense.

Une personne qui ressent et qui a le don de la foi, par exemple, peut dire : « Je sens que Dieu veut que j'achète cette maison. » Un penseur qui a le don de la foi peut dire : « Je pense que Dieu a choisi cette maison pour moi. » Il s'agit de la même déclaration, mais d'une manière différente de traiter ce que Dieu leur dit.

Maintenant, les dons sont les suivants : le don du Père, qui se trouve dans Romains 12 : 4-8, est connu comme le don de la personnalité. Bien qu'il ne figure pas dans cette liste, on peut y inclure le don d'hospitalité car il y a d'innombrables endroits où il est mis en évidence dans la Parole de Dieu (Romains 12 :13 ; 1 Pi. 4 :9 ; Hébreux 13 :2 ; 1 Timothée. 3 :2, 5 :10).

Les dons du Saint-Esprit, que l'on trouve dans 1 Corinthiens 12 : 1-26, sont connus sous le nom de dons d'opération. Enfin, les dons du Fils, énumérés dans Éphésiens 2 : 20, Éphésiens 4 : 11-16 et 1 Corinthiens 12 : 27-30, sont ce que j'appelle les dons "parentaux". Beaucoup connaissent ces dons comme les cinq dons du ministère.

CHAPITRE 16
Les Dons de la Personnalité : Mon Esprit

Dictionary.com définit la personnalité comme étant *« l'aspect visible du caractère d'une personne tel qu'il impressionne les autres ».* Il dit aussi que la personnalité est *« une personne en tant qu'incarnation d'un ensemble de qualités ».* **La personnalité d'une personne a deux aspects : la perception intérieure d'elle-même et la manifestation extérieure vue par son entourage.**

Chaque point de vue, qu'il s'agisse de la prédisposition de l'individu à l'égard de lui-même ou du point de vue de son entourage, a tendance à être biaisé. La perspective de chaque personne sera affectée soit par ses propres projections, soit par celles des autres. Compte tenu de cette tendance à avoir plusieurs personnalités, il est impératif pour les individus d'évaluer honnêtement qui ils sont à travers une source non biaisée. Personnellement, la seule source que j'ai trouvée véridique de bout en bout est la Bible.

Dans Romains 12 : 3-8, Paul explique les dons qui sont donnés par la grâce de Dieu. Il commence par s'assurer que l'humilité est le fondement d'où découlent les dons. Il dit,

> *« Par la grâce qui m'a été donnée, je dis à chacun de vous de ne pas avoir une trop haute opinion de lui-même, mais de garder des sentiments modestes, chacun selon la mesure de foi que Dieu lui a donnée. En effet, de même que nous avons plusieurs membres dans un seul corps et que tous les membres n'ont pas la même fonction, de même, nous qui sommes plusieurs, nous formons un seul corps en*

Christ et nous sommes tous membres les uns des autres, chacun pour sa part. Nous avons des dons différents, selon la grâce qui nous a été accordée. Si quelqu'un a le don de prophétie, qu'il l'exerce en accord avec la foi ; si un autre est appelé à servir, qu'il se consacre à son service. Que celui qui enseigne se donne à son enseignement, et celui qui a le don d'encourager à l'encouragement. Que celui qui donne le fasse avec générosité, celui qui préside, avec zèle, et que celui qui exerce la bienveillance le fasse avec joie. »

Décortiquons ce passage verset par verset. Ce chapitre est la suite de la belle invitation de Paul à l'évangile. **Dans les chapitres précédents, Paul a parlé de notre besoin de l'évangile, de notre appartenance à l'évangile et de la nécessité d'être révérencieux envers l'évangile.**

Au verset 3 de ce passage, Paul déclare : *« Par la grâce qui m'a été donnée, je dis à chacun de vous... »*. En disant cela, Paul montre qu'il comprend qu'il a l'autorité de dire ce qu'il va dire, puisque Dieu lui a conféré ce droit en tant qu'apôtre.[1] Dans le même ordre d'idées, Paul exhorte l'église à marcher dans l'humilité. **Paul sait que si l'église ne comprend pas que l'humilité doit primer sur tout le reste, alors, quels que soient leurs talents, leurs dons ne seront qu'un moyen pour atteindre une fin.**

Au lieu de nous enfler d'orgueil, nous sommes invités à nous considérer *« chacun selon la mesure de foi que Dieu lui a donnée »* (v. 3). L'intention derrière cette déclaration est de faire comprendre à l'église que personne ne possède tous les dons. Ces dons ne sont pas les mêmes pour tous, et ils sont incorporés dans un individu par Dieu Lui-même (v. 4-6).

Ces dons sont les dons de la personnalité, et ils viennent du Père. Ils ne changent pas. Peut-on grandir et mûrir en eux et apprendre des autres qui ont les autres dons de cette liste ? Bien sûr ! Mais le cœur de ce que Dieu a créé pour nous ne change pas.

De plus, Paul indique dans Romains 12 : 6 que ces dons doivent être exercés en accord avec la foi. Comme le dit Bob Deffinbaug,

> « Les dons spirituels sont des dons de la grâce. La 'grâce' est la racine (CHARIS) sur laquelle le terme 'dons spirituels' (CHARISMATA) est construit. Les dons spirituels sont souverainement donnés en tant que dons de la grâce. »[2]

Je crois que ces dons peuvent être facilement observés chez les gens dans le monde. Puisque ces dons sont donnés par Dieu de manière gracieuse, cela signifie que nous n'avons rien fait pour les gagner ou les mériter. Dieu lui-même a jugé bon de façonner chaque don de manière unique dans notre esprit.

CHAPITRE 17
La Personnalité Prophétique

• Il voit tout en noir et blanc
• Appelle l'église à la sainteté
• Signale les erreurs
• Confronte l'hypocrisie et le péché
• Peut ne pas apprécier le don de la miséricorde ou de l'encouragement
• Lorsqu'il est immature, il peut tomber dans le légalisme

Le premier don mentionné par Paul est la prophétie. Il écrit que si le don d'une personne est la prophétie, elle doit l'exercer *« en accord avec la foi »* (v. 6). La définition d'après Strong du mot prophétie *est « le don de communiquer et de faire respecter la vérité révélée ».* **La *déclaration « en accord avec notre foi »* fixe une limite saine pour les personnes ayant une personnalité prophétique. Les personnes prophétiques ont tendance à voir les choses de manière trop noire ou trop blanche, la Parole de Dieu fournit donc l'équilibre nécessaire et les empêche d'être trop négatifs dans leurs prédispositions.**

Lorsque Paul parle du don de prophétie dans ce contexte, il ne fait pas référence à quelqu'un qui prédit simplement l'avenir. Il fait plutôt référence à quelqu'un qui annonce également la vérité de la Parole. Étant donné que les personnes prophétiques se concentrent davantage sur la recherche de la vérité partout où elle peut être trouvée, celles qui ont une personnalité prophétique ont tendance à être en désaccord avec les personnes qui ont les dons de miséricorde et d'encouragement. À leurs yeux, les personnes qui encouragent et qui ont le don de la miséricorde peuvent sembler trop gracieuses.

Voici un exemple du fonctionnement d'une personne prophétique : disons que quelqu'un est pris dans un péché. La personne prophétique verra normalement cela comme une occasion de montrer à la personne la vérité sur le péché dans la Parole de Dieu, ou même dans la vie. D'un autre côté, la même situation, lorsqu'elle est traitée par une personne encourageante ou une personne pleine de la miséricorde, peut aboutir à ce que le péché de cette personne soit négligé. **Le problème n'est pas qu'une vision soit meilleure que l'autre, mais que la vision de Dieu est meilleure que les évaluations personnelles de la situation.**

En Jean 1 : 14, la Bible dit que « ... *la Parole s'est faite homme (ou chair), elle a habité parmi nous, pleine de grâce et de vérité, et nous avons contemplé sa gloire, une gloire comme celle du Fils unique venu du Père.* » Ce passage fait référence au Christ, qui n'était ni trop gracieux ni trop véridique. Il était plein des deux attributs, de manière égale.

De même, dans Apocalypse 19 : 10, Jean déclare que « ... *le témoignage de Jésus est l'esprit de la prophétie.* » **L'expression prophétique ou le style de vie d'une personne doit démontrer qui est le Christ. Lorsque les gens voient Jésus dans vos actions, ils sauront que vous avez mûri dans votre personnalité.**

Chacun de ces huit dons, s'il n'est pas équilibré, peut être extrêmement dangereux. La personnalité prophétique dans un état immature peut être très légaliste par nature. **Ces individus peuvent avoir tendance à pencher plus vers la loi que vers la grâce.**

C'est très vrai dans la culture de l'église Congolaise dont j'ai été témoin. Il y a presque cette croyance tacite dans certaines églises Congolaises que ceux qui ont la personnalité prophétique devraient être dominants. **Mais ce n'est pas parce qu'un don est visible qu'il est plus honorable que les autres. La prééminence ne doit pas être synonyme de domination.**

D'autre part, lorsqu'une personne dotée d'une personnalité prophétique est mûre dans son don, c'est-à-dire qu'elle est humble dans sa façon de s'évaluer, les résultats peuvent être puissants. À une époque où tout est excusé, un individu intransigeant est exactement ce dont l'église a besoin.

Jacques, le frère de Jésus, reflète bien cette personnalité. Jacques était très noir et blanc dans sa façon de percevoir les choses, comme nous pouvons le voir dans le récit de son défi à Jésus en Jean 7 : 3-5, et dans ses propres écrits dans le livre de Jacques. En fait, Martin Luther était mal à l'aise avec le livre de Jacques. Selon lui, il contredisait la plupart des écrits de Paul, car il parlait davantage de faire que d'être.[3]

CHAPITRE 18

Service

• Trouve de la joie dans des activités physiques telles que la construction, le nettoyage, les courses, etc.
• Il n'est pas nécessaire de lui demander de se porter volontaire.
• Peut penser que l'administrateur est paresseux
• Marthe et Marie
• Lorsqu'immature, la personne peut avoir tendance à agir pour gagner l'approbation des autres

Le don suivant dont Paul parle est le don de service. Paul déclare *« si un autre est appelé à servir, … à son service. »* (Romains 12 : 7). Paul s'assure que chaque personne connaît sa personnalité et les actions qui l'accompagnent. Il semble aussi qu'il exhorte les gens à ne pas sortir de ce que Dieu a conçu pour eux. En d'autres termes, si Dieu a fait de vous quelqu'un qui a une personnalité de serviteur, alors n'essayez pas de voler la chaire (ou l'autel, ou l'altar). **Cela ne signifie pas que vous ne prêcherez pas. Cela signifie plutôt que vous ne vous épanouirez pas en dehors de la personne que Dieu vous a appelé à être. Dans Actes 6, nous voyons Étienne, le premier martyr de l'Église, qui a prêché l'Évangile. Il était un diacre (ce qui signifie un serviteur).**

Le mot service vient du mot grec *diakonia*, qui signifie *« servir à table ; dans un sens plus large : service, administration ».*[1] **Les personnes ayant ce type de personnalité sont des travailleurs. Elles veulent que les choses** soient faites, et si elles sont en bonne santé, elles ne se soucient même pas d'en avoir le mérite ou pas.

La plupart des personnes orientées vers le service sont normalement avec leur chef (ou leader), également connu sous le nom de personnalité administrative. Elles peuvent considérer l'administrateur comme paresseux, car à leurs yeux, l'administrateur ne travaille pas, mais il dirige et dit aux gens ce qu'ils doivent faire. De même, elles peuvent considérer les personnes qui font preuve de miséricorde et les encourageurs comme apathiques parce que leur idée du travail n'est pas la même que celle de celle qui sert.

L'un des versets les plus populaires sur Jésus est le suivant : « *En effet, le Fils de l'homme est venu non pour être servi, mais pour servir et donner sa vie en rançon pour beaucoup.* » (Marc 10 : 45). **Pour tous les dons, Jésus devrait être l'exemple ultime de comment, quand et pourquoi nous utilisons ces dons.**

Un passage qui nous enseigne sur le service est l'histoire de Marthe et Marie, vue dans Luc 10 : 38-42 :

> « *Comme Jésus était en chemin avec ses disciples, il entra dans un village, et une femme du nom de Marthe l'accueillit dans sa maison. Elle avait une sœur appelée Marie, qui s'assit aux pieds de Jésus et écoutait ce qu'il disait. Marthe était affairée aux nombreuses tâches du service. Elle survint et dit : 'Seigneur, cela ne te fait-il rien que ma sœur me laisse seule pour servir ? Dis-lui donc de venir m'aider.' Jésus lui répondit : 'Marthe, Marthe, tu t'inquiètes et tu t'agites pour beaucoup de choses, mais une seule est nécessaire. Marie a choisi la bonne part, elle ne lui sera pas enlevée.'*"

De toute évidence, Marthe a la personnalité du service. Ce qu'elle fait n'est pas mauvais, mais le moment choisi l'est. **C'est un véritable exemple de l'Évangile. Nous sommes souvent enclins à nous produire pour Jésus au lieu d'être transformés par Lui.** Ceux qui ont la personnalité de service peuvent tomber dans cette tendance à se produire. À leur insu, ils peuvent finir par privilégier le fait de servir plutôt que d'être servis.

Ce qui est intéressant dans ce passage, c'est que le nom de Marthe signifie *« seigneur ».* La réalité est qu'il n'y a de place que pour un seul Seigneur dans votre maison. Quel nom très approprié compte tenu de la situation ! À cette époque, un nom contribuait à vous définir, à moins que Dieu ne le change. Plusieurs fois dans l'Ancien Testament, le Seigneur a dû changer le nom d'une personne parce qu'il était contraire à ce que Dieu l'appelait à être (voir Genèse 17 :5, 17 :15, 32 :28, 41 :45, 35 :10-11 ; Juges 6 :32 ; 2 Samuel 12 :25).

Comme Marthe, nous devons permettre à Dieu d'être le Seigneur de nos vies. En outre, on peut apprendre plusieurs étapes à suivre pour s'assurer que lorsque l'on invite Jésus dans sa maison, on Lui donne le plein contrôle.[2]

La première étape consiste à savoir qui est le patron. Marthe part du principe qu'elle sait ce qui est le mieux dans cette situation et que, d'une manière ou d'une autre, Jésus n'en a pas conscience. Sa question est de nature accusatrice : *« Seigneur, cela ne te fait-il rien que ma sœur me laisse seule pour servir ? Dis-lui donc de venir m'aider »* (Verset 40). Elle essaie de prendre le contrôle de la situation au lieu d'abandonner le contrôle de la situation à Jésus.

La deuxième chose est que la foi doit venir en premier. La Bible dit que *« ... la foi vient de ce qu'on entend et ce qu'on entend vient de la parole de Dieu. »* (Romains 10 : 17). Parce que Marie s'est assise aux pieds de Jésus et a écouté, elle a acquis la foi.

Troisièmement, la vraie foi produit une œuvre qui a une valeur éternelle. Comme nous le lisons plus loin dans Jean 12 : 3, nous découvrons que Marie finit par verser un parfum très cher, valant le salaire d'une année, sur les pieds de Jésus. Pourquoi ? Parce qu'elle a compris la valeur de Jésus. **Ainsi, travailler n'est pas mauvais, mais faire passer le travail avant Dieu ou travailler pour gagner Jésus est antiévangélique.**

Enfin, Jésus est la bonne part. Lorsque nous servons Dieu, nous ne devons pas faire passer un ministère avant Jésus. Si nous le faisons, cela devient une distraction. Marthe était inquiète et troublée par de nombreuses choses, alors qu'elle n'avait besoin que d'une seule chose, Jésus (Luc 10 : 41-42).

Rien de ce qui est pieux ne devrait vous causer de l'anxiété. Dans Philippiens 4 : 6-7, Paul le dit ainsi :

> *« Ne vous inquiétez de rien, mais en toute chose faites connaître vos besoins à Dieu par des prières et des supplications, dans une attitude de reconnaissance. Et la paix de Dieu, qui dépasse tout ce que l'on peut comprendre, gardera votre cœur et vos pensées en Jésus-Christ. »* (Philippiens 4 : 6-7).

L'anxiété vole votre vie de prière, vous prive de votre capacité à être reconnaissant et vous prive de votre confiance en Dieu. Elle vous laissera également sans paix.

La personne ayant la personnalité de service doit servir à partir d'un lieu d'existence. L'objectif ne doit jamais être de gagner l'approbation du Christ, mais plutôt parce que vous avez l'approbation du Christ. Marthe était immature dans son don. Cependant, nous ne le voyons que rétrospectivement. Si nous étions dans l'histoire, pourrions-nous vraiment dire qu'elle était immature spirituellement ?

CHAPITRE 19
Celui Qui Enseigne

• Peut préférer les détails, les dates, les noms, les cartes
• L'exactitude est importante
• Les références les intriguent.
• Étudie systématiquement
• Peut aimer la matière plus que l'élève
• Lorsqu'il est immature, il peut devenir orgueilleux.
• Apollos

Avez-vous déjà été dans une classe et eu un professeur qui aimait enseigner ? Aujourd'hui encore, je me souviens de ma maîtresse de quatrième année, Madame Hill. Elle était l'une de ces enseignantes qui aimaient ce qu'elle faisait.

Elle nous faisait toujours la lecture en classe. Un livre qui m'a marqué est *Forged by Fire* de Sharon M. Draper. C'est l'histoire d'un jeune Afro-Américain appelé Gerald, qui a grandi sans père. Sa mère est allée en prison parce qu'elle l'a laissé seul à la maison quand il avait trois ans. Après la sortie de prison de sa mère, Gerald est retourné vivre avec elle et a dû faire face à un beau-père violent.

Comme elle lisait l'histoire, c'était la première fois que je pouvais me voir dans mon esprit en tant qu'homme noir. J'étais un garçon africain dans une école presque entièrement blanche. Avant cette histoire, tout ce que j'avais connu dans mon esprit était des héros blancs. Madame Hill, qui était une femme blanche, m'a aidé à réaliser que les héros noirs existaient aussi.

Gerald, qui a surmonté tous les obstacles, était mon héros, car je pouvais aussi me reconnaître en lui.

Mme Hill a eu une grande influence sur ma vie, mais je ne crois pas qu'elle ait appris à devenir enseignante. Je crois que l'enseignement a toujours fait partie de sa personnalité. C'était sa personnalité. Pour cette raison, tout ce dont je me souviens de l'école primaire est ce que j'ai appris dans sa classe.

Lorsque Paul dit : « *... Que celui qui enseigne se donne à son enseignement.* » (Romains 12 : 7), je ne peux m'empêcher de penser aux Mme Hills du monde. Les personnes qui enseignent ne sont presque jamais payées ce qu'elles méritent vraiment. Mais pour elles, voir un élève réussir signifie qu'elles ont réussi.

Le mot « enseigner » en grec est le mot *didáskō*, qui signifie « faire apprendre ; instruire, transmettre des connaissances ».[1]

Le travail de l'enseignant consiste à faire grandir les autres en diffusant les informations qu'il a apprises.

Mais comme tous les autres dons, la personnalité de l'enseignant peut être utilisée de manière immature. De nombreux enseignants peuvent tomber amoureux de leur matériel plutôt que des gens. **La connaissance peut gonfler un individu, alors que l'amour cherche à édifier les autres (1 Corinthiens 8 : 1).**

Une personne qui, selon moi, avait la personnalité la plus enseignante de la Bible était Apollos. Dans Actes 18 : 18-28, nous apprenons qu'Apollos était un Juif qui a appris à connaître le Seigneur. La Bible affirme qu'il était un « *homme éloquent* » qui était « *versé dans les Écritures* » (v. 24).

Apollos « *annonçait et enseignait avec exactitude ce qui concerne Jésus* » (v. 25). Mais ce que j'aime le plus chez lui, c'est sa volonté d'apprendre dans l'humilité.

Dans Actes 18, nous lisons qu'Apollos ne connaissait que le baptême de Jean (v. 25), ce qui signifie qu'il a appris à connaître Jésus à travers le ministère de Jean le Baptiste, au lieu de connaître tous les enseignements de Jésus. De nos jours, la plupart d'entre nous seraient satisfaits de ce que nous savons, surtout si nous gagnons de nouveaux convertis. Pourtant, nous lisons ceci à propos d'Apollos :

> « *Il se mit à parler avec assurance dans la synagogue. Après l'avoir écouté, Aquilas et Priscille le prirent avec eux et lui exposèrent plus exactement la voie de Dieu* » (Actes 18 : 26).

Apollos était un homme instruit qui gagnait des âmes pour le royaume, mais il montrait encore une vraie maturité dans sa capacité à marcher dans l'humilité. La Bible dit que Priscille et Aquila l'ont enseigné et « *lui ont donné une meilleure compréhension* » (v. 26). Le fait qu'un Juif s'assoie et accepte d'apprendre d'une femme à cette époque en dit long sur la douceur d'Apollos.

CHAPITRE 20
Celui Qui Exhorte

• Peut voir le potentiel d'un individu
• Éprouve de la joie à voir les personnes mentoré dépasser le mentor
• Aimer étudier les caractères et trouver des exemples
• Peut être victime d'épuisement professionnel et peut avoir un problème avec la personnalité prophétique /Leader
• Example : Barnabas

Après le don de personnalité qu'est l'enseignement, Paul aborde le don suivant : *« celui qui exhorte, dans son exhortation »* (Romains 12 : 8). Comme nous n'utilisons pas vraiment exhortation dans notre jargon quotidien, on peut échanger ce mot avec *encourageur* ou *mentor*.

Le mot qui est utilisé ici en grec, *parakalōn*, englobe ce concept d'encouragement et de mentorat. La définition de Strong comporte au moins quatre parties : (a) j'envoie chercher, je convoque, j'invite, (b) j'implore, je prie, je supplie, (c) j'exhorte, je réprimande, (d) je réconforte, j'encourage, je console[1].

Il y a un autre mot que la plupart d'entre nous ont appris à connaître qui est lié à parakalōn, et c'est paraklétos. Le Saint-Esprit est notre paraclet, notre avocat et notre consolateur. Jésus dit ceci à propos du Saint-Esprit : *« Cependant, je vous dis la vérité : il vaut mieux pour vous que je m'en aille. En effet, si je ne m'en vais pas, le défenseur ne viendra pas vers vous ; mais, si je m'en vais, je vous l'enverrai »* (Jean 16 : 7). Ce mot aide, dans d'autres traductions, consolateur, avocat, intercesseur est le mot Grec *paraklétos*, ou en anglais, paraclete. **En d'autres termes, pour vraiment encourager les autres, il faut connaître le véritable encourageur.**

Le parakalōn doit être équilibré, comme tous les autres dons. J'ai connu des gens qui ont ce don et qui ne voient jamais que le bien chez les gens. Ils passent sous silence le mal, même s'il est flagrant. Mais qu'est-ce que cela signifie d'admonester quelqu'un ? D'après le dictionnaire, lorsqu'on réprimande quelqu'un, on l'avertit de manière vive et même ferme.[2] On le fait toujours avec un cœur aimant, mais de manière sévère.

Étant donné que nos dons affectent grandement notre vision du monde, l'encourageur aura souvent tendance à considérer la personnalité prophétique comme méchante et malveillante. Or, toutes deux montrent un aspect de Dieu, si leur discours et leur action sont pleins de grâce et de vérité (Jean 1 : 14).

Nous avons parfois tendance à faire des déclarations générales sur Dieu. Par exemple, pour un encourageur, Dieu ne parlera jamais à personne tant qu'il sera en colère. Pourtant, nous trouvons dans le Nouveau Testament que Jésus s'est parfois mis en colère et a parlé aux gens alors qu'il était en colère (Matthieu 21 :12-13, Marc 11 : 15-18, Jean 2 :13-16). Dieu s'est mis en colère d'innombrables fois (Exode 4 :14, Psaume 7 :12, 1 Rois 11 :9-10 ; 17 :18). Je pourrais citer de nombreuses écritures ; cela s'appelle la juste indignation. Psaume 7 :12 déclare que « *Dieu est un juge juste, et un Dieu qui éprouve chaque jour de l'indignation* ». La différence est que la colère de Dieu est juste et toujours pleine d'amour.

Une personne qui a personnifié le don d'encouragement est Barnabas. Nous sommes présentés à lui pour la première fois dans Actes 4, où il vend des terres au profit de l'église (Actes 4 :36-37). C'est ici que nous comprenons pourquoi il porte le nom qu'on lui donne, car son vrai nom est Joseph, mais il a été "... *celui que les apôtres surnommaient Barnabas, ce qui signifie 'fils d'encouragement'* » (v. 36).

Comme je l'ai mentionné précédemment, les surnoms naissent souvent en fonction de ce qu'un individu démontre ou de ce que quelqu'un projette sur une personne. Imaginez donc avec moi le type de personne que Joseph était pour que les Apôtres l'appellent « *fils d'encouragement* » (Actes 4 : 36). Barnabas savait qui il était et le manifestait au lieu de prétendre être ce que les gens voulaient qu'il soit.

Barnabas n'a accompagné Paul que lors de son premier voyage missionnaire parce que lui et Paul ont fini par avoir une vive dispute et se sont séparés pendant un certain temps. Paul a effectué trois voyages missionnaires ; le premier a été relaté dans Actes 13 :1 - 15 :35, le second dans Actes 15 :36 - 18 :22, et le dernier dans Actes 18 :23 - 21 :17.

Je crois fermement que Paul avait besoin de Barnabas et vice versa. Le Saint-Esprit le fait apparaître lorsqu'il dit ceci aux Apôtres : « *Mettez-moi à part Barnabas et Saul pour la tâche à laquelle je les ai appelés.* » (Actes 13 :2). Dieu les a littéralement appelés à exercer un ministère ensemble.

Mais tous deux avaient des personnalités différentes. Je crois que leur séparation était en partie due à leurs différences de personnalité. Nous lisons que dès le début de leur ministère, Jean Marc, qui est aussi le cousin de Barnabas, était avec eux (Actes 13 : 5). Cependant, au cours de leur voyage, Jean Marc les abandonne ou les quitte pour retourner à Jérusalem (Actes 13 : 13).

Ses actions n'ont pas plu à Paul, et lorsque Barnabas a voulu que Jean Marc les rejoigne à nouveau, Paul s'y est opposé (Actes 15 : 38). Paul considérait Jean comme quelqu'un qui les avait abandonnés, tandis que Barnabas voyait Jean comme quelqu'un qui serait utile à leur ministère. Barnabas voit à travers ses yeux d'encourageur tandis que Paul voit à travers sa personnalité de leader/prophète. Il semble être très noir et blanc sur cette question.

Nous pouvons déduire qu'un certain niveau de réconciliation a eu lieu sur la base d'une accumulation de versets comme 2 Timothée 4 :11, où Paul demande Jean Marc, et Colossiens 4 :10 et 1 Corinthiens 9 :5, où Paul s'adresse à Barnabas sous un jour positif et le compare à lui-même. Il semble que naviguer à travers les personnalités est difficile et peut souvent être impossible sans le Saint-Esprit. Dans ce cas, même Barnabas et Paul ont dû mûrir dans leurs dons.

CHAPITRE 21
Dans sa Générosité

•	Est généralement une personne frugale
•	Désire la responsabilité
•	Réagit négativement à l'appel à la pression
•	Aime savoir que le don est une réponse à la prière
•	Peut vouloir donner et passer à autre
•	Example : Cornelius Actes 10

Pendant que je courtisais ma femme, elle m'en voulait toujours parce que chaque fois que je voyais une occasion de donner quelque chose, je le faisais sans réfléchir. J'ai donné des milliers de dollars, des vêtements, des chaussures, j'ai même failli donner ma vie en sautant devant un conducteur qui était sur le point de rentrer chez lui en état d'ivresse. À l'époque, je pensais que c'était héroïque et même divin. Quand les gens me regardaient, ils pensaient immédiatement : *« Il a un cœur généreux »*. Mais l'avais-je vraiment ?

Trois ans après le début de notre mariage, vous pouvez imaginer que ma nature de donner sous contrainte est devenu problématique. J'étais devenu dépendant, et je trouvais cela irrésistible. Je donnais tout et n'importe quoi, y compris les cadeaux que ma femme m'offrait. Il était temps de faire un examen de conscience.

Alors que ma femme et moi parlions de ce problème, j'ai commencé à réaliser que le diable m'avait trompé en me faisant croire que je ne méritais pas de bonnes choses. Ainsi, lorsque j'avais quelque chose de bon, je le donnais parce que je ne me considérais pas comme ayant de la valeur. Après avoir compris cela, j'ai réalisé que donner n'était pas nécessairement mon don, mais mon mécanisme d'adaptation.

Au lieu de m'appuyer sur le don, j'aurais dû laisser le Saint-Esprit m'aider à faire face à la vie. En outre, j'avais besoin de savoir que ma valeur venait de Jésus et non de ce que je pouvais faire. **Lorsque je donne, cela ne doit pas être pour qu'Il soit content de moi, mais parce qu'Il *est déjà content*.** Par conséquent, il faut donner uniquement parce que « *Dieu a tant aimé le monde qu'il a donné son Fils unique* » *(Jean 3 : 16).*

Lorsque Paul dit, « *Que celui qui donne le fasse avec générosité* » (Romains 12 : 8), par exemple, il ne parle pas de quelqu'un qui donne sa maison dans l'espoir de gagner une maison céleste. Il parle de quelqu'un qui sait qu'il a une maison céleste, et qui, considérant cela, donne délibérément. Un donateur mature donnera en secret et s'assurera de comprendre où vont les fonds. Il ne veut jamais être contraint de donner.

Un grand mot qui explique vraiment ce concept de don est le mot « générosité ». En grec, le mot générosité est *eumetadotos* (yoo-met-ad'-ot-os), ce qui signifie « *partageant volontiers, prêt à donner, généreux* »[1].

Le fait que Paul déclare « *celui qui donne avec générosité* » signifie que l'on doit grandir dans son don de donner comme tout autre don. **En d'autres termes, ce n'est pas parce que votre don est de donner que**

vous savez comment être généreux. De même, ce n'est pas parce que quelqu'un a l'air généreux que son don est généreux.

Par exemple, je pensais être généreux, et j'en avais même l'air. Cependant, mes motivations étaient erronées, et **ce que je croyais être de la générosité était en fait un don obligatoire. Les vrais donateurs qui sont encore en train de mûrir dans leur don peuvent parfois sembler réticents à donner, car un vrai cœur de générosité vient de l'intimité avec le Saint-Esprit.**

Une personne qui avait ce don dans la Bible est le soldat romain nommé Corneille. Dans le livre des Actes des Apôtres chapitre 10, nous apprenons de sa générosité et l'impact qu'il a eu. Un jour, un ange du Seigneur s'est présenté à Corneille et lui a dit : « ... *Tes prières et les dons que tu as faits sont montés devant Dieu et il s'en est souvenu* » (v. 4).

Réfléchissons à la profondeur de cette déclaration. Qu'est-ce qu'il y avait avec ses dons et qui, a attiré l'attention du Ciel et touché le cœur de Dieu ? Tout d'abord, nous devons observer de près qui il donnait aux pauvres. Proverbes 19 :17 déclare : « Celui *qui accorde une faveur au pauvre prête à l'Éternel, qui lui rendra son bienfait* »" Matthieu 6 :3-4 réverbère cette notion : « *Mais toi, quand tu fais un don, que ta main gauche ne sache pas ce que fait ta droite, afin que ton don se fasse en secret ; et ton Père, qui voit dans le secret, te le rendra [lui-même ouvertement].* » **Chaque passage affirme que Dieu récompensera ceux qui donnent aux nécessiteux mais**

il y a une clause ; il faut le faire en secret et pour la gloire de Dieu. C'est précisément ce que Corneille a fait.

Deuxièmement, Corneille ne s'est pas contenté de faire les démarches pratiques ; il a également prié pour les pauvres. **N'importe qui peut s'occuper des pauvres et des orphelins sans pour autant toucher le ciel, car son cœur peut être mal motivé. La prière apporte les bonnes motivations et fait bouger le cœur de Dieu.**

Enfin, il est dit que c'était une « *offrande commémorative devant Dieu* ». Cela indique que son offrande était plus acceptable que les sacrifices de taureaux ou de boucs et qu'elle venait du cœur.[2] Il est important de noter que Corneille a fait tout cela avant de connaître vraiment le Seigneur (Actes 10 :34-48).

Corneille est un excellent exemple de vrai donateur. Corneille a donné pour la gloire de Dieu. S'il était vivant aujourd'hui, il ne le publierait pas sur les réseaux sociaux pour recevoir l'approbation des hommes, car son objectif serait de plaire à Dieu.

CHAPITRE 22
Celui Qui Dirige

• A une vision d'ensemble
• Aime coordonner les efforts de plusieurs personnes
• Il inspire les travailleurs/Zélés
• Lorsqu'il est immature, il peut manquer d'assurance, ce qui l'amène à s'enorgueillir et à mépriser le travailleur ordinaire.
• Exemple : Néhémie/ L'apôtre Pierre

Quand j'étais à l'université, j'ai fait un voyage missionnaire en Louisiane pendant le *« Mardi Gras ».* Je n'avais jamais rien vu de tel de toute ma vie. Les rues étaient bondées de gens sur Bourbon Street, qui est l'endroit idéal pour les personnes qui cherchent à faire n'importe quoi et n'importe comment.

Nous nous sommes associés à une église qui avait un petit bâtiment à côté de Bourbon Street. Comme il y avait beaucoup de monde, les toilettes étaient rares, et les gens faisaient payer pour les utiliser. Afin d'atteindre les gens avec l'évangile, nous avons ouvert les toilettes pour que les gens puissent les utiliser gratuitement.

Utiliser les toilettes est une nécessité, surtout si vous avez bu comme un matelot. Nous avons pensé que les gens n'auraient pas d'autre choix que d'entrer dans l'église et d'écouter l'Évangile pendant qu'ils attendaient. Nous avions un groupe de gens prêts à parler avec ceux qui étaient dans la file d'attente. Pas d'une manière bizarre, mais simplement pour apprendre à les connaître et écouter leurs histoires.

Une autre équipe faisait des louanges et priait entre les séries de louanges. L'équipe avec laquelle j'étais m'a demandé de prier. J'ai pris le micro. **À ce moment-là, je n'ai pu m'empêcher de penser à tout ce chaos bouleversant devant moi. J'ai eu l'impression qu'un feu s'est abattu sur moi, et j'ai ressenti de l'angoisse.**

Alors que je commençais à prier, mes prières sont devenues de plus en plus fortes et les larmes ont rempli mes yeux. Je pensais à toutes les personnes perdues que je croisais en marchant ou à qui je parlais. Après avoir fini de prier, un de mes amis m'a raconté l'histoire d'un homme qui voulait me rencontrer. Apparemment, pendant que je priais, quelqu'un marchait dehors et m'a entendu. L'homme qui était à l'extérieur a dit qu' *« il s'est senti attiré dans le bâtiment ».*

Lorsque l'homme est entré dans le bâtiment, ses yeux étaient fixés sur moi. Après qu'il se soit assis, mon ami est allé vers lui pour lui demander son histoire, et sans regarder mon ami, il a dit ces mots qui sont restés gravés dans ma mémoire jusqu'à ce jour : *« Je n'ai jamais entendu ou vu une telle passion dans ma vie. »*

Ce qui m'étonne de la passion, c'est que même le monde la reconnaît. La Bible dit : *« Ayez du zèle, et non de la paresse. Soyez fervents d'esprit et servez le Seigneur. » (Romains 12 : 11).* **Le zèle ou la passion est primordial pour tout croyant, mais il est encore plus nécessaire si votre don de personnalité est la direction (également connu comme**

administratif). Je crois que Paul l'a reconnu lorsqu'il a dit : « *celui qui préside, avec zèle* » (Romains 12 : 8).

Il y a eu beaucoup de grands leaders à travers l'histoire. Il n'est pas facile d'être un leader, car il y a tellement de gens qui observent ce que vous dites et faites. Ce n'est généralement pas la pression extérieure qui détruit un leader, mais ce qu'il y a à l'intérieur de lui.

Beaucoup de gens pensent que ce qui fait tomber les leaders, c'est l'orgueil. Je pense en fait que c'est l'insécurité. Beaucoup de personnes qui ont une personnalité administrative essaient de dissimuler leur honte en recherchant les louanges des autres. Une honte non résolue peut évoluer vers l'orgueil.

L'apôtre Pierre est un excellent exemple biblique de quelqu'un qui avait un don pour l'administration. Pierre prenait toujours les devants avec passion, que ce soit en bien ou en mal. Parfois, il proclamait que Jésus était le Messie (Matthieu 16 : 16). D'autres fois, il s'opposait à Jésus et se faisait réprimander par lui (Matthieu 16 : 23). Vous pouvez clairement voir la lutte que Pierre a dû mener en tant que leader.

Le danger de diriger est que les gens vous suivent, que vos intentions soient bonnes ou mauvaises. Au fur et à mesure que Pierre mûrit, on peut observer une dichotomie : c'est comme si une moitié de lui voulait être un bon leader, mais que l'autre moitié luttait contre l'approbation des hommes. Chercher l'approbation des hommes est un signe majeur d'insécurité.

Mais Jésus, qui est plein de grâce et de vérité, voit clair dans les tendances de Pierre à plaire aux hommes et lui dit ouvertement : « *Je te le dis en vérité, cette nuit même, avant que le coq chante, trois fois tu me renieras* » *(Matthieu 26 : 34)*. Habitué à faire en sorte de bien paraître aux yeux des hommes, Pierre répond en disant qu'il mourrait avant de trahir Jésus (Matthieu 26 : 35). Cela sonnait bien pour ceux qui l'entouraient, mais sans le savoir, Pierre disait à Jésus qu'il avait tort.

Jésus n'a pas fait cette déclaration pour culpabiliser Pierre, mais pour lui montrer jusqu'où il était prêt à aller pour cacher ses insécurités. La confession est donc essentielle pour tout croyant. La confession est le chemin de l'humilité. Si Pierre avait avoué à Jésus qu'il manquait d'assurance et qu'il se battait pour être le plus grand, je crois fermement qu'il n'aurait pas renié Jésus.

Son manque d'assurance, qui se manifeste par la recherche de l'approbation des hommes, l'a conduit à faire quelque chose de honteux. Heureusement pour lui, Jésus a immédiatement fait face à cette honte.

À la fin de l'Évangile de Jean, Jésus a une conversation révélatrice avec Pierre. Il interroge Pierre à trois reprises sur son amour pour Jésus. Dans le texte grec, les deux premières fois, Jésus a demandé à Pierre s'il L'aimait inconditionnellement, et les deux fois, Pierre a répondu en disant qu'il n'avait que de l'affection pour lui. En posant ces questions, Jésus a également confirmé l'appel de Pierre à chaque fois et a confronté la honte du reniement de Pierre (Jean 21 :15-17 S21).

La troisième fois, Jésus se met à la hauteur de Pierre et lui demande s'il a de l'affection pour Lui. Pierre est alors affligé. Au lieu d'affirmer simplement qu'il a de l'affection pour lui, Pierre admet humblement que Jésus sait tout. Il ne dit jamais qu'il a acquis d'une manière ou d'une autre un amour inconditionnel pour Jésus, mais il est sincèrement fidèle à ce qu'il possède actuellement à l'égard de Christ, c'est-à-dire simplement de l'affection pour Lui (Jean 21.15-17).

Il est important que nous ne prétendions jamais être plus que ce que nous sommes (Romains 12 : 3). En d'autres termes, confessez vos luttes à Dieu. Le Psaume 25 : 3 dit : *« Aucun de ceux qui espèrent en toi ne sera couvert de honte »,* mais *« la honte est pour ceux qui sont infidèles sans raison ».* Prétendre être quelque chose ou quelqu'un que l'on n'est pas, c'est tromper.

Après ce dialogue, Jésus dit à Pierre de Le suivre. Pourtant, Pierre, toujours en proie à l'insécurité, interroge Jésus sur l'autre disciple qui était à côté de lui. Jésus confronte à nouveau Pierre et lui dit : « *... Si je veux qu'il vive jusqu'à ce que je revienne, en quoi cela te concerne-t-il ? Toi, suis-moi. »* *(Jean 21 : 22).*

Pierre continuera à implanter de nombreuses églises et à sauver des milliers de personnes, mais même des années après que Jésus soit monté au ciel, nous voyons encore dans les écrits de Paul que Pierre a lutté avec ce domaine de la satisfaction de l'homme tout au long de sa vie (Galates 2). Cependant, chaque fois qu'il a été confronté, il a répondu avec humilité.

Nous pouvons trouver de l'espoir en examinant la vie de Pierre. Pierre est connu comme un pilier de l'église (Galates 2 : 9), mais lui aussi a lutté dans sa marche avec le Christ. **Trop souvent, nous laissons nos insécurités prendre le dessus parce que nous avons honte de notre incapacité à être là où nous pensons devoir être avec Dieu.** Ce n'est pas à nous de nous perfectionner ; c'est Dieu qui nous perfectionne. Bien que le don administratif de Pierre ait été immature au départ, en restant humble, il a fini par mûrir. Comme Pierre, la maturité finira par entrer dans nos vies si nous choisissons de marcher dans l'humilité.

CHAPITRE 23
Celui qui pose(ou fait) des Actes de Miséricorde

•   Désire la guérison intérieure pour les personnes au cœur brisé
•   Peut sentir l'humeur émotionnelle de quelqu'un
•   A une merveilleuse capacitée d'écoute
•   Réagit aux personnes insensibles
•   Peut penser que le prophète et/ou l'administrateur ont le cœur dur
•   Exemple : Le Prophète Jérémie

Pendant la majeure partie de ma vie, le mot miséricorde a été un concept étranger pour moi. J'avais entendu de nombreux prédicateurs parler de la miséricorde, mais je n'arrivais pas vraiment à l'appréhender dans mes interactions quotidiennes avec les gens. J'avais également du mal à faire la différence entre les deux, car je les percevais comme étant la même chose.

Un jour, cependant, quelqu'un a pris le temps de m'expliquer clairement ce qu'est la grâce et ce qu'est la miséricorde. Ils m'ont dit : « **la grâce, c'est donner à quelqu'un quelque chose qu'il ne mérite pas, tandis que la miséricorde, c'est ne pas donner à quelqu'un qui fait le mal la punition qu'il mérite.** »

En d'autres termes, disons que quelqu'un vole et se fait prendre et que le juge le laisse partir, en acceptant de payer des cours pour aider l'individu à apprendre à ne pas voler. C'est la grâce. Dans le même scénario, si le juge refusait d'infliger une peine d'emprisonnement alors que la personne la mérite, ce serait de la miséricorde. Comprendre la grâce et la miséricorde est essentiel pour la marche d'un croyant avec le Christ.

D'où vient la miséricorde ? Comme tous les dons, la miséricorde découle du cœur de Dieu. Si Dieu possède des attributs incommunicables (caractéristiques qu'il ne partage pas avec nous), comme Sa capacité à être omniscient, omnipotent et omniprésent, la miséricorde est un attribut communicable, tout comme l'amour, la paix, la bonté, etc.

Même si nous partageons cet attribut avec Dieu, notre miséricorde ressemble à peine à la miséricorde de Dieu. La miséricorde de Dieu est de nature magnanime, c'est-à-dire qu'Il est le seul être qui peut pardonner et oublier. Elle n'est pas impulsive ; Dieu choisit d'avoir des miséricordes comme il l'entend. Toutes les tendances miséricordieuses de Dieu sont bien équilibrées au sein de ses autres attributs. Tellement équilibrées, en fait, qu'on peut dire que les miséricordes de Dieu sont éternelles et que Sa justice n'attendra pas toujours.

Contrairement à la miséricorde de Dieu, cependant, la personnalité de miséricorde doit mûrir comme tous les autres dons de personnalité. Comme je l'ai mentionné précédemment, quelqu'un qui a cette personnalité peut ne pas bien s'entendre avec une personne ayant une personnalité prophétique. Pour une personne qui fait preuve de miséricorde, *« la haine fait surgir des conflits, alors que *l'amour couvre toutes les fautes » (Proverbes 10 : 12).*

Ce verset est très vrai mais peut être facilement mal utilisé. **« L'amour couvre toutes les fautes » ne signifie pas qu'aimer, c'est être d'accord avec l'offense, et cela ne signifie pas que vous ne confrontez pas**

l'offenseur. Cela signifie que l'amour n'exhibe pas l'offense de manière honteuse et ne continue pas à l'évoquer en la condamnant.

La plupart des personnes qui ont une personnalité miséricordieuse peuvent aussi avoir tendance à s'épuiser en prendre soin des autres. Cela peut parfois les conduire à éprouver chagrin après chagrin. Après que le chagrin d'amour ait suivi son cours, faire preuve de miséricorde peut devenir une faiblesse pour eux, ce qui refroidit leur cœur.

C'est pourquoi Paul déclare que celui qui fait des actes de miséricorde doit le faire avec joie (Romains 12 : 8). La miséricorde doit jaillir d'un cœur joyeux, qui est un fruit de l'Esprit (Galates 5 : 22-23). Cela signifie que même si une personne peut avoir une personnalité miséricordieuse, sans joie, sa miséricorde sera faussée et se terminera dans la douleur.

Une personne dans la Bible qui, je crois, a pu avoir une personnalité miséricordieuse est le prophète Jérémie. Lorsque vous lisez le livre de Jérémie et des Lamentations, vous ne pouvez-vous empêcher d'entendre le cœur de Dieu et de ressentir la douleur de Jérémie. Sa tâche était intimidante ; il devait aller vers un peuple qui n'allait pas l'écouter et lui dire de se rendre à ses ennemis pour son propre bien parce qu'il s'était rebellé contre Dieu.

À cause de cela, il a été battu, humilié, jeté dans une fosse. Lamentations 3 : 1-10 le présente ainsi :

> « *Je suis l'homme qui a vu la misère sous le bâton de sa fureur... Il a fait dépérir ma chair et ma peau, il a brisé mes os... J'ai beau crier et implorer du secours, il tient ma prière enfermée.* »

Jérémie a déversé sa douleur et son agonie sur Dieu. Il savait que c'était Dieu qui avait permis que ces choses lui arrivent. Jérémie n'a pas blâmé Dieu, mais il Lui a reconnu sa douleur. Il a compris qu'en considérant tout, Dieu est toujours miséricordieux.

> « *Voici ce que je veux méditer pour garder espoir : les bontés de l'Éternel ne sont pas épuisées, ses compassions ne prennent pas fin ; elles se renouvellent chaque matin. Que ta fidélité est grande ! Je le déclare, l'Éternel est mon bien, c'est pourquoi je veux m'attendre à lui.* ». (Lamentations 3 : 21-24).

Ce que nous pouvons apprendre du prophète Jérémie, c'est que chacun d'entre nous sera confronté à différentes épreuves dans la vie, qui peuvent soit renforcer notre personnalité, soit détruire notre caractère. **Le monde ne vous disculpera pas, quelle que soit la perfection de votre réponse à ce que Dieu vous dit de faire. Néanmoins, nous ne devons pas les laisser, ni notre propre faiblesse, nous faire perdre la vision et faire avorter la mission.**

Ce qui est intéressant dans cette histoire, c'est que lorsque Jérémie a parlé aux Israélites de leur reddition à Babylone, c'était la chose la plus miséricordieuse qu'il pouvait faire, même si Dieu les jugeait. Nous pensons parfois qu'en exerçant la miséricorde nous ne serons pas confronter, mais Jérémie a confronté. Nous pouvons également penser que la miséricorde ignore le péché, mais Jérémie n'a pas ignoré le péché. Au contraire, il a montré au peuple comment sortir du péché. Enfin, Jérémie aurait pu laisser son cœur s'endurcir. À certains moments, il a probablement lutté contre l'amertume, comme nous le lisons dans Lamentations, mais il a trouvé la force lorsqu'il a mis son espoir et sa confiance dans le Seigneur.

CHAPITRE 24
Le Don de l'Hospitalité

• Accueillant
• Aime recevoir des gens
• Invite les étrangers chez lui
• Peut vouloir héberger les sans-abris
• Il arrive qu'on profite d'eux parce qu'ils n'établissent pas de limites saines
• Exemple : Priscille et Aquila

Nous sommes tous appelés à être hospitaliers (Romains 12 : 13), tout comme nous sommes tous appelés à nous servir, à donner et à nous encourager mutuellement. **Mais pour certains, l'hospitalité n'est pas simplement une réponse à la Parole de Dieu ; elle fait partie de ce que Dieu les a appelés à être.**

J'ai une sœur dans le Seigneur que j'appelle Mama Sarah. Quand je pense à quelqu'un qui a le don de l'hospitalité, son nom me vient immédiatement à l'esprit. Chaque fois que je me rends chez elle, je vois ou je rencontre toujours quelqu'un de nouveau.

Elle est également accueillante envers les étrangers. Dans Hébreux 13 : 2, l'auteur demande aux croyants « *n'oubliez pas l'hospitalité, car en l'exerçant certains ont sans le savoir logé des anges* ». Cela signifie littéralement que les anges peuvent parfois venir sur terre et ressembler à l'un d'entre nous. Tout comme Lot a accueilli les deux anges à Sodome, ce qui s'est avéré être une bénédiction pour sa vie, nous pouvons nous aussi faire l'expérience d'une telle rencontre avec le surnaturel si nous obéissons à ce que la Parole dit sur l'hospitalité. Bien sûr, cela ne devrait pas être la motivation, mais cela fait partie du choix d'un tel style de vie.

Cependant, maman Sarah a dû apprendre à équilibrer son don avec celui de son mari. Alors qu'elle était très hospitalière, son mari Ron préférait l'intimité. Ce n'est pas qu'il n'aimait pas les gens, mais il voulait protéger sa famille de ceux qui tentaient de profiter d'eux. Il savait que si nous devons être doux comme des colombes, nous devons aussi être sages comme des serpents (Matthieu 10 : 16).

Je suis sûr que maman Sarah aurait pu défendre son don en citant d'innombrables Écritures qui traitent de l'hospitalité. Elle aurait peut-être même pu gagner l'argument, mais en agissant ainsi, beaucoup ont perdu la guerre.

Nous ne sommes pas appelés à nous séparer les uns des autres ; nous devons former un corps. Chaque partie de nous sert un but et aucun d'entre nous ne devrait usurper le pouvoir simplement parce qu'il croit que ses dons sont justes. Il ne s'agit pas toujours d'avoir raison, il s'agit d'admettre quand nous avons tort.

En tant qu'une grande femme de Dieu, maman Sarah a écouté le conseil de son mari. Elle continue à recevoir des invités, mais maintenant elle est plus équilibrée, et sa famille a aussi un sentiment d'intimité dans sa maison. **Jésus accueillait les foules et les divertissait même, mais Il demeurait avec les douze à l'intérieur et rencontrait les foules à l'extérieur.**

Tout au long de la Bible, de nombreuses personnes ont fait preuve du don de l'hospitalité, mais Priscille et son mari Aquila se distinguent le plus. On ne peut pas savoir avec certitude s'ils avaient tous deux le don de l'hospitalité, ou seulement l'un d'entre eux. Quoi qu'il en soit, ils s'équilibraient bien l'un l'autre d'après ce que nous lisons dans les Écritures.

Nous rencontrons Priscilla et Aquila pour la première fois dans Actes 18, où ils ouvrent leur maison à Paul. À cette époque, l'empereur Claude avait ordonné à tous les Juifs de quitter Rome. Certains pensent que cela s'est produit parce que les Juifs pharisiens persécutaient leurs frères et sœurs chrétiens, ce qui a créé des troubles dans le pays (Actes 18 :1-2).

Mais Paul n'était pas la seule personne que Priscilla et Aquila ont accueilli dans leur maison. Il y avait un autre homme du nom d'Apollos dont Paul parlait en termes très élogieux (1 Corinthiens 1 :12). Priscilla et Aquila l'ont également invité dans leur maison et ont investi en lui (Actes 18 :24-26).

Ce duo dynamique allait ouvrir sa maison à beaucoup d'autres personnes. Ils ont fini par avoir une église qui se réunissait chez eux (1 Corinthiens 16 :19). **Leur volonté d'être hospitaliers a formé des hommes et des femmes de Dieu et en a conduit beaucoup au Seigneur.**

Pour connaître les dons de votre personnalité, refaites le test des dons de la personnalité à la fin du livre.

CHAPITRE 25
Les Dons D'Opération : Mon Ame

La ville de Corinthe était économiquement très stable. Elle était connue comme l'une des principales villes commerciales de l'empire Romain. Sa situation géographique en faisait un centre naturel de commerce et de transport. Avant de devenir un territoire romain, Corinthe était sous le contrôle des Achéens. Lorsqu'ils ont commencé à se révolter contre Rome vers 146 avant J.-C., Rome les a détruits. *« Après l'engagement décisif à Leucopetra, sur l'isthme, le consul Lucius Mummius a pu occuper Corinthe sans beaucoup des dégâts. Les citoyens furent tués... la ville elle-même fut nivelée par le sol... »*[1]

Rome reconstruira plus tard la ville de Corinthe, mais cette fois, elle sera sous le contrôle des Romains. Après 100 ans de désolation, Corinthe a été reconstruite par Jules César en tant que colonie romaine.[2] Peu de temps après sa reconstruction, Corinthe a repris sa place parmi les premières villes du monde en termes de stabilité économique.[3]

Bien que cette reconstruction ait été bénéfique pour l'économie, elle ne constituait pas un environnement favorable pour les personnes désireuses de vivre moralement. **En fait, Corinthe était une ville tellement immorale que les gens ont commencé à utiliser le nom de la ville comme adjectif pour décrire les personnes qui vivaient de manière immorale. C'est ainsi que l'expression *« se faire Corinthianiser »* a été utilisée, ce qui « signifiait en grec populaire *« aller au diable »*[4]**

Aphrodite, déesse de l'amour sexuel, se reflétait dans la réputation d'immoralité de la ville, et de nombreux Corinthiens se prosternaient dans son temple. Son temple comptait plus ou moins 1 000 (femmes) prostituées et était l'une des raisons pour lesquelles tant de gens se rendaient à Corinthe.

Malheureusement, au lieu d'être la lumière au milieu de ces ténèbres, l'église de Corinthe a laissé les ténèbres s'infiltrer dans sa congrégation. Paul, en entendant cela, leur écrit une lettre pour aborder leur immaturité. Dans 1 Corinthiens 12, Paul aborde spécifiquement la façon immature dont ils opèrent dans les dons. Il ne leur interdit pas d'utiliser les dons, mais il les encourage à ne pas en abuser.

Chacun des dons suivants découle du Saint-Esprit et ne doit être utilisé que par des croyants qui abandonnent le contrôle de leur vie au Saint-Esprit (1 Corinthiens 12 :1-3).

> « Il y a diversité de dons, mais le même Esprit ; diversité de services, mais le même Seigneur ; diversité d'actes, mais le même Dieu qui accomplit tout en tous. Or, à chacun la manifestation de l'Esprit est donnée pour le bien de tous. En effet, à l'un est donnée par l'Esprit une parole de sagesse ; à un autre une parole de connaissance, selon le même Esprit ; à un autre la foi, par le même Esprit ; à un autre des dons de guérisons, par le même Esprit ; à un autre la possibilité de faire des miracles; à un autre la prophétie; à un autre le discernement des esprits; à un autre diverses langues; à un autre l'interprétation des langues. Mais toutes ces choses, c'est un seul et même Esprit qui les accomplit, en les distribuant à chacun en particulier comme il le veut." (1 Corinthiens 12 : 4-11).

Pour mieux comprendre les dons, on peut les classer en trois catégories. Il y a les dons oraux (diverses sortes de langues, interprétation des langues et prophétie), les dons de révélation (parole de connaissance, parole de sagesse et capacité de distinguer les esprits ou discernement), et les dons de puissance (foi, guérison et opération de miracles).

Il existe des similitudes et des différences entre les dons de personnalité du Père et les dons d'opération du Saint-Esprit. Ils sont similaires en ce sens qu'un individu ne reçoit qu'un seul don important, d'où le terme « *à un autre* » répété par Paul chaque fois qu'il mentionne un don de personnalité. Ils sont différents dans la manière dont ils sont donnés et utilisés.

Alors que les dons de personnalité ont été donnés par la grâce de Dieu et que chaque personne a reçu son lot selon la foi qui lui a été donnée, **les dons d'opération découlent de l'Esprit de Dieu et sont une manifestation de la relation de chacun avec l'Esprit de Dieu *« distribue à chacun en particulier comme il le veut »*** (1 Corinthiens 12 : 11).

La raison pour laquelle je crois que chaque personne a un don primaire d'opération est basée sur le dialogue que Paul a sur le corps à la suite de ces versets. Comme Paul l'explique dans 1 Corinthiens 12 :12-20,

> *« Le corps forme un tout mais a pourtant plusieurs organes, et tous les organes du corps, malgré leur grand nombre, ne forment qu'un seul corps. Il en va de même pour Christ. En effet, que nous soyons juifs ou grecs, esclaves ou libres, nous avons tous été baptisés dans un seul Esprit pour former un seul corps et nous avons tous bu à un seul Esprit. Ainsi, le corps n'est pas formé d'un seul organe, mais de plusieurs. Si le*

pied disait : « Puisque je ne suis pas une main, je n'appartiens pas au corps », ne ferait-il pas partie du corps pour autant ? Et si l'oreille disait : « Puisque je ne suis pas un œil, je n'appartiens pas au corps », ne ferait-elle pas partie du corps pour autant ? Si tout le corps était un œil, où serait l'ouïe ? S'il était tout entier l'ouïe, où serait l'odorat ? En fait, Dieu a placé chacun des organes dans le corps comme il l'a voulu. S'ils étaient tous un seul organe, où serait le corps ? Il y a donc plusieurs organes, mais un seul corps. »

Selon Paul, en ce qui concerne les dons accordés à chaque personne, nous sommes tous différents et pourtant essentiels au corps du Christ. Mais ce passage n'est pas une nouvelle piste de réflexion ; il est lié à la conversation précédente de Paul sur les dons accordés par le Saint-Esprit. Ainsi, si le don de personnalité est la façon dont vous voyez le monde, alors le don d'opération serait la façon dont vous agissez sur ce que vous voyez.

Il est important de noter qu'une personne ne peut pas aimer Dieu et ne pas aimer Jésus, ni aimer Jésus et ne pas aimer Sa parole, ni aimer le Saint-Esprit et ne pas aimer Ses dons.

Patrick et Béthanie ont dû apprendre et mûrir dans leurs dons de fonctionnement. Le don le plus important du Saint-Esprit pour Patrick était le don de la foi. Il voyait les choses en noir et blanc comme Béthanie. Cependant, alors que Béthanie prenait son temps pour sortir, Patrick bougeait dès qu'il croyait avoir entendu Dieu lui dire d'y aller.

Le don de fonctionnement de Béthanie était la sagesse. Pour Béthanie, si Dieu lui disait quelque chose, elle devait évaluer et voir comment ce qu'il disait pouvait être mis en œuvre avec sagesse. Elle finissait par agir, mais parfois bien trop lentement. Patrick, quant à lui, allait parfois trop vite.

Tous deux devaient réaliser qu'ils étaient importants l'un pour l'autre et que le don de chacun n'était pas plus important, à moins qu'une saison particulière n'exige l'exercice d'un don plutôt qu'un autre. Dans Ecclésiaste 3 :1-10, Salomon parle des différentes saisons de la vie.

> *« Il y a un moment pour tout et un temps pour toute activité sous le ciel : un temps pour naître et un temps pour mourir,*
> *un temps pour planter et un temps pour arracher ce qui a été planté,*
> *un temps pour tuer et un temps pour guérir,*
> *un temps pour démolir et un temps pour construire,*
> *un temps pour pleurer et un temps pour rire,*
> *un temps pour se lamenter et un temps pour danser,*
> *un temps pour lancer des pierres et un temps pour en ramasser,*
> *un temps pour embrasser et un temps pour s'éloigner des embrassades,*
> *un temps pour chercher et un temps pour perdre,*
> *un temps pour garder et un temps pour jeter,*
> *un temps pour déchirer et un temps pour coudre,*
> *un temps pour se taire et un temps pour parler,*
> *un temps pour aimer et un temps pour détester,*
> *un temps pour la guerre et un temps pour la paix ».*

Étant donné qu'il existe différentes saisons dans la vie, il est plus logique qu'un cadeau soit plus nécessaire à une saison qu'à une autre. (Pour en savoir plus sur les saisons, consultez *The Silent Season : What to Do When God is Silent* par Wendy Tufor Asare).

Pendant la saison où Béthanie et Patrick se sont présentés dans l'Etat du Maine et où Dieu les appelait à Lui faire confiance, Béthanie devait soumettre son don à celui de Patrick parce que c'est ainsi que Dieu voulait qu'ils fonctionnent.

Il en serait de même pour Patrick s'ils étaient dans une saison où Dieu leur parlait et leur disait qu'ils devaient prendre des décisions sages et être plus pratiques. Dans une saison comme celle-ci, Patrick soumettrait son don de foi et laisserait à Béthanie la possibilité d'utiliser son don de sagesse. **Bien que la foi puisse sembler plus importante que la sagesse pieuse, il faut comprendre que Dieu n'a pas besoin de foi, il est omniscient. En d'autres termes, Sa sagesse est notre foi.**

Il est compréhensible que la Bible veuille que nous soyons tous sages et que nous marchions par la foi, mais comme je l'expliquerai plus loin, être sage est différent de donner une parole de sagesse, tout comme un don de foi n'est pas la même chose que la foi salvatrice. Ainsi, lorsque je parle d'une saison de la foi, je ne veux pas dire que dans cette saison, quelqu'un qui opère dans un don de la foi ne devrait pas rechercher des conseils sages ou utiliser la sagesse dans ses interactions quotidiennes. De même, dans une saison où Dieu peut nous appeler à marcher avec sagesse, cela ne veut pas dire que nous ne devons pas faire un pas dans la foi.

En ce qui concerne la manière dont les dons du Saint-Esprit opèrent, j'ai constaté que, bien que chaque personne ait un don principal, elle peut parfois trouver plus facile d'utiliser les deux autres dons de sa catégorie. Par exemple, quelqu'un qui a un don de foi peut trouver plus facile de croire aux miracles, aux guérisons, et ainsi de suite.

Si nous avons un don principal et que nous pouvons parfois nous épanouir dans nos catégories, comment pouvons-nous apprendre ou même opérer dans les autres dons d'opération ? Je crois fermement que l'humilité est la clé. Lorsqu'on laisse aux autres la possibilité d'opérer dans leurs dons, on peut apprendre de la personne à qui on permet d'opérer. De plus, le fait d'être prêt à écouter les enseignements de ces personnes peut également vous aider à mieux comprendre. Dans les prochains chapitres, nous allons examiner de plus près chacun des dons d'opération.

TABLEAU DES DONS[1]

ORAL	**Connaître**	*POUVOIR*
Langues	Parole de connaissance	Dons de guérison
Interprétation des Langues	Parole de sagesse	Foi
Prophétie	Discernement des Esprits	Miracles

---

[1] Chart Design Influenced by Dr Gary Royer

Les Dons Oraux

1. Don de langues diverses – Un don de parler en public dans une langue que l'orateur ne connaît pas.
2. Don d'interprétation -- Une intuition surnaturelle permettant de connaître la signification d'une expression en langues.
3. Don de prophétie -- Un don pour exprimer dans la langue des auditeurs ce que l'Esprit veut transmettre à un groupe de croyants. Deux types : La prophétie - Utiliser la Parole de Dieu pour déclarer la vérité de Dieu. Prédire - Être influencé par l'Esprit et la Parole de Dieu pour prédire avec précision l'avenir.

CHAPITRE 26
Les Différentes sortes de Langues

Pendant que j'étais à l'université, j'ai eu l'occasion d'expérimenter et de voir fréquemment les dons du Saint-Esprit en action. Un jour, j'étais dans la salle de prière et il y avait un homme de Dieu du nom de *Paul Chishala* qui priait pour les gens. Ce jour-là, une personne est entrée et voulait davantage de Dieu.

Le frère Paul l'a approché et lui a dit qu'il allait prier pour que l'Esprit de Dieu vienne et qu'il le reçoive. Il a donc commencé à prier, mais pas en anglais. Pour beaucoup de personnes dans la salle, les mots qui sortaient de sa bouche auraient pu ressembler à du charabia, mais pas pour moi. Je pouvais comprendre ce qu'il disait parce qu'il parlait dans ma langue maternelle, *le Lingala*.

Il disait : « *Yaka ka ka ka ka, Yaka ka ka ka ka, Ma ! Ma !* » Après qu'il ait fini de prier, je suis allée le voir et lui ai demandé s'il parlait lingala, et il a dit non. J'étais tellement époustouflé. Dans ma langue, « *yaka* » signifie « *viens* ». Si vous vouliez que la personne vienne urgemment, vous disiez « *Yaka ka ka ka* » et si vous vouliez que quelqu'un puisse avoir quelque chose, vous disiez « *ma* ».

Il parlait ma langue sans l'avoir jamais apprise. C'est le don des différentes sortes de langues - la capacité de parler dans une langue étrangère de manière surnaturelle. Il ne faut pas confondre ce don avec le parler en langues comme preuve initiale du baptême d'un individu par le

Saint-Esprit, qui est mystérieux et constitue une communication directe avec Dieu (1 Corinthiens 14 :2). La différence est que le don de diverses sortes de langues est destiné au corps du Christ, tandis que le don privé de parler en langues est destiné à l'édification personnelle (1 Corinthiens 14 :4) et est un don qui vous donne le pouvoir d'être un témoin (Actes 1 :8).

J'ai assisté à des cultes où tous les participants étaient encouragés à parler en langues à haute voix. J'avais l'habitude de me joindre à eux, mais plus je lisais 1 Corinthiens 14 :4, plus je me rendais compte que c'était une façon immature d'agir. **Le service public devrait être un lieu où les gens peuvent communiquer avec Dieu en synchronicité. L'unité peut rendre les choses plus claires. Il m'est difficile de m'unir à quelqu'un lorsque je ne comprends pas ce qu'il dit.** De plus, le parler en langues était censé être un « signe non pour les croyants, mais pour les non-croyants » (1 Corinthiens 14 : 22).

Quel est le signe dont Paul parle ? Paul cite l'Ancien Testament dans Esaïe 28 :11-12 où Dieu déclare :

> *« Eh bien, *c'est par des hommes aux lèvres balbutiantes et par une langue étrangère que l'Éternel parlera à ce peuple. Il leur avait dit : « Voici le lieu de repos. Laissez se reposer celui qui est fatigué ! Voici le moment de la détente !» Mais ils n'ont pas voulu écouter. »*

Cette parole a été prononcée dans une perspective de jugement. Le signe n'est pas un signe positif pour un incroyant, mais un signe qui montre que le jugement de Dieu a commencé.

Ainsi, je ne crois pas que nous, en tant que croyants, devrions parler librement en langues en présence de non croyants, à moins que quelqu'un n'interprète ou que la personne qui parle ne sache ce qu'elle dit, et qu'elle donne une interprétation. En outre, il y a les rares occasions où le Saint-Esprit vous inciterait à le faire, car sans le savoir, il peut vous utiliser pour parler dans une langue étrangère.

Paul le dit ainsi : « ...Celui qui prophétise est plus important que celui qui parle en langues, à moins que ce dernier n'interprète pour que l'Église reçoive une édification » (1 Corinthiens 14 :5). Rappelez-vous que ce n'est pas parce qu'un grand ministre le fait que c'est la façon dont Jésus a ordonné que cela soit fait. Notre mandat est de nous soumettre à la Parole et non de faire en sorte que la Parole se soumette à nous. C'est cela la maturité.

Je me souviens de la première fois que Dieu m'a utilisé pour donner un message en langues dans un service. J'étais à l'université, et nous avions une chapelle. Alors que l'équipe de louange chantait, l'atmosphère a changé dans la pièce, et tout le monde a commencé à crier à Dieu.

Soudain, j'ai eu l'impression que mon estomac était en feu et que le feu montait vers ma bouche. Il semblait y avoir un silence dans le service, et je pouvais sentir quelque chose qui me poussait à ouvrir la bouche et à laisser le feu sortir, alors je l'ai fait.

Après avoir fini de parler dans cette langue inconnue, j'ai attendu et toute la chapelle a attendu. Soudain, quelqu'un dans une autre partie de la chapelle a donné une interprétation. Toute la chapelle s'est mise à chanter des louanges et Dieu a été glorifié.

Cela ne signifie pas que chaque fois que quelqu'un donne un message en langues, il sentira un feu dans son estomac. Il est important de se rappeler que la personnalité de chaque personne est différente, et que l'unité dans l'Esprit ne signifie pas l'uniformité.

Il y a d'autres choses que nous devons garder à l'esprit concernant le don des langues. Premièrement, le don ne vous contrôle pas. Beaucoup de gens, lorsqu'ils utilisent ce don, le font au moment où le culte se déroule ou lorsque le pasteur prêche. Cela n'est pas normal. D'autre part, de nombreuses églises ne laissent pas au Saint-Esprit la place de se mouvoir et programment chaque minute sans laisser aux dons la place d'agir. C'est également un manquement à l'ordre.

L'ordre véritable et pieux consiste à être préparé tout en étant flexible et en laissant au Saint-Esprit la possibilité d'agir. Parfois, le silence montre la confiance alors que l'ambiance peut être synonyme de défi. Nous n'avons pas toujours besoin d'être bruyants pour attirer l'attention de Dieu.

CHAPITRE 27
Interprétation des Langues

Ayant grandi au Congo, j'ai grandi en parlant le français et le lingala. **Les deux langues ont leurs propres règles et expressions idiomatiques influencées par les mœurs culturelles, et j'ai constaté qu'il en était de même lorsqu'il s'agissait d'apprendre l'anglais.**

Parfois, un geste en lingala nécessitait une phrase entière pour pouvoir être exprimé correctement en anglais. D'autres fois, un seul mot pouvait faire l'affaire. **Les interprétations ne peuvent pas toujours être traduites mot à mot, comme en témoigne la variété des traductions de la Bible dont nous disposons actuellement. Certaines interprétations de la Bible penchent plutôt du côté du mot à mot, tandis que d'autres penchent plutôt du côté de la réflexion.**

L'exemple que j'aime utiliser pour illustrer ce point provient du film Le Roi Lion. Lorsque *Simba* rencontre *Timon* et *Pumba*, ils lui apprennent l'expression « *Hakuna Matata,* » et lui disent que cela ne signifie « pas de soucis ». Cette traduction n'est cependant pas un mot à mot, mais de l'idée à l'idée.

Cette phrase est en swahili, et parfois le lingala et le swahili ont des mots qui se chevauchent. Prenons l'exemple de « *Hakuna.* » En lingala, le mot « *Kuna* » signifie « *là-bas* » ou « *ici* ». En swahili, il englobe toujours ce concept, mais avec une légère nuance. Mot à mot, « *Hakuna* » signifie "il y a,

pas ici". Le mot « *Matata* » a la même signification en lingala et en swahili :
qui veut dire « *ennuis ou problèmes.* »

En anglais, le mot à mot signifierait donc *"les problèmes sont là-bas,
pas ici",* tandis que la traduction pensée par pensée serait « *pas de soucis* ».
De la même manière, lorsque quelqu'un utilise le don d'interprétation, il ne va
pas toujours interpréter mot à mot. Elle peut simplement saisir la pensée et
l'articuler.

Dans l'Ancien Testament, le prophète Daniel est un excellent exemple
de quelqu'un qui interprète les langues. Dans Daniel 5, nous trouvons
l'histoire du petit-fils du roi Nabuchodonosor, Belshazzar. Belshazzar
organisa une fête et invita mille de ses seigneurs. Pendant la fête, il décide
d'aller chercher les vases que son père avait pris dans le temple du Dieu
d'Israël et de les utiliser pour boire.

Juste après avoir commencé à utiliser les récipients, un doigt apparaît
et écrit des mots sur le mur. Le roi est saisi d'effroi et dit *: " Celui qui lira cette
inscription et m'en révélera l'explication sera habillé de pourpre, portera un
collier en or à son cou et aura la troisième place dans le gouvernement du
royaume."* (Daniel 5 :7).

Après cette déclaration, la reine entre dans le banquet à cause de
l'agitation et parle au roi à-propos Daniel. Le roi appelle Daniel, et celui-ci
interprète le langage céleste. Les mots écrits sur le mur étaient « *mene,
mene, tekel et parsin* » *(*Daniel 5 : 25).

Daniel donne alors cette interprétation :

« Mene, Dieu a fait les comptes de ton règne et y a mis fin ;
Tekel, tu as été pesé dans la balance et tu as été trouvé léger ;
Peres, ton royaume sera divisé et donné aux Mèdes et aux Perses" (Daniel
5 : 26-28).

Remarquez qu'il ne s'agit pas d'une traduction mot à mot, mais de ce que la définition de chaque mot englobe. C'est ainsi que fonctionnent les interprétations en langues. Cela ne signifie pas que l'on ne peut pas interpréter mot à mot, mais que chaque interprétation peut varier en fonction de la direction du Saint-Esprit.

Mais il y a d'autres choses que **nous pouvons aussi apprendre de Daniel en ce qui concerne l'interprétation. Premièrement, il ne la force jamais.** Dans Daniel 2, le roi Nabuchodonosor fait un rêve et demande aux sages, enchanteurs et magiciens de Babylone de lui dire d'abord quel est son propre rêve, puis de l'interpréter. S'ils n'y parviennent pas, il menace de les tuer. Lorsque Daniel découvre cela, il demande au roi un délai. Il en informe ses amis, et tous prient jusqu'à ce que Dieu révèle le rêve et son interprétation.

Deuxièmement, Daniel ne s'attribue jamais le mérite de l'interprétation du rêve, mais rend toute la gloire à Dieu. Juste après avoir reçu l'interprétation, il rend gloire à Dieu (Daniel 2 :20-23). Ensuite, lorsque le roi Nabuchodonosor lui demande : *« Es-tu capable de me faire connaître le rêve que j'ai eu et son explication ? »* Daniel répond en disant : *« Ce que le*

157

roi demande est un secret que les sages, les astrologues, les magiciens et les devins ne sont pas capables de lui révéler. Cependant, il y a dans le ciel un Dieu qui dévoile les secrets » (Daniel 2 : 26-28). **Daniel n'a jamais essayé d'usurper la gloire de Dieu ; au contraire, il a renvoyé à Dieu toutes les louanges qui lui étaient adressées.**

Enfin, un individu ne devrait jamais permettre que le gain financier soit le but de l'utilisation de ses dons. Dans Daniel 5, Daniel n'a pas interprété la langue céleste pour qu'il reçoit des cadeaux de la part du roi. En fait, Daniel a dit au roi de garder ses cadeaux. Le roi a pratiquement dû forcer Daniel à accepter son offre. Il était évident que Daniel ne vivait pas pour gagner le temporel, mais qu'il vivait pour ce qui est éternel.

Pour les ministres (ou Serviteurs de Dieu), l'argent peut être très séduisant. Si nous ne faisons pas attention, la cupidité peut remplir nos cœurs comme ce fut le cas pour le serviteur d'Élisée, Guéhazi. Dans cette histoire, Naaman le Syrien a la lèpre, et il cherche la guérison de sa lèpre en Israël.

Élisée l'invite et lui ordonne de se laver dans le Jourdain sept fois. Après s'être plaint d'aller dans le Jourdain, Naaman cède et est guéri. Il est tellement bouleversé par sa guérison qu'il essaie de payer Élisée pour l'avoir guéri.

Élisée refuse l'argent et lui dit de partir en paix. Cependant, le serviteur d'Élisée, Guéhazi, poursuit Naaman et prend l'argent. Lorsque Guéhazi revient après avoir pris l'argent de Naaman, Élisée le confronte.

Élisée dit : « D'où viens-tu, Guéhazi ?" Il répondit : "Ton serviteur n'est parti nulle part ». Mais Élisée lui dit : « Mon esprit non plus n'était pas parti lorsque cet homme a quitté son char pour venir à ta rencontre. Est-ce le moment de prendre de l'argent pour acheter des habits, des oliviers, des vignes, des brebis, des bœufs, des serviteurs et des servantes ? La lèpre de Naaman va s'attacher à toi et à ta descendance pour toujours. » Guéhazi quitta Élisée, atteint d'une lèpre blanche comme la neige. » (2 Rois 5 : 25-27).

L'essentiel du message est le suivant : L'histoire de Naaman illustre la grâce de Dieu, et Jésus utilise son histoire pour expliquer l'Évangile aux Pharisiens.

Il dit, « il y avait beaucoup de lépreux en Israël au temps du prophète Élisée, et aucun d'eux ne fut purifié, mais seulement Naaman le Syrien » (Luc 4 :27). Ce qu'Élisée fît dans l'Ancien Testament avait plus de ramifications que la simple guérison d'un lépreux. Lorsqu'il déclare à Guéhazi : « Est-ce le moment de prendre de l'argent pour acheter des habits, des oliviers, des vignes, des brebis, des bœufs, des serviteurs et des servantes ? » (2 Rois 5 :26) **Je crois qu'il dit cela parce que la guérison de Naaman devrait refléter la grâce de Dieu, et la grâce de Dieu ne s'achète pas.**

Naaman dit,

« Puisque tu refuses, permets que l'on me donne de la terre d'ici, à-moi ton serviteur. Qu'on m'en donne l'équivalent de la charge de deux mulets, car, moi ton serviteur, je ne veux plus offrir ni holocauste ni sacrifice à d'autres dieux qu'à l'Éternel. Cependant, que l'Éternel veuille pardonner ceci à ton serviteur : quand mon seigneur entre dans le temple de Rimmon pour s'y prosterner, il s'appuie sur ma main et je m'y *prosterne aussi. Que l'Éternel veuille bien me pardonner, à-moi ton serviteur, lorsque je me prosternerai dans le temple de Rimmon ! » (2 Rois 5 :17-18).*

Élisée répond en disant : *« Pars dans la paix »* (2 Rois 5 :19). **Élisée n'a pas pris le temps d'aborder les actions de Naaman parce que l'Évangile se préoccupe moins de la présentation extérieure d'une personne que de la façon dont elle positionne son cœur.** En tant que ministres (Serviteurs de Dieu), nous pouvons apprendre beaucoup de choses de cette histoire. En aucun cas, je ne dis que les ministres ne devraient pas être payés. La Bible dit : *« Tu ne muselleras pas le bœuf quand il foule le grain »* et *« L'ouvrier mérite son salaire »* (1 Timothée 5 :18). Salomon écrit même : *« La sagesse a autant de valeur qu'un héritage, et même plus, pour ceux qui voient le soleil »* (Ecclésiaste 7 :11).

L'Évangile doit toujours avoir la priorité dans toutes les situations. Cela signifie qu'il peut y avoir des moments où Dieu vous demande de refuser une grosse somme d'argent pour faire avancer Son royaume. Si votre cœur dans ces moments n'est pas bien placé, vous pourriez agir de telle manière que vous finiriez par récolter la destruction. Comme Daniel et Élisée, nous ne devons jamais utiliser nos dons pour un gain égoïste.

CHAPITRE 28
Prophétie

De nos jours, de nombreuses églises ne croient pas que Dieu parle encore à travers les gens. Si quelqu'un dit qu'il a reçu une parole prophétique du Seigneur, il risque d'être mis à la porte. Dans d'autres églises, une parole prophétique peut être acceptée comme secondaire par rapport aux vues dominantes de l'église. Il semble que seules certaines églises honorent une parole prophétique donnée par un homme ou une femme de Dieu.

Selon Paul, nous devrions « *recherchez l'amour. Aspirez aussi aux dons spirituels, mais surtout à la prophétie* » *(1 Corinthiens 14 :1). Désirer ardemment* peut être traduit par « *convoiter ardemment* ». **En d'autres termes, nous devons désespérément prendre plaisir à, ou convoiter, les dons spirituels, et « *surtout pour prophétiser* ».** Alors pourquoi ne désirons-nous pas les dons de cette manière ?

Comme la plupart des choses dans la vie, les gens abandonnent ce qu'ils ne comprennent pas et embrassent lentement ce qui est expliqué. Considérant cela, examinons ce qu'est le don spirituel de prophétie et comment nous devons l'utiliser.

Comme établi précédemment dans les dons de la personnalité, le mot prophétie est diversifié. **Il y a la prédiction, qui consiste à déclarer la vérité de la parole de Dieu aux gens, et il y a la prévision, qui consiste à annoncer des événements futurs avant qu'ils ne se produisent, en se basant sur la parole de Dieu comme source de la proclamation.** Ce concept de proclamation d'événements futurs est basé sur la vérité que l'Esprit de Dieu nous déclare les choses à venir (Jean 16 :13).

Pour mieux comprendre la prophétie, nous devons examiner la parole prophétique et la manière dont les gens y ont répondu dans les Écritures. Actes 21 :10-14 est un excellent point de départ pour bien comprendre les nuances de la prophétie. À cette époque, Paul se rend à Césarée et rencontre Philippe l'évangéliste, qui se trouve avoir quatre filles qui prophétisent. Après avoir rencontré Philippe, un prophète du nom d'Agabus est venu voir Paul.

Et est venu nous trouver. Il a pris la ceinture de Paul, s'est attaché les pieds et les mains et a dit : « Voici ce que déclare le Saint-Esprit : 'L'homme à qui appartient cette ceinture, les Juifs l'attacheront de la même manière à Jérusalem et le livreront entre les mains des non-Juifs.' ». (Actes 21 :11).

Il y a plusieurs choses que nous pouvons apprendre de cette parole prophétique. **Premièrement, la prophétie peut sembler étrange.** Nous lisons qu'Agabus, « *a pris la ceinture de Paul, s'est attaché les pieds et les mains.* » Cela serait très étrange, et pourtant c'est arrivé. Certaines personnes sont rebutées par le prophétique parce qu'elles pensent que c'est bizarre, mais dans la Bible, beaucoup de choses folles paraissent sages et les choses sages paraissent folles (1 Corinthiens 1 :27).

Remarquez ce qu'il dit avant de parler : « *Voici ce que déclare le Saint-Esprit...* ». Apparemment, Dieu nous parle encore et à travers nous. Cela ne veut pas dire que chaque parole prophétique doit commencer de cette manière, mais cela parle quand même du fondement de la prophétie. Ce n'est pas l'homme qui invente la parole prophétique mais Dieu qui agit sur l'homme.

Le texte poursuit en disant : « *'L'homme à qui appartient cette ceinture, les Juifs l'attacheront de la même manière à Jérusalem et le livreront entre les mains des non-Juifs'* ». La prophétie ne concernait pas le passé de Paul mais son avenir, donc la prédiction. C'était un avertissement.

Or, Paul, en chrétien mûr, a entendu les paroles qui lui ont été données, mais il n'a pas laissé ces paroles décourager le plan de Dieu. Il savait qu'il allait souffrir pour le Christ, c'était donc une confirmation pour lui. Il répondit : « *Que faites-vous là à pleurer et à me briser le cœur ? Je suis prêt non seulement à être emprisonné, mais encore à mourir à Jérusalem pour le nom du Seigneur Jésus* » *(Actes 21 :13).*

Paul ne l'a pas traité de faux prophète parce qu'il n'était pas « *à l'aise* » avec ce qu'il disait. Ils ont persisté à avertir Paul jusqu'à ce qu'ils se rendent compte qu'il n'allait pas changer de cap parce que Dieu le contrôlait. À ce moment-là, ils ont tous dit : « *Que la volonté de Dieu soit faite.* » **Donner une parole prophétique ne signifie pas recevoir le résultat escompté, car tout comme les paroles viennent de Dieu, le résultat est aussi entre ses mains.**

Nous savons que la parole que le prophète Agabus a prononcée s'est réalisée. Paul a été arrêté, lié et tué pour l'Évangile. Ce passage m'étonne toujours car, quand on y pense, si cela se produisait aujourd'hui, les gens en feraient le reproche.

Ils diraient des choses comme « *la parole a été mal donnée* » ou « *la personne qui a répondu était trop fière* ». Mais lorsque nous examinons vraiment la Parole de Dieu, nous commençons à voir. **La prophétie indique, mais ne dicte pas toujours, le choix d'une personne.**

Alors, comment devons-nous répondre à la prophétie ? **La première chose que nous devons faire est d'avoir une attitude appropriée à son égard.** 1 Thessaloniciens 5 :20 déclare que nous ne devons pas mépriser la prophétie. L'implication de ce verset est parfois négligée. De manière significative, Paul utilise l'antithèse de l'importance pour élever la prophétie.

Deuxièmement, nous sommes censés éprouver tout esprit (1 Thessaloniciens 5 :21). Comment testons-nous la prophétie ? Premièrement, elle doit correspondre à la Parole de Dieu. 2 Timothée 3 :16-17 déclare que « *Toute l'Écriture est inspirée de Dieu et utile pour enseigner, pour convaincre, pour corriger, pour instruire dans la justice, afin que l'homme de Dieu soit formé et équipé pour toute œuvre bonne.* » **Puisque la parole de Dieu Le reflète, si vous recevez une parole prophétique qui ne correspond pas à Sa Parole, elle ne vient pas de Lui.**

Ensuite, il doit y avoir une confirmation dans votre esprit. En fait, il est fort probable que Dieu ait déjà parlé à votre cœur. **Je dis *« très probablement"* parce qu'il y a des moments où notre désobéissance**

nous empêche d'entendre la vérité, et dans notre défiance, c'est la voix de Dieu que nous avons réduite au silence.

Troisièmement, il faut discerner de quelle manière l'esprit de quelqu'un est utilisé. Satan a apporté à Jésus ce qui semblait être une parole prophétique. Tout en le tentant, il a dit à Jésus

> *« Si tu es le Fils de Dieu, jette-toi en bas ! En effet, il est écrit : Il donnera des ordres à ses anges à ton sujet et ils te porteront sur les mains, de peur que ton pied ne heurte une pierre »* (Matthieu 4 :6).

Il y a plusieurs vérités ici. Jésus était le Fils de Dieu, et dans le Psaume 91, il est écrit que Dieu enverrait ses anges pour nous protéger. Cependant, l'Écriture interprète l'Écriture. Dieu ne se contredit pas, et c'est pourquoi Jésus a répondu en disant : *« Il est aussi écrit : Tu ne mettras pas le Seigneur ton Dieu à l'épreuve »* (Matthieu 4 :7).

Enfin, la prophétie doit être une arme spirituelle. Paul s'exprime ainsi :

> *« Timothée, mon enfant, voici l'instruction que je t'adresse, conformément aux prophéties faites précédemment à ton sujet : t'appuyant sur elles, combats le bon combat en gardant la foi et une bonne conscience. Cette conscience, quelques-uns l'ont rejetée, et ils ont fait naufrage par rapport à la foi. C'est le cas d'Hyménée et d'Alexandre, que j'ai livrés à Satan afin qu'ils apprennent à ne plus blasphémer. »* (1 Timothée 1 :18-20).

Il dit à Timothée que, par les paroles prophétiques qui ont été prononcées sur sa vie, il doit mener un *« bon combat. »* La substance de cette déclaration est la suivante : disons que vous avez prié pour une maison, et quelqu'un vous donne une parole prophétique et dit : « *Dieu me montre une nouvelle maison.* » Lorsque vous entendez cela, vous devez l'écrire et en faire un point fort de votre prière car toute prophétie invite un niveau de conflit.

Le diable et ses sbires (ou disciples) peuvent aussi avoir entendu la parole, et par le découragement ou un mauvais minutage, ils peuvent essayer de vous faire dévier du bon chemin. En priant et en gardant le sujet devant Dieu, vous combattez dans l'esprit. Maintenant, chaque fois que le découragement vient, vous ne serez pas ému parce que vous êtes conscient de ce que le Seigneur a dit. La peur ne te fera pas éloigner des promesses de Dieu parce que tu sais ce qu'il a déclaré sur toi.

Dans la dernière partie de ces versets, Paul a des mots très durs à l'égard de certaines personnes qu'il nomme nommément et qui avaient négligé la prophétie et le maintien de la foi en toute bonne conscience. Dans 1 Timothée 1 :18-20, il dit : « *Cette conscience, quelques-uns l'ont rejetée, et ils ont fait naufrage par rapport à la foi. C'est le cas d'Hyménée et d'Alexandre, que j'ai livrés à Satan afin qu'ils apprennent à ne plus blasphémer.* » En rejetant quoi ? Si l'on suit le fil de la pensée, il indique en effet qu'en rejetant la parole prophétique et en n'ayant pas la foi et une bonne conscience, certains d'entre eux avaient fait naufrage de leur foi. Leur vie est devenue si mauvaise que Paul a dit qu'il devait les livrer à Satan, une déclaration qu'il a faite pour la première fois dans 1 Corinthiens 5 pour désigner un individu qui pèche volontairement et refuse de se repentir. Si

Paul avait des mots si durs à l'égard de ceux qui négligeaient la prophétie, ne devrions-nous pas accorder plus d'importance à la réception et à la réponse à la prophétie ?

| 4. Don d'une parole de connaissance --. Une connaissance surnaturelle des données sans les apprendre. Informations passées et présentes |
| 5. Don d'une Parole de Sagesse - Un savoir surnaturel de ce qu'il faut faire sans l'expérience derrière. Connaissance appliquée |
| 6. Don de Discernement des Esprits -- Aperçu surnaturel de l'origine spirituelle d'une manifestation. Savoir quel esprit influence une personne ou une situation. |

CHAPITRE 29
Parole de Connaissance

La parole de la connaissance ne doit pas être confondue avec la connaissance du monde. La connaissance mondaine est acquise dans les livres ; la parole de connaissance est donnée par le Saint-Esprit. La connaissance du monde amène les gens à toujours apprendre mais sans jamais parvenir à la connaissance de la vérité (2 Timothée 3 :7). C'est généralement parce que la vérité est un objectif partiel, mais regarder ou être intelligible est l'autre partie de l'objectif. Une vraie parole de connaissance fonctionne à partir de la connaissance de la vérité et de la révélation de la vérité, tandis que la connaissance mondaine commence à partir de l'ignorance de la vérité et de l'espoir de découvrir la vérité qui convient au poursuivant.

Les trois dons qui, selon moi, peuvent parfois être confondus sont les dons de prophétie, de sagesse divine et de parole de connaissance. Chacun d'eux est normalement utilisé pour aider à guider les gens en leur communiquant des informations uniques sur les situations circonstancielles de la vie.

Prenons la sagesse divine, par exemple. Lorsqu'une personne prodigue des conseils avisés, ceux-ci peuvent sembler prophétiques. *« Éduque l'enfant d'après la voie qu'il doit suivre ! Même quand il sera vieux, il ne s'en écartera pas. » (Proverbes 22 :6).* Cela signifie-t-il que toute personne formée dans son enfance ne s'en écartera jamais lorsqu'elle sera plus âgée ? Ou cela signifie-t-il qu'il est plus difficile pour un enfant de s'écarter de ce qu'il a appris plus tôt dans sa vie ?

La parole de connaissance est confondue avec la prophétie, non pas parce qu'elles se ressemblent, mais parce qu'elles peuvent être présentées de la même manière. Mais il existe un moyen de faire la différence entre les deux, et cela concerne le passé, le présent et l'avenir. **La parole de connaissance est une connaissance surnaturelle de quelque chose qui est dans le passé ou qui adhère à la situation actuelle d'une personne.**

L'un des meilleurs exemples de la parole de connaissance est tiré de l'Ancien Testament, après que David ait péché avec Bethsheba. L'histoire se trouve dans 2 Samuel 11 :1-24 ; 12 :1-23. David a commis un adultère et a tenté de le dissimuler en assassinant le mari de la femme avec laquelle il a couché. Il pensait que tout était caché, mais Dieu sait tout.

Un prophète du nom de Nathan est entré un jour dans la salle du trône de David et lui a raconté l'histoire d'un homme qui avait beaucoup de moutons mais qui a choisi de voler l'unique mouton d'un pauvre homme. Raconter l'histoire par Nathan était une manière sage de confronter David. David était furieux d'apprendre que quelqu'un pouvait faire une telle chose et Nathan lui a dit qu'il était cet homme.

C'était une parole de connaissance en action. Nathan connaissait le passé de David sans que celui-ci ne le lui ait dit. **Il a utilisé ce don non pas pour se vanter, gagner de l'argent ou rabaisser David. Il l'a utilisé pour**

glorifier Dieu et pour amener David à voir sa faute dans l'espoir qu'il se repente, ce qu'il a fait.

Après la parole de connaissance, Nathan dit ensuite ceci à David :

> *« Voici ce que dit l'Éternel : Je vais faire sortir de ta propre famille le malheur contre toi et je vais prendre sous tes yeux tes propres femmes pour les donner à un autre, qui couchera au grand jour avec elles. En effet, tu as agi en secret, mais moi, c'est en présence de tout Israël et en plein jour que je ferai cela." David dit à Nathan : "J'ai péché contre l'Éternel !» Nathan lui répondit : "L'Éternel pardonne ton péché, tu ne mourras pas. Cependant, parce que tu as fait blasphémer les ennemis de l'Éternel en commettant cet acte, le fils qui t'est né mourra. » (2 Samuel 12 :11-14)*

C'est maintenant une parole prophétique qui est donnée à David, et elle est sans condition. En d'autres termes, elle se réalisera, que David prie ou non. La première partie de cette prophétie se produit en 2 Samuel 16 :22, lorsque Absalom, le fils de David, couche en public avec les concubines de son père. La dernière partie de la parole prophétique se produit immédiatement dans les versets suivants, après le départ de Nathan. **Le fils de David meurt et l'implication de la mort de l'innocent pour le coupable est en effet une préfiguration de la mort du Christ pour nous.**

Tout don utilisé à tort et à travers peut être préjudiciable. Cependant, la Parole de Connaissance est de loin plus nuisible parce que vous ne pouvez pas juger le cœur par le don. Par exemple, j'ai connu des personnes qui pratiquaient la sorcellerie et qui pourtant étaient tout à fait "exactes" sur ce qui s'était passé ou était en train de se passer dans la vie d'une personne.

Prédire l'avenir est difficile pour l'ennemi car il est un être créé qui a une fin, mais Dieu était, est et sera. Cependant, lorsqu'il s'agit de situations passées, le diable peut faire preuve d'une connaissance trompeuse.

Premièrement, il est un être spirituel, ce qui signifie que sa communication ne se fait pas seulement au niveau de notre chair. Il peut aussi communiquer avec notre esprit et notre âme. Si l'on ajoute à cela le fait que ses agents démoniaques influencent nos vies quotidiennement, on se retrouve avec des médiums. Il s'agit de personnes qui, par le biais de la manipulation du royaume démoniaque, recueillent des informations auprès d'informateurs spirituels, qui sont à l'origine de nombreuses situations.

Il existe aujourd'hui tout un mouvement de "bons" médiums qui vous parleront de votre situation passée et présente, et si vous êtes sous leur influence, ils vous dicteront votre avenir et prétendront prophétiser comme si les démons n'avaient pas tout fabriqué eux-mêmes. Mais emprunter cette voie vous coûtera quelque chose, et plus vous avancez, plus vous vous endettez, jusqu'à ce que ce que vous payez soit votre âme.

Ces personnes qui manipulent la parole de la connaissance peuvent être connues par leur fruit qui ne mûrit pas. Il y a deux façons d'examiner les individus qui utilisent les dons. D'abord et avant tout, leur relation avec Jésus seul. En disant *"Jésus seul",* je ne néglige en rien la trinité mais je reconnais que c'est " *En effet, c'est en lui qu'habite corporellement toute la plénitude de la divinité. Vous avez tout pleinement en lui, qui est le chef de toute* domination et de toute autorité." (Colossiens 2 :9-10). S'ils disent que Jésus

plus autre chose que le Dieu trinitaire, courez dans l'autre sens.

Deuxièmement, vous pouvez regarder les fruits de l'Esprit (Galates 5

:22-23). Si ces fruits ne sont pas en eux, alors Christ n'est pas en eux.

Lorsque quelqu'un est orgueilleux dans son don, peu importe à quel point ce

don est extraordinaire. Jésus nous a montré comment nous devons présenter

l'évangile en mourant pour nous, en nous servant et en nous élevant. De

plus, comme écrit précédemment, si leur fruit ne mûrit jamais après des

années de service de Dieu, la graine n'a pas vraiment été implantée de tout

cœur dans leur cœur. **Il y a maintenant une différence entre l'immaturité**

justifiée et l'immaturité gratuite, et je veux l'illustrer par ma rencontre

personnelle avec les dons spirituels.

Lorsque je suis arrivé à SAGU (Southwestern Assemblies of God

University), je n'avais aucune idée de la manière d'utiliser réellement les

dons. Je me souviens d'une fois où j'ai croisé une de mes amies alors que je

marchais, et j'ai ressenti quelque chose dans mon esprit à son sujet. J'avais

l'impression qu'elle éprouvait de sentiment pour l'un de mes autres amis.

Étant jeune et manquant de connaissances, je me suis rapidement retournée

et j'ai demandé à mon amie : *"Est-ce que tu aimes telle personne ?"*. Elle a

été tellement choquée par ce geste qu'elle a immédiatement crié non ! Mais

ensuite, réalisant qu'elle m'avait menti, elle m'a dit *"Oui, comment le sais-tu*

?".

Dans mon esprit, j'ai immédiatement conclu qu'il était impossible que j'aie pu deviner cela, et que l'information devait donc venir de Dieu. Si elle venait de Dieu, cela signifiait que mon amie et mon autre amie étaient destinées à être ensemble. En plus de cela, j'avais une énorme tendance à penser que personne n'allait aimer mon ami comme cette femme allait le faire. Je suis donc allé voir mon autre ami et je lui ai dit : *"Je crois que je sais qui est ta femme"*. Je lui ai dit aussi que j'avais l'impression que personne n'allait l'aimer comme cette femme.

Mon ami, désireux de plaire à Dieu et sachant que j'avais déjà reçu des paroles exactes de Dieu, m'a dit : *"Frère, je ne ressens pas la même chose pour elle, mais je vais prier à ce sujet".* Après avoir prié intensément à ce sujet, il est revenu et m'a dit qu'il n'avait pas la paix. J'étais dévasté. Je me suis dit : *"Pourquoi Dieu me permettrait-il de connaître des informations dans le seul but d'égarer les gens ?* Déconcerté et confus, j'ai évité de partager ce que je ressentais, de peur d'induire d'autres personnes en erreur.

Il m'a fallu des années pour me rendre compte de mon erreur, et c'est une erreur que font beaucoup de chrétiens lorsqu'ils opèrent dans leurs dons. Comme toute autre chose, nous devons mûrir dans nos dons et avoir de l'espace pour mûrir. Il ne faut pas négliger la gravité de se tromper dans une parole prophétique, mais il ne faut pas non plus négliger la gravité de ne pas être trop timide pour donner une parole que Dieu place sur votre cœur. Les deux peuvent être préjudiciables, aussi ne devons-nous pas être prompts à faire taire les dons simplement parce qu'on en abuse ou qu'on les utilise mal.

D'autre part, nous devons être prêts à être enseignés en admettant humblement que nous avons tort.

Ce que j'ai fait de mal, c'est que j'ai supposé que puisque je connaissais une partie de quelque chose, cela signifiait que je pouvais voir l'inconnu. Cependant, connaître quelque chose ne signifie pas que vous savez tout sur cette chose. La parole de la connaissance a à voir avec le passé et le présent. On peut dire que grâce à la parole de connaissance, le passé devient un présent. Ainsi, le fait que j'aie pu sentir que mon ami avait des sentiments pour mon autre ami ne signifie pas que je pouvais voir dans leur avenir. Peut-être que Dieu voulait simplement que je prie pour mon ami qui devait faire face à toutes ces émotions.

Lorsque nous ne posons pas de questions supplémentaires au Saint-Esprit au sujet des informations que nous pouvons acquérir grâce aux dons, nous sommes comme des personnes qui ont besoin de lunettes et refusent de les mettre en conduisant. Comme notre vision est altérée (ou peut être flouée), nous pouvons faire un accident.

CHAPITRE 30
Les Dons de Connaissance : La Parole de Sagesse

Quand on parle de parole de sagesse, il est important de clarifier la différence entre la sagesse du monde, la sagesse divine et une parole de sagesse. Dans l'épître de Jacques, nous obtenons une définition assez bonne de ce que sont la sagesse mondaine et la sagesse pieuse. En décrivant la sagesse mondaine, Jacques déclare,

> *« Mais si vous avez dans votre cœur une jalousie amère et un esprit de rivalité, ne faites pas les fiers et ne mentez pas contre la vérité. Une telle sagesse ne vient pas d'en haut, elle est au contraire terrestre, purement humaine, démoniaque. En effet, là où il y a de la jalousie et un esprit de rivalité, il y a du désordre et toutes sortes de pratiques mauvaises »* *(Jacques 3 :14-16).*

Selon Jacques, la sagesse qui ne vient pas de Dieu est terrestre, non spirituelle et démoniaque. Et comment une personne peut reconnaître ce type de sagesse est que le fruit de celle-ci est une jalousie amère et une ambition égoïste dans le cœur.

Les fruits de ce type de sagesse créent un environnement rempli de désordre et de mauvaises pratiques. Par exemple, les sages de ce monde croient que l'homosexualité est un mode de vie naturel, alors que la Bible la qualifie de pratique mauvaise. La jalousie et l'ambition égoïste donnent littéralement naissance au meurtre, au viol, à la perversion, au vol, à la haine et à l'immoralité sexuelle.

Jacques poursuit,

« La sagesse d'en haut est tout d'abord pure, ensuite porteuse de paix,
douce, conciliante, pleine de compassion et de bons fruits, elle est sans
parti pris et sans hypocrisie. Le fruit de la justice est semé dans la paix
par ceux qui travaillent à la paix. » (Jacques 3 :17-18)

Il y a huit choses qui composent la sagesse pieuse. Ces huit choses sont la pureté, un esprit pacifique, la douceur, l'ouverture à la raison, la plénitude de la miséricorde, les bons fruits, l'impartialité et la sincérité. Chacun de ces attributs est important si nous voulons marcher dans la sagesse d'en haut.

Combien de fois entendons-nous des gens dire quelque chose de sage et nous sautons immédiatement à la conclusion que la personne doit être sage ? Comme nous venons de le lire dans Jacques, le caractère nous aide à identifier ce à quoi ressemble la sagesse. C'est pourquoi je crois que la sagesse pieuse se développe souvent à travers des épreuves de toutes sortes. Maintenant, quelqu'un peut être utilisé par l'esprit de Dieu pour donner une parole de sagesse et ne pas être vraiment sage. Ou bien quelqu'un peut dire ce qui peut sembler être un principe sage, et lorsque ce principe est examiné à travers la lentille de ce que dit le Saint-Esprit, la déclaration peut s'avérer être d'inspiration démoniaque et de nature égoïste.

L'Évangile de Jean donne un excellent exemple d'une personne qui a fait ce qui semblait être une déclaration sage pour beaucoup. Jean parle d'un moment où Jésus est venu à Béthanie juste après avoir ressuscité Lazare des morts.

Pendant son séjour à Béthanie, Jésus a été invité à manger. Il était assis, couché par terre, lorsque Marie est entrée, lui a oint les pieds et les a lavés avec ses cheveux. Immédiatement, Judas, l'un des disciples, prit la parole et dit : « Pourquoi *n'a-t-on pas vendu ce parfum 300 pièces d'argent pour les donner aux pauvres ?* » *(Jean 12 :5)*

Si vous examinez cette déclaration dans la perspective des autres évangiles (Matthieu 26 :6-13, Luc 7 :36-50 et Marc 14 :3-9), vous pouvez mieux comprendre la déclaration de Judas. Rétrospectivement, nous savons que Judas était un voleur avide, ce qui explique pourquoi il a fait cette déclaration au départ. Mais il n'y a aucune indication dans la Parole de Dieu qui puisse nous amener à conclure que tous les disciples savaient qu'il était un voleur.

Au contraire, la position qu'occupait Judas dans le groupe en tant que surveillant financier pouvait conduire à le voir comme quelqu'un en qui les autres avaient confiance. Ainsi, lorsqu'il a fait la déclaration qu'il fallait vendre le parfum et donné l'argent aux pauvres, les disciples et les autres personnes présentes dans la pièce ne l'ont pas rejeté, mais l'ont approuvé.

Pourquoi étaient-ils d'accord avec lui ? Eh bien, dans le livre des Proverbes, il y a beaucoup de *« truismes »* sur les gens qui donnent aux pauvres. C'est pourquoi les personnes présentes dans la salle n'ont rien vu d'anormal dans sa déclaration, permettant ainsi à Judas de masquer ses motivations. Pourtant, la réponse de Jésus était en contraste direct avec la déclaration de Judas, contribuant à exposer la sagesse mondaine cachée de Judas.

Jésus a répondu en disant : *« Laisse-la ! Elle a gardé ce parfum pour le jour de mon ensevelissement. En effet, vous avez toujours les pauvres avec vous, tandis que moi, vous ne m'aurez pas toujours. »* En rapport avec ce que Jésus a dit, la vérité est que la vraie sagesse consiste à rester en phase avec ce que le Saint-Esprit fait et dit, même si cela peut sembler insensé maintenant. C'est pourquoi Paul écrit dans 1 Corinthiens 1 :18-31 et au chapitre 2 que la sagesse pieuse est considérée comme une folie par le monde.

En continuation, c'est la différence entre la sagesse divine et une parole de sagesse. Bien que les deux viennent de Dieu, l'une est un débordement du Saint-Esprit qui opère en vous. La parole de sagesse a à voir avec un débordement du Saint-Esprit qui habite en vous. Le meilleur exemple serait circonstanciel.

C'est ce que je veux dire : **n'importe qui peut prier pour obtenir la sagesse de Dieu, puisque Jacques affirme qu'Il la donne sans reproche. Lorsque ce type de sagesse se manifeste, il est sujet à l'action ; il faut marcher et appliquer ce qui a été investi à l'intérieur.** La parole de sagesse, en revanche, est utilisée lorsque des circonstances différentes se présentent, comme si l'on avait déjà fait face aux situations circonstancielles auparavant. **La parole de sagesse fait référence au fait d'être influencé**

par l'Esprit pour modifier la perspective humaine en s'alignant sur la volonté de Dieu lorsque l'occasion se présente. Il s'agit de porter le bon jugement sur une question et d'être éclairé lorsque cela est important.

L'une peut être utilisée dans votre marche personnelle avec Dieu, tandis que l'autre est simplement destinée à l'édification du corps. En ce qui concerne la sagesse acquise en priant, comme le dit Jacques, tout le monde peut la demander et tout le monde peut l'obtenir. Parfois, cependant, elle naît à travers des épreuves, les vôtres ou celles de quelqu'un d'autre. Ce type de sagesse est davantage un attribut personnel qui vous édifie, alors que la parole de sagesse est destinée à l'édification du corps, et bien que le Saint-Esprit puisse utiliser n'importe qui, il y a des personnes spécifiques qui y accèdent plus naturellement.

La sagesse est une connaissance appliquée. « *Si tu es sage, tu l'es pour toi-même ; si tu te moques, tu le supporteras seul* » *(Proverbes 9 :12).* **Être sage vous aide premièrement (ou vous aide au niveau personnelle), tandis que la parole de sagesse aide d'abord les autres.**

CHAPITRE 31
Les Dons de Connaissance : Le Discernement des Esprits

Pendant mon séjour à SAGU (Southwestern Assemblies of God University), j'ai été nommé responsable de tous les ministères du campus, dont l'un était la prière. J'étais jeune, naïf et plein de zèle. Après avoir prié, j'ai rassemblé quelques responsables et nous avons commencé à organiser des réunions de prière une fois par semaine. À cette époque, nous avons entendu l'histoire d'un pasteur qui se trouvait dans une ville où le taux de meurtres était l'un des plus élevés au monde. Écœuré par le mal, il a décidé de réunir quelques églises et de prier sans arrêt pendant tout le week-end. Ce week-end-là, pas une seule personne n'est morte.

Cette histoire nous a inspirés, et nous avons pensé que si cela lui arrivait, cela pouvait sûrement nous arriver. Nous avons décidé de lancer des veillées de prière. Un vendredi par mois, nous prierions de 23 heures à 6 heures du matin parce que nous voulions que Dieu agisse dans notre école et change notre nation. Au début, nous n'étions qu'une dizaine, mais cela nous importait peu. Nous avions faim de Dieu.

Au fil du temps, de plus en plus d'étudiants ont entendu parler des réunions et de tout ce que Dieu faisait, et ils ont commencé à venir. Un vendredi soir, 50 personnes sont restées toute la nuit, à crier à Dieu. Le mois suivant, lorsqu'il s'est agi de la prochaine nuit de prière, chaque responsable a senti dans son cœur que quelque chose d'unique allait se produire, mais il ne pouvait pas dire exactement ce que cela allait être.

Normalement, les responsables se réunissaient une heure avant la veillée de prière pour prier pour l'événement et discuter de tout ce que nous sentions que Dieu disait. Ce jour-là, les gens étaient occupés et lorsque nous nous sommes réunis, la réunion était désorganisée. Au lieu de discuter et de prier au sujet de la nuit de prière, certains membres du groupe ont raconté des histoires sur toutes sortes de choses. Lorsque nous avons commencé à parler de la prière de toute la nuit, il ne nous restait que dix minutes, et à cause de cela, nous n'avons pas discerné ce que le Saint-Esprit disait. Lorsque nous sommes sortis du bureau pour la veillée de prière, il y avait une foule de personnes dans la salle de prière plus grande que nous n'avions jamais vue.

La salle ne pouvait contenir que 75 personnes, et plus de 80 personnes se sont présentées. Nous n'avons même pas pu fermer la porte, si bien que de nombreuses personnes ont dû rester dans le foyer. Le leader de la louange a commencé à louer Dieu au clavier, et immédiatement la présence de Dieu a rempli la salle. Tout le monde s'est mis à adorer, et quand j'ai regardé dans la salle, les mains de chacun étaient en l'air. C'était un spectacle magnifique à voir.

Peu de temps après le début de l'adoration, un homme s'est approché de moi et d'un autre de mes responsables. En s'approchant de nous, il avait un visage inquiet. Il nous a dit qu'il y avait dans la pièce un homme originaire d'Inde qui était possédé par des démons depuis des années et que personne ne pouvait chasser les démons de lui. Mon responsable et moi nous sommes approchés de l'homme, qui semblait complètement désemparé. **C'est là que nous avons commencé à commettre une série d'erreurs.**

Premièrement, nous n'avons pas vraiment discerné ce qui causait cette manifestation. Nous avons amené l'homme au milieu de la pièce et dit à tout le monde que nous allions chasser le démon de cet homme. Une fois qu'il était au milieu de la pièce, tout le monde a commencé à prier collectivement, mais ce n'était pas dans l'unité. Certains criaient *« démon, pars ! »,* d'autres *« démon, sois lié ! »* tandis que d'autres disaient *« démon, sois enflammé ».*

Chaque fois que nous priions tous, l'homme faisait une tête comme s'il était constipé. Puis il rejetait la tête en arrière, faisait glisser sa lèvre supérieure vers la gauche et sa lèvre inférieure vers la droite, et criait *« RACA ! ! ! ! ».* **Dans mon cœur, je voyais le mot mensonge, mais je n'ai pas pris le temps de discerner pourquoi le Saint-Esprit avait prononcé ce mot dans mon cœur.** Nous avons finalement réalisé que le fait que tout le monde criait à pleins poumons ne marcherait pas, et nous avons donc envoyé tout le monde dans la salle d'attente, sauf les dirigeants. Nous avions maintenant mis Jésus au second plan et donné au diable le centre de la scène.

Tous les étudiants sont sortis et les responsables sont restés dans la salle de prière pendant qu'un des responsables et moi-même nous occupions de l'homme possédé par le démon. Les autres responsables intercédaient autour de nous, mais Jean Cazy et moi nous sentions toujours bloqués.

Chaque fois que nous disions à l'esprit démoniaque de partir, l'homme rejetait sa tête en arrière, affichait son visage constipé, remuait ses lèvres et criait « RACA ! ! ! ! ». Jean et moi avons cherché dans la Parole de Dieu dans l'espoir de trouver une solution.

Nous savions qu'il y avait un endroit dans la Bible où Jésus disait que si vous traitiez quelqu'un de raca, ce qui signifie *« imbécile »,* vous méritiez le feu de l'enfer (Matthieu 5 :22). Cet homme nous traitait-il d'idiots ? Agissait-il de manière insensée ? S'agissait-il d'un esprit de folie ? Alors que nous nous débattions avec ces pensées, quelqu'un est venu me taper sur l'épaule. Je me suis retourné et j'ai vu que c'était un étudiant que nous avions envoyé ~~en~~ dehors. Ses yeux étaient pleins de larmes et il m'a dit : *« Je ne suis pas possédé par un démon ».* J'ai regardé ses yeux et j'ai dit : *« tu n'es pas possédé par le démon »,* et j'ai prié pour lui.

C'est étrange, me suis-je dit. Alors que je me retournais, une autre personne est venue me taper sur l'épaule. *« Il y a un enfant qui manifeste des démons dehors »,* a-t-il dit. Lorsque j'ai enquêté dans la salle d'attente, j'ai vu l'un de mes amis se déplacer comme s'il glissait sur le sol. Il a glissé jusqu'à l'endroit où je me trouvais et est resté là, les yeux révulsés, se déplaçant comme un avatar d'un jeu de street fighter lorsque personne n'appuie sur un bouton de la manette. J'ai immédiatement crié *« Feu ! ! ! »*. Et mon ami est tombé au sol sous la puissance du Saint-Esprit. Lorsqu'il s'est relevé, il m'a regardé avec un visage perturbé et m'a dit : *« Que s'est-il passé ? »*.

Après lui avoir expliqué ce qui s'était passé, il a dit qu'il ne se souvenait pas comment il était entré dans la pièce. Je me suis retourné et j'ai regardé l'homme qui disait « *Raca* » et j'étais perplexe. Comment pouvais-je chasser un démon d'une personne et pas d'une autre ? Un par un, les gens ont commencé à entrer, à me taper sur l'épaule et à me demander si je pensais qu'ils étaient possédés par un démon. Mais qu'est-ce qui se passe ? ai-je pensé. Finalement, j'ai appelé tout le monde dans la pièce. Je devais éclaircir cette situation.

J'étais loin de me douter de ce qui s'était passé dans la salle d'attente. **Apparemment, pendant que les dirigeants étaient à l'intérieur avec l'homme qui disait « *Raca* », il y avait une autre personne dehors qui faisait des ravages.** Selon l'un des témoins et d'autres personnes qui se trouvaient dans la salle d'attente, un homme allait voir des personnes et leur disait qu'elles étaient possédées par des démons et qu'elles devaient venir me voir pour que je prie pour elles. Il est également allé vers mon ami André Davis et a crié : « *DIEU NE PEUT PAS T'ENTENDRE, PRIE PLUS FORT ! »*. Mon ami a paniqué et a serré ses deux bras autour de sa Bible et s'est accroupi.

Beaucoup d'étudiants étaient si terrifiés qu'ils ont couru jusqu'à leurs dortoirs. Après cela, j'ai dit à tout le monde de revenir, mais seulement 60 personnes sont entrées. Tout le monde était en émoi. L'un de mes leaders s'est levé sur un banc et a montré du doigt une personne qui tenait le micro et a dit : « *Vous avez l'esprit de luxure !* » et la personne a répondu humblement : « *Oui, je sais que je l'ai.* »

Pendant toute cette agitation, l'individu qui était à l'extérieur avec tout le monde continuait à aller vers les gens derrière mon dos et à leur dire : « *Tu es possédé par le démon, va voir Gloire pour qu'il puisse prier pour toi.* » Les gens ont commencé à me taper dans le dos avec crainte, en me demandant s'ils étaient possédés par le démon. Pendant tout ce temps, nous ne pouvions pas discerner ce qui se passait. Nous savions qu'il y avait de la confusion, mais nous n'en connaissions pas la cause.

Finalement, Dieu a eu pitié de nous. L'homme qui disait aux gens qu'ils étaient possédés par des démons a commis une énorme erreur. Il est allé vers Jean Cazy et lui a dit : « *Tu es possédé par le démon* ». Jean s'est rapidement retourné et a répondu à voix haute : « *JE SAIS QUE JE NE SUIS PAS POSSÉDÉ PAR UN DÉMON ; C'EST TOI QUI ES POSSÉDÉ PAR UN DÉMON ! ! !* ».

En l'entendant, je me suis tourné vers l'homme et j'ai senti une indignation vertueuse couler dans mes veines. Mes chefs se sont rassemblés derrière moi, et l'homme a commencé à marcher en reculant. Les démons qui étaient en lui me suppliaient de ne pas les chasser. Alors que je m'avançais vers lui, il avait les mains en avant et les esprits en lui disaient : « *Gloire ! Non ! S'il vous plaît, ne le faites pas !* »

Alors qu'il reculait, les gens se sont séparés de part et d'autre comme la Mer Rouge. Frustré et vertueusement indigné, j'ai crié « *FEU !* » et l'homme est tombé par terre et les démons l'ont quitté. **Après cela, le reste de la nuit s'est déroulé de façon étonnante, et Dieu a fait de nombreuses merveilles.**

La semaine suivante, après la veillée de prière, je suis allé voir le professeur qui me supervisait. Je savais que j'allais avoir des problèmes, car la nouvelle de la folle réunion de prière s'était répandue. J'espérais qu'il m'écouterait au moins. Quand je suis entré, il n'était pas content. Il m'a demandé ce qui s'était passé et je lui ai dit que nous aurions dû être mieux préparés et que le diable nous avait poursuivis. Après avoir écouté, il a jugé préférable d'annuler la prière.

Annuler la prière ? Je n'arrivais pas à croire ce que j'avais entendu. J'ai quitté la pièce, déprimée. Je suis descendue à la chapelle, frustrée et déprimée. À ce moment-là, j'ai croisé le président du campus, qui m'a regardé et m'a dit : « *Pourquoi êtes-vous si déprimé, Gloire ?* » J'ai répondu : « *La prière est annulée.* »

Il m'a regardé avec un tel choc sur le visage. Puis il a dit : « *J'ai entendu parler de ce qui s'est passé hier soir. Je crois que le diable vous a attaqués et je pense qu'il devrait y avoir un enseignant qui reste toute la nuit avec vous. Si vous n'en trouvez pas, je suis prêt à rester debout toute la nuit.* » J'étais stupéfait et immédiatement soulagé !

Apparemment, l'un de mes responsables avait discerné la situation et envoyé un courrier au président juste après la réunion de prière. Par la grâce de Dieu, il en avait déjà entendu parler avant que les plaintes n'arrivent. Il a discerné correctement ce qui a été dit et a jugé la situation à juste titre.

Je raconte cette histoire pour mettre l'accent sur le discernement. Nous discernions tous quelque chose, mais nous ne connaissions pas la source de ce que nous discernions. Notre discernement était immature ; il s'agissait plutôt d'une intuition. Lorsque l'on a une intuition sur quelque chose mais que l'on ne sait pas quel esprit est derrière cette intuition, c'est plus de l'intuition que du discernement. **Discerner avec maturité, c'est savoir quel esprit se manifeste et influence un individu ou une situation.**

En réfléchissant à la situation, il y a plusieurs choses que nous aurions dû faire. D'abord, nous aurions dû prier ensemble plus longtemps jusqu'à ce que nous comprenions vraiment ce que nous ressentions. Nous n'aurions jamais dû donner au diable une place centrale. Le diable essaie toujours de trouver un moyen de voler la gloire à Dieu. Lorsque nous avons placé l'homme qui disait « *Raca* » au centre, nous sommes passés de la recherche de Dieu à la démonstration de notre puissance divine. **Il s'agissait davantage de ce que nous savions que de ce qu'Il savait.** Cela ne signifie pas que la délivrance n'est pas nécessaire, car elle l'est, mais elle doit se faire de manière ordonnée.

En rapport avec cela, il y a le mot « *mensonge* » que j'ai vu dans mon cœur. Je crois que le Saint-Esprit essayait d'attirer mon attention, mais je ne le connaissais pas assez bien pour comprendre clairement. Honnêtement, je pense que l'homme qui disait « *Raca* » avait affaire à un mensonge que l'ennemi lui avait fait croire. En même temps, le diable nous mentait parce qu'il voulait semer la confusion dans la salle.

Je n'aurais jamais dû envoyer tout le monde dehors et laisser les leaders à l'intérieur. Nous aurions tous dû rester concentrés sur Dieu et deux dirigeants auraient pu faire sortir l'homme et s'occuper de lui en privé.

Enfin, nous aurions dû demander à Dieu le discernement. Cela m'a pris du temps, mais j'ai finalement réalisé que même si le discernement n'est pas mon don initial, cela ne signifie pas que je ne peux pas l'utiliser si le problème se pose. Nous pouvons toujours demander au Saint-Esprit de nous aider à discerner les situations et les motivations des gens. Nous n'avons pas parce que nous ne demandons pas, et nous ne recevons pas parce que nous demandons égoïstement (Jacques 2). Nous pouvons tous grandir et apprendre à mieux discerner les gens et les situations si nous demandons à Dieu, si nous nous humilions et si nous apprenons de ceux qui ont le don du discernement.

Je crois que le leader qui a envoyé le courriel au président a bénéficié du don de discernement. Pourtant, même son don a dû se développer. À certains moments de la soirée, elle s'est méfiée de certaines personnes présentes dans la salle. Lorsqu'elle a interpellé la personne en proie à la luxure, elle avait raison sur ce qu'elle discernait, mais elle l'a fait d'une manière qui a embarrassé la personne.

Lorsque le discernement est dans la chair, il peut devenir un mauvais soupçon (1 Timothée 6 :4). Dans la Bible, après que David soit devenu roi, il a appris que son ami Nachash, roi d'Amon, était décédé et que son fils, Hanun, régnait à sa place. Comme David avait une excellente relation avec Nachash, il pensa qu'il ferait preuve de la même bonté envers son fils.

Par l'intermédiaire de certains de ses hommes, David envoya un émissaire à Hanun pour lui faire part de son désir de faire preuve de bonté à son égard en raison de la mort de son père. **Mais Hanun céda aux mauvais soupçons de ses princes.**

> *« ...les chefs des Ammonites dirent à Hanun : "Penses-tu que ce soit pour honorer ton père que David t'envoie des consolateurs ? N'est-ce pas pour faire une reconnaissance de la ville et la détruire, pour explorer le pays, que ses serviteurs sont venus vers toi ? »*. *(1 Chroniques 19 : 3)*

Sans preuve, le mauvais soupçon a conduit Hanun et il *« ... a pris les serviteurs de David, les a rasés, a coupé leurs vêtements par le milieu, au niveau des hanches, et les a renvoyés. » (1 Chroniques 19 :4)*

Cela a apporté une grande honte aux hommes de David. Cependant, au lieu de réaliser qu'il avait tort, Hanun a contacté d'autres royaumes et les a impliqués. Ils ont poursuivi David pour le détruire, mais le Seigneur était avec lui et il les a tous vaincus.

Nous pouvons apprendre tellement de choses de cette situation. Un mauvais soupçon a déclenché une guerre. Lorsque les gens se méfient des autres, cela détruit les relations et les pousse à s'en prendre aux autres sans raison. Ce faisant, nous finirons par être détruits par nos actions si nous ne nous repentons pas, car l'une des six choses que Dieu déteste est quelqu'un qui porte un faux témoignage et sème la discorde (Proverbes 6 :16-19).

Le discernement ne vise pas à combattre l'homme mais l'esprit qui se cache derrière les mauvaises actions d'un individu. Le mauvais soupçon considère un homme qui connaît le Seigneur comme la source du mal. Celui qui discerne une situation ne calomniera pas un individu pour prouver son point de vue, tandis que celui qui soupçonne une personne de faire le mal perpétuera ses croyances à tout le monde pour prouver qu'il a raison et faire en sorte que celui qu'il considère comme le suspect se sente coupable. Le discernement cherche la repentance et le mauvais soupçon cherche la destruction.

CHAPITRE 32
Délivrance et le Don de Discernement

Le mot délivrance effraie beaucoup de gens dans l'église parce qu'il y a eu tellement de chrétiens immatures qui ont abusé de la délivrance. Certains pensent que les gens doivent se rouler comme un serpent et écumer la bouche, mais la délivrance ne ressemble pas toujours à cela.

Qu'est-ce que la délivrance ? Dans Luc, Jésus décrit Son ministère en citant ce que le prophète Ésaïe avait écrit à Son sujet. Dans le récit, nous apprenons que Jésus se rendait à la synagogue et lisait des passages de l'Ancien Testament. En ce jour particulier, il ouvre Ésaïe et lit,

> « L'Esprit du Seigneur est sur moi, parce qu'il m'a consacré par onction pour annoncer la bonne nouvelle aux pauvres ; il m'a envoyé [pour guérir ceux qui ont le cœur brisé,] pour proclamer aux prisonniers la délivrance et aux aveugles le recouvrement de la vue, pour renvoyer libres les opprimés, pour proclamer une année de grâce du Seigneur » (Luc 4 :18-19)

C'est l'un des meilleurs résumés de ce que Jésus est venu faire. Comme Jésus, nous avons également été chargés de porter ce manteau. Comme l'Esprit du Seigneur était sur Jésus, il est aussi sur nous. Par conséquent, nous sommes chargés de prêcher la bonne nouvelle comme Il l'a fait, de proclamer la liberté aux captifs comme Il l'a fait, de rendre la vue aux aveugles (sortir les gens de la prison spirituelle) comme Il l'a fait, de libérer les opprimés, d'apporter la délivrance et de proclamer l'année de la faveur du Seigneur, l'année de Son salut, comme Il l'a fait !

Dans les églises d'aujourd'hui, cependant, nous sommes devenus satisfaits des programmes. Ainsi, au lieu de marcher dans la puissance, nous vivons programmés. En conséquence, beaucoup de dirigeants sont liés par la luxure, la haine, la jalousie, l'envie, l'ambition égoïste et la sensualité, pour ne citer que quelques exemples.

Mais le pire dans tout cela, c'est que nous ne croyons pas qu'en tant que croyants, nous pouvons être démonisés (ou être possédé par un démon). Un croyant peut-il être possédé par un (des) démon(s) ? Avant de répondre à cette question, regardons ce que dit la Bible.

Paul aborde à plusieurs reprises l'influence que Satan peut avoir sur les croyants. On en trouve un exemple dans l'épitre aux Éphésiens. Paul est en prison alors qu'il écrit cette lettre à l'église d'Éphèse, qui se trouve dans ce que nous appelons aujourd'hui la Turquie.

Vers la fin de la lettre, il déclare : « *Si vous vous mettez en colère, ne péchez pas.' Que le soleil ne se couche pas sur votre colère, et ne laissez aucune place au diable* » *(Éphésiens 4 :26-27)*. Le terme « *place* » en Grec est le mot « *topos* », qui signifie « *lieu* »[1]

En d'autres termes, Paul dit que si un croyant laisse le soleil se coucher sur sa colère (en d'autres termes, ne pardonne pas), alors cette personne peut donner au diable une place dans sa vie. Or le diable n'occupe pas l'espace comme nous l'occupons. J'ai entendu l'explication suivante : **si**

le diable ne peut pas être là où sont les croyants ou habiter dans le corps d'un croyant parce qu'ils ont la présence de Dieu, alors le diable ne peut être nulle part parce que la présence de Dieu est partout.

Je ne crois pas qu'un démon puisse avoir le contrôle total d'un croyant ; je crois plutôt qu'un croyant peut être opprimé par un démon et influencé par lui. D'après ce que j'ai compris des Écritures, les démons peuvent pénétrer dans le corps et l'âme d'un croyant, mais ils ne peuvent pas posséder son esprit, car c'est la salle du trône du Saint-Esprit.

Un bon exemple tiré de la Bible est celui de la dame au dos infirme. Luc, qui raconte cette histoire, est médecin, aussi lorsqu'il parle de la guérison de Jésus, il est plus détaillé que les autres auteurs.

> *« Jésus enseignait dans une des synagogues, le jour du sabbat. Or il y avait là une femme habitée par un esprit qui la rendait infirme depuis 18 ans ; elle était courbée et ne pouvait pas du tout se redresser. Lorsqu'il la vit, Jésus lui adressa la parole et lui dit : « Femme, tu es délivrée de ton infirmité. » Il posa les mains sur elle ; immédiatement elle se redressa, et elle se mit à célébrer la gloire de Dieu. Mais le chef de la synagogue, indigné de ce que Jésus avait fait une guérison un jour de sabbat, dit à la foule : « Il y a six jours pour travailler, venez donc vous faire guérir ces jours-là et non pas le jour du sabbat. » Le Seigneur lui répondit en ces termes : « Hypocrites ! Le jour du sabbat, chacun de vous ne détache-t-il pas son bœuf ou son âne de la mangeoire pour le mener boire ? Et cette femme, qui est une fille d'Abraham et que Satan tenait attachée depuis 18 ans, ne fallait-il pas la délivrer de cette chaîne le jour du sabbat ? » (Luc 13 :10-16)*

Selon Luc, c'est un esprit qui avait lié cette femme pendant 18 ans. Nous savons également que c'était une personne qui avait cru, car Jésus l'a appelée fille d'Abraham (verset 16). L'esprit paralysant est ce que la Bible appelle un esprit d'infirmité. Je crois qu'une infirmité (maladie ou affliction) est placée dans un croyant par une entité démoniaque. Il peut s'agir d'un cancer, de diverses affections invalidantes, de maux de tête, de dépression, d'anxiété, de dépendances, de nombreux problèmes psychologiques et de nombreuses maladies auxquelles nous pouvons être confrontés.

Nous sommes dans un combat contre le royaume des ténèbres. Paul dit,

> « Car ce n'est pas contre la chair et le sang que nous luttons, mais contre les dominations, contre les autorités, contre les puissances cosmiques qui dominent les ténèbres présentes, contre les forces spirituelles du mal dans les lieux célestes » (Éphésiens 6 :12).

Avez-vous déjà vu un combat de catch sans les mains ? Bien sûr que non. Paul a délibérément utilisé le mot lutte parce qu'il savait que nous serions parfois dans un combat physique avec les démons. Ces entités démoniaques ne sont pas charnelles ; elles ont des corps spirituels. Par conséquent, notre arme doit être l'épée de l'esprit, qui est activée lorsque nous la déclarons physiquement.

J'ai pratiqué la délivrance avec plus de 200 personnes qui ont professé connaître le Seigneur et avoir une relation avec Lui, des pasteurs aux enfants. Chacun avait une histoire différente mais le même thème qui était la démonisation (ou la possession démoniaque). C'est l'une des raisons pour lesquelles nous avons besoin du discernement des esprits.

Mon amie Jean et moi avons un jour prié pendant trois heures pour une femme croyant en la Bible. Pendant que nous priions pour elle, elle nous regardait fièrement comme si nous étions des idiots. Elle répétait sans cesse : « *Je suis croyante, il n'y a rien là* ».

Cependant, lorsqu'elle parlait, c'était vraiment rapide, elle sautait d'une idée à l'autre, et ce n'était pas cohérent. J'avais presque l'impression d'avoir mal à la tête rien qu'en l'entendant parler. Mais chaque fois que nous priions, rien ne se passait. Elle nous a ensuite raconté que ce pasteur qu'elle connaissait lui avait dit que les chrétiens ne pouvaient pas avoir de démons.

J'avais quand même l'impression que quelque chose n'allait pas. Jean et moi avons prié et finalement Jean m'a regardé et a dit *« esprit de paralysie »*. Elle avait une attitude très nonchalante. Nous avons donc demandé si nous pouvions prier contre l'esprit *de paralysie*, et elle a accepté à contrecœur.

Alors que nous commencions à prier pour elle, rien ne se passait au début, puis soudain, elle a crié et a mis sa main sur sa bouche. Nous nous sommes alors arrêtés et lui avons demandé ce qui s'était passé. Elle a répondu : « *la tristesse et la dépression sont parties quand j'ai crié* ».

Elle était croyante, alors comment cela a-t-il pu arriver ? Elle a donné au diable une opportunité d'une manière ou d'une autre ou le diable a trouvé une opportunité d'une manière ou d'une autre et a apporté la tristesse dans sa vie. Sans le discernement des esprits, nous n'aurions jamais su ce qui était caché dans cette dame.

En aucun cas, je ne dis que le nom du démon était « esprit engourdissant *(de paralysie)* ». Nous avons simplement discerné ce qu'il faisait à ses sens, ce qui l'empêchait de sentir la présence de Dieu et de prendre conscience de l'oppression dans sa vie.

Sans discernement, l'église est désarmée. Le diable continuera à sévir dans nos églises et de nombreux croyants resteront liés. La liberté réside dans la connaissance ! Priez pour le discernement !

Jésus a dit un jour : « *Mais si c'est par le doigt de Dieu que je chasse les démons, alors le royaume de Dieu est venu jusqu'à vous.* » (Luc 11 : 20). Chasser les démons, c'est apporter le Royaume de Dieu !

CHAPITRE 33
Les Dons de Connaissance et l'Interprétation des Rêves

Ma mère est la première personne que j'ai rencontrée qui interprétait les rêves. Elle avait toujours des rêves très vivants. Elle rêvait de guerre et d'instructions pour la vie. Je me souviens qu'en grandissant, je ne me souvenais pas de mes rêves, et je supposais que je n'étais pas un rêveur.

Un jour, ma mère m'a demandé à quoi je rêvais. J'ai dit : *« Je n'ai pas de rêves. » « Si, tu en as, c'est juste que tu ne peux pas t'en souvenir »*, a-t-elle répondu. Elle m'a ensuite expliqué l'importance de prier avant de s'endormir et de demander dans la prière que Dieu te parle dans un rêve. Elle m'a également dit que parfois le diable vole les rêves ou qu'il fait en sorte que votre esprit oublie les rêves que vous avez eus et qui étaient trop significatifs. Après avoir entendu cela, j'ai appliqué ce que ma mère m'a dit et j'ai commencé à prier pour me souvenir de mes rêves. J'ai également prié pour que l'ennemi ne les vole pas ou ne m'aveugle pas pour que je ne puisse pas m'en souvenir. Et bien sûr, mes rêves sont revenus.

De nombreuses recherches ont été menées sur les rêves, et nous ne touchons que la surface. Selon la *National Sleep Foundation,*

> « En général, vous rêvez au moins quatre à six fois par nuit, habituellement pendant le stade le plus actif du sommeil paradoxal si vous avez plus de 10 ans. (Les enfants de moins de 10 ans ne rêvent qu'environ 20 % du temps en sommeil paradoxal.) Vous rêvez généralement plus longtemps au fil de la nuit, car le stade de sommeil paradoxal peut durer de cinq minutes au début de la nuit à 34 minutes vers la fin de votre session de sommeil.[1]

Même la science s'accorde à dire que tout le monde rêve. Mais pourquoi rêvons-nous ? Je ne crois pas que la science puisse répondre entièrement à cette question. La Bible, cependant, nous donne un aperçu des rêves. Dans Actes chapitre 2, après que les disciples aient été baptisés par le Saint-Esprit et qu'ils aient parlé en langues, Pierre cite le chapitre 2 du livre de prophète Joël et dit ceci à propos des rêves :

> *« Vos fils et vos filles prophétiseront, vos jeunes gens auront des visions et vos vieillards auront des rêves. Oui, sur mes serviteurs et sur mes servantes, durant ces jours-là, je déverserai de mon Esprit et ils prophétiseront. » (Actes 2 :17-18).*

Pierre souligne clairement que dans les derniers jours, Dieu communiquera avec nous par le biais de rêves. Je crois qu'il y a quatre raisons principales pour lesquelles nous rêvons : résoudre les problèmes de la vie, des pensées aléatoires que certains appelleraient des *« rêves pizza »*, des attaques du diable et, surtout, la communication de Dieu avec nous.

Tout d'abord, la résolution des problèmes de la vie. Salomon a dit que *« Lorsque tu as fait un vœu à Dieu, ne tarde pas à l'accomplir, car il n'aime pas les hommes stupides. Accomplis le vœu que tu as fait ! »* (Ecclésiaste 5 :3). De nombreux compositeurs de musique ont fini d'écrire leur musique dans leurs rêves. Certains mathématiciens ont résolu des équations de la même manière. Ainsi, les affaires de la vie peuvent influencer nos rêves.

Ensuite, il y a les rêves aléatoires. Je crois que ces rêves sont aléatoires dans la mesure où ils n'ont pas vraiment de signification. On peut rêver simplement parce que le cerveau ne s'arrête jamais.

Ensuite, il y a les rêves d'inspiration démoniaque que l'on appelle parfois des cauchemars. Tous les cauchemars ne sont pas le fait du diable, car Dieu permet que nous fassions parfois des rêves terribles pour nous rapprocher de lui et nous éloigner du péché. Mais les mauvaises expériences de sommeil, comme la paralysie du sommeil, viennent du diable.

Si vous n'avez jamais entendu parler de la paralysie du sommeil, tapez le nom dans Google et regardez les images que les gens ont dessinées. Elles vous secoueront profondément. J'en ai fait l'expérience toute ma vie. Elles commencent généralement par un rêve qui ressemble à un film d'horreur. À chaque coin du rêve, vous avez l'impression que quelque chose va vous sauter dessus, et finalement, le point culminant du rêve est le moment où cette chose que vous avez ressentie vous saute dessus, et vous pouvez la sentir physiquement.

Je sais toujours que je fais un rêve démoniaque parce qu'il attaque ma capacité à parler. Lorsque je prononce enfin, avec autorité, le nom de Jésus, ce qui était sur moi s'enfuit. Le diable essaiera aussi de faire naître de mauvais désirs dans votre cœur dans les rêves.

Au début de mon mariage, je rêvais que j'étais avec quelqu'un d'autre que ma femme. Les rêves donnaient l'impression que je ne connaissais même pas ma femme, et quand je me réveillais, mon cœur souffrait physiquement. Je savais que l'ennemi essayait de mettre l'infidélité dans mon cœur pour que je trompe ma femme.

Enfin, certains rêves sont le moyen pour Dieu de communiquer avec nous. **Les rêves de Dieu sont donnés dans un but précis.**

> *« Dieu parle cependant, tantôt d'une manière, tantôt d'une autre, et on ne le remarque pas. Il parle par des rêves, par des visions nocturnes, quand un sommeil profond tombe sur les hommes, quand ils sont endormis sur leur lit. Il leur communique alors son message et confirme les avertissements qu'il leur donne. Il veut ainsi détourner l'homme de sa manière de faire. Il évite à l'homme fort de tomber dans l'orgueil, il préserve son âme de la tombe et sa vie de la menace du javelot. » (Job 33 :14-18)*

Il existe d'innombrables Écritures dans l'Ancien Testament et le Nouveau Testament où Dieu parle aux hommes à travers des rêves (Genèse 20 :3, Genèse 28 :11-22, Genèse 40 :8, Genèse 41 :25-27, Nombres 12 :6, Juges 7 :13-15, 1 Rois 3 :5, Daniel 7 :1-3, Daniel 2, Matthieu 1 :20, Matthieu 2 :12, Matthieu 2 :13, Matthieu 27 :19).

En vérité, il est important pour les croyants de ne pas négliger leurs rêves car Dieu pourrait être en train de dire quelque chose de vital pour leur vie. Mais que faisons-nous des rêves que nous avons ? Ce que j'ai observé dans les Écritures et auprès de ma femme, c'est que Dieu ne nous donne pas seulement des rêves, mais qu'il peut aussi nous donner leur interprétation.

Tout au long de l'Écriture, il semble que toutes les personnes que Dieu a utilisées pour interpréter les rêves présentent des caractéristiques similaires

: elles sont sages au-delà de leur âge, et elles opèrent dans les dons de la connaissance.

Prenez Joseph, par exemple, qui a été vendu comme esclave à presque l'âge de 17 ans par ses propres frères. À chaque endroit où il est allé, il a fait preuve de sagesse dans sa façon de traiter les gens et les choses qui lui ont été données. Il craignait Dieu, ce qui a conduit à une augmentation de la connaissance dans sa vie (Proverbes 1 :7). Il a finalement été promu après que Dieu lui ait donné l'interprétation des rêves que Pharaon avait eus (Genèse 37-50).

Salomon est une autre personne avec laquelle Dieu a communiqué en rêve (1 Rois 3 :1-15). Lui aussi a été hautement utilisé dans les dons de connaissance. Dieu s'est montré à Salomon dans un rêve et lui a demandé : *« Demande-moi ce que tu veux que je te donne »*. Salomon n'a pas demandé la richesse, mais un esprit compréhensif pour discerner le bien et le mal. Cela a plu à Dieu et il lui a donc donné une sagesse, un discernement et une connaissance inégalés (1 Rois 3 :1-15 ; 2 Chroniques 1 :11). Quelqu'un comme Salomon, je crois, pourrait être utilisé facilement pour interpréter les rêves.

Puis il y a Daniel. Après que les enfants d'Israël aient désobéi à Dieu en ne laissant pas la terre se reposer, il les a envoyés en exil à Babylone. Là-bas, Dieu a suscité quatre garçons hébreux : Hanania, Mishaël, Azaria, et Daniel. La Bible dit *: "Dieu accorda à ces quatre jeunes gens de la connaissance et de la perspicacité dans tout ce qui concernait la littérature et* *la sagesse. De plus, Daniel était capable d'expliquer toutes les visions et tous les rêves." (Daniel 1 :17)*

Daniel a reçu l'intelligence de toutes les visions et de tous les rêves. Je crois que tout cela était lié à la sagesse que Dieu lui a donnée. **Il faut une connaissance surnaturelle pour discerner régulièrement le but d'un rêve.**

L'interprétation des rêves, je crois, est une extension des dons de connaissance. Cela ne signifie pas que Dieu ne peut pas vous utiliser pour interpréter les rêves si vous n'avez pas facilement accès aux dons de connaissance, car il est Dieu et il peut choisir de faire ce qu'il veut. Ce à quoi je fais allusion, c'est à ce que j'ai observé chez ceux à qui Dieu a parlé ou a interprété des rêves dans les Écritures. Un dénominateur commun est que Dieu leur a aussi donné un esprit compréhensif.

Il existe de nombreux *"interprètes de rêves"* qui ont toutes sortes d'idées absurdes sur la signification des rêves. La véritable interprétation des rêves découle d'une relation authentique avec le Saint-Esprit.

Par exemple, il est immature de supposer que la lumière dans un rêve signifie toujours quelque chose de divin. Nous savons que, selon l'Écriture, même Satan se fait passer pour un ange de lumière (2 Corinthiens 11 :14). C'est pourquoi la sagesse, le discernement et la connaissance sont importants lorsqu'il s'agit de déchiffrer les rêves.

Chaque don peut se manifester dans vos rêves car, en fin de compte, un rêve de Dieu n'est qu'une communication de Dieu avec vous. Par chaque don, je veux dire que vous pouvez avoir un rêve où la foi est représentée, la guérison a lieu, la prophétie est donnée, etc.

J'avais un ami qui désirait ardemment être baptisé du Saint-Esprit. Il est venu me voir, moi et mes amis, et pendant plusieurs heures nous avons prié avec lui, et rien ne s'est passé. Cette nuit-là, cependant, il a fait un rêve. Dans son rêve, il a vu une colonne de feu tomber du ciel vers les dortoirs. Dans son rêve, il se tenait à l'extérieur, il a levé les yeux et a vu cette boule de feu tomber comme si elle allait le frapper, alors il s'est mis à courir. Alors qu'il courait, le feu a touché le sol et soudain, une langue inconnue a commencé à sortir de sa bouche. Cela a commencé comme un rêve, et il s'est réveillé en parlant en langues dans la vraie vie.

Comprendre les dons peut vous aider à mieux comprendre les rêves. Prier pour les dons de connaissance peut aider une personne à mieux déchiffrer les rêves. Mûrir dans l'interprétation des rêves, c'est permettre au Saint-Esprit d'être l'interprète.

7. Les Dons de Guérison - Le pouvoir surnaturel de faire disparaître la maladie.

8. Don de Miracles -- Un don qui restaure et produit quelque chose de façon surnaturelle.

9. Le don de la foi. Un pouvoir surnaturel de croire Dieu pour quelque chose qui n'a pas encore été vu.

CHAPITRE 34
La Foi

Dans le monde d'aujourd'hui, les gens utilisent si facilement le mot « foi ». Parfois, les gens disent des choses comme *« ayez foi en moi »*, ou un entraîneur peut dire *« ayez foi les uns dans les autres ».* Mais qu'est-ce que la foi ? Comment peut-on acquérir la foi ? Et comment l'appliquer ? Pour répondre à ces questions, nous devons comprendre la polarité entre la foi salvatrice et le don de la foi.

Le thème de la foi n'est pas nouveau. D'innombrables hommes et femmes se sont efforcés d'apporter des éclaircissements sur ce sujet. L'une des explications les plus populaires de la foi salvatrice provient des réformateurs protestants du 16ème siècle.

C'est au 15e siècle que Martin Luther a apporté la Réforme à l'Église Catholique. Après sa révolution religieuse, le mouvement s'est poursuivi longtemps après sa mort. De nombreuses doctrines nouvelles ont vu le jour à cette époque, l'une d'entre elles étant l'explication de la foi salvatrice.

Trois mots sont utilisés par de nombreux spécialistes pour décrire la foi salvatrice : *notitia, assensus et fiducia*. Ces mots sont écrits en latin et chaque définition révèle un aspect du salut.

Notitia est définie comme la connaissance.[1] Elle évoque la nécessité pour un vrai croyant de savoir qui est Jésus et qu'il existe des preuves de Sa mort, de Son enterrement et de Sa résurrection. La *notitia* englobe l'esprit d'un individu ; il s'agit d'une croyance intellectuelle.

Assensus est interprété comme un accord de croyance. L'Évangile doit aller au-delà d'une simple connaissance intellectuelle ; il faut croire dans son cœur que Jésus est réel et que la Bible est vraie, même si l'on ne voit pas immédiatement les preuves de ce que dit la Bible, Si la Bible le dit, c'est que c'est vrai.[2]

Fiducia peut simplement signifier confiance. C'est également le sens du mot foi en grec - pistis, qui signifie *« confiance persuasive divine »*. Il ne suffit pas de savoir que Dieu est réel ou de croire qu'Il est ce qu'Il dit être. Il faut avoir confiance que Son plan pour sa vie est le meilleur.

La persuasion dans la foi, cependant, n'est pas basée sur la ruse ou les capacités de l'homme, mais plutôt sur la soumission de l'individu aux capacités de Dieu. Un bon exemple se trouve dans Matthieu 8, lorsque le centurion romain rencontre Jésus. Jésus vient de finir de s'occuper du lépreux en lui imposant les mains et en le guérissant.
En poursuivant son chemin, il entre dans une ville appelée Capharnaüm, du nom du prophète Nahum. Alors qu'il entre dans cette ville, un centurion romain vient le trouver et lui dit,

> *"Seigneur, mon serviteur est couché à la maison, atteint de paralysie, et il souffre beaucoup." Jésus lui dit : "J'irai et je le guérirai." L'officier répondit : "Seigneur, je ne suis pas digne que tu entres sous mon toit, mais dis seulement un mot et mon serviteur sera guéri. En effet, moi aussi je suis un homme soumis à des supérieurs, j'ai des soldats sous mes ordres, et je dis à l'un : 'Pars !' et il part, à un autre : 'Viens !' et il vient, et à mon esclave : 'Fais ceci !' et il le fait." Après l'avoir entendu, Jésus fut dans l'admiration, et il dit à ceux qui le suivaient : "Je vous le*

dis en vérité, même en Israël je n'ai pas trouvé une aussi grande foi.'"
(Matthieu 8 :6-10).

La Bible dit que *"Après l'avoir entendu, Jésus fut dans l'admiration, et il dit à ceux qui le suivaient : "Je vous le dis en vérité, même en Israël je n'ai pas trouvé une aussi grande foi." (Matthieu 8 :10).* Qu'est-ce qui, dans la foi de cet homme, a suscité l'étonnement de Jésus ? **C'est sa conception de l'autorité.**

Le centurion disait en fait à Jésus que tu es le chef, le roi, le Seigneur et que je dois me fier à tout ce que tu dis. En rapport avec la déclaration du centurion, la foi doit être liée à la confiance et à l'obéissance.

Si vous obéissez à Dieu et lui faites confiance, vous agirez comme lui. Jacques le dit ainsi : *"Tu crois qu'il y a un seul Dieu ? Tu fais bien ; les démons aussi le croient, et ils tremblent." (Jacques 2 :19)* Ce qui sépare notre croyance en Jésus de la croyance d'un démon en Lui, c'est que nous obéissons et faisons confiance à Jésus, et eux non. Ce qui démontre notre obéissance, c'est que notre foi est mise en pratique en ne se contentant pas de dire que nous sommes chrétiens, mais en marchant et en aimant réellement comme le Christ l'a fait.

La foi salvatrice est donc une foi qui a trait à l'esprit, au cœur et au corps d'une personne soumis à un Dieu *éternel. Cela me rappelle la façon dont il nous est commandé d'aimer Dieu. " Tu aimeras le Seigneur, ton Dieu, de tout ton cœur, de toute ton âme, de toute ta force et de toute ta pensée, et ton prochain comme toi-même" (Luc 10 :27).* La foi qui sauve déclare une personne juste, d'où la déclaration suivante : "... *Abraham a eu confiance en Dieu et cela lui a été compté comme justice" (Romains 4 :3).* **Le don de la foi, cependant, ne rend pas quelqu'un juste.**

S'adressant à l'église de Corinthe, Paul dit quelque chose sur l'amour qui, je crois, explique la différence entre la foi salvatrice et le don de la foi. Paul dit : *"Si j'ai le don de prophétie, la compréhension de tous les mystères et toute la connaissance, si j'ai même toute la foi jusqu'à transporter des montagnes, mais que je n'ai pas l'amour, je ne suis rien." (1 Corinthiens 13 :2).* **En d'autres termes, le don n'est pas synonyme de piété.**

Cela étant établi, nous pouvons maintenant déchiffrer véritablement le don de la foi. L'auteur de l'épître aux Hébreux dit ceci à propos de la foi : *" Or la foi, c'est la ferme assurance des choses qu'on espère, la démonstration de celles qu'on ne voit pas." (Hébreux 11 :1).* Le mot *"espoir"* est ici perdu dans la traduction. Dans le monde dans lequel nous vivons, les gens utilisent l'espoir pour se référer à des vœux pieux.

Ce que l'auteur entend par espérance ici, cependant, c'est la confiance. En d'autres termes, la foi (confiance persuasive) est la substance, à savoir des choses déjà établies par Dieu depuis la création d'autrefois, actuellement non vues, attendant de se manifester. Nous sommes confiants dans cette vérité que, comme la terre est fondée et fixe, les promesses de Dieu sont fixes et inchangeable. Les *"choses"* que l'on ne voit pas dans Hébreux 11 :1 font référence à ce qui a été éternellement, qui est présent dans les cieux, et prophétiquement écrit et proclamé par Dieu pour l'avenir.

La substance, la confiance et l'évidence pointent toutes vers le Christ. Il est la source de notre foi (Hébreux 12 :2), et ses paroles font naître la foi *"... la foi vient de ce qu'on entend et ce qu'on entend vient de la parole de Dieu" (Romains 10 :17)*. La foi est activée lorsque l'on fait ce que la Parole dit. *" Mettez en pratique la parole et ne vous contentez pas de l'écouter en vous trompant vous-mêmes par de faux raisonnements" (Jacques 1 :22)*.

Comment tout cela s'accorde-t-il avec le don de la foi ? Avant d'aller plus loin, je veux établir le fait qu'il n'est pas nécessaire d'avoir une foi grandiose pour que Dieu réponde. Il y a d'innombrables histoires dans les Écritures de personnes qui ont simplement entendu parler de Jésus, qui ne connaissaient ni ses paroles ni ses méthodes, mais qui ont cru et ont reçu. Le don de la foi, cependant, n'est pas seulement destiné à permettre à un individu de montrer sa capacité à faire confiance à Dieu. Comme tous les autres dons, il est utile pour diffuser l'Évangile et encourager les autres.

Comme mentionné précédemment, la foi est une confiance persuasive. En rapport avec le don de la foi, cette confiance qui persuade influence la personne qui a ce don dans tout ce qu'elle fait. Pour eux, il est impossible de voir quelque chose d'impossible pour Dieu, dans le cadre de sa bonne nature, puisqu'à leurs yeux, Dieu a déjà donné la réponse avant l'heure et qu'elle ne demande qu'à se manifester.

Il est dit que l'apôtre Pierre n'a pas marché sur les eaux mais sur la parole même de Jésus, qui était « *viens* ». De même, la foi voit ce qu'il faut faire et comment le faire selon la Parole. Dans un monde sombre, les yeux naturels ne peuvent pas voir la réalité spirituelle sans la Parole de Dieu. David a écrit : « *Ta parole est une lampe à mes pieds et une lumière sur mon sentier* » *(Psaumes 119 :105).*

Après avoir été sauvé, le premier passage sur lequel j'ai médité jour et nuit a été le Psaume 23. La méditation est bien plus qu'une simple mémorisation. On peut être hypnotisé par ce qu'on a mémorisé, mais on imite ce qu'on médite. Alors que je m'imprégnais de ce Psaume, il a provoqué en moi la foi de croire que Dieu répondrait à tous mes besoins.

Avant d'être sauvé, je jouais au basket-ball religieusement. Je rêvais d'aller loin dans le basket. Lorsque Jésus est venu dans mon cœur, toutes mes aspirations à être dans la NBA ont changé. J'ai renoncé à mes possibilités d'obtenir des bourses d'études dans des universités de D1 et D2 et j'ai remis ma volonté à Dieu.

Le pasteur de jeunes, Joel Sosa, nous avait emmenés à SAGU (Southwestern Assemblies of God University) à Waxahachie, au Texas, lorsque j'étais dans l'avant dernière classe au High School (école secondaire), pour visiter une université. Dès mon arrivée, j'ai ressenti une paix immense et j'ai su que je devais être là. Même après mon retour dans le Colorado, ce sentiment ne disparaissait pas.

Je travaillais pour KFC à l'époque, et il n'y avait aucune chance que ce que je gagnais me permette d'aller à l'université. Ma mère était une mère célibataire et n'avait pas sa carte verte (Green Card). Tout ce qu'elle avait, c'était une carte de sécurité sociale qui lui permettait de travailler. Mais sans la carte verte, elle ne pouvait pas trouver un bon emploi car elle n'était pas encore une citoyenne légale. Par conséquent, bien qu'elle travaillât sans relâche, nous avions à peine de quoi vivre.

Mon père avait abandonné ma famille lorsque j'avais 14 ans, je ne pouvais donc pas me tourner vers lui. La seule chose que j'avais vraiment, c'était Dieu et sa Parole. Le psaume 23 résonnait en moi parce qu'à mes yeux, je croyais vraiment que le Seigneur était mon berger ; je n'avais personne d'autre que lui.

Après avoir obtenu mon diplôme d'études secondaires, j'ai commencé à prier et à demander à Dieu de me permettre d'aller à l'école. J'ai lu d'autres versets comme : "*Si vous demeurez en moi et que mes paroles demeurent en vous, vous demanderez ce que vous voudrez et cela vous sera accordé.*" (Jean 15 :7). En lisant ces versets, j'étais persuadé intérieurement qu'ils étaient vrais, et je les ai crus.

L'été précédent ma participation à SAGU, j'ai travaillé très dur à mon travail. Au fond de moi, cependant, je savais que cela ne serait pas suffisant. Chaque semestre de SAGU coûtait 8 000 dollars, et je n'avais que quelques centaines de dollars. Mais je n'ai pas faibli. Je savais que je ne poursuivais pas mon rêve, mais le faiseur de rêves.

Un jour, alors que j'étais au travail, mon patron m'a dit : « *KFC donne des bourses d'études aux personnes qui travaillent pour eux depuis un an, tout ce que vous avez à faire est de soumettre un document.* » Le psaume 23 a résonné dans mon esprit, et j'ai rapidement déposé un papier dans lequel je partageais mon histoire. Peu de temps après, j'ai reçu une bourse d'études de 10 000 dollars.

Cette bourse se décomposait en 2 500 $ par semestre, ce qui faisait 5 000 $ par an. Il ne me restait donc plus que 11 000 $ pour l'année. J'étais en communication avec l'aide financière de l'école quand soudain, je n'arrivais plus à les joindre. J'ai appelé et appelé, mais aucune réponse.

L'horloge tournait, et il me restait environ une semaine avant l'inscription. Malgré les besoins financiers que j'avais encore, je sentais en moi cette persuasion de continuer à avancer. Je suis allé voir mon pasteur de jeunes et lui ai demandé de m'acheter un billet aller simple pour le Texas. *« Soit c'est Dieu, soit ce n'est pas lui »*, ai-je dit, *« mais je dois lui faire confiance. »* Alors, mon pasteur de jeunes m'a acheté un aller simple pour le Texas à 70 dollars.

Dieu a fait tellement de choses miraculeuses pendant que j'étais à SAGU que je ne peux même pas les expliquer en un seul chapitre. Tout au long de mon séjour à SAGU, je n'étais pas dans le besoin. Comme je continuais à méditer sur Sa parole et à faire ce qu'elle disait, j'ai été béni dans mes actions. Comme il est écrit : *"Mais celui qui a plongé les regards dans la loi parfaite, la loi de la liberté, et qui a persévéré, celui qui n'a pas oublié ce qu'il a entendu mais qui se met au travail, celui-là sera heureux dans son activité."* (Jacques 1 :25)

L'argent apparaissait littéralement ! Des milliers de dollars apparaîtraient tout simplement sur mon compte. Évidemment, quelqu'un se sentait obligé de donner, mais seulement si je continuais à faire confiance à Dieu. Ma foi en Christ a engendré des miracles dans ma vie et dans celle des autres.

Par exemple, un jour, alors que j'étais dans la salle de prière, un joueur de football nommé Jared Hudgins est entré et a commencé à raconter tout ce que Dieu avait fait dans sa vie. Alors qu'il parlait à mes amis et à moi, j'ai entendu le Saint-Esprit dire : *« Tacle-le »*.

Peut-être que je deviens fou, ai-je pensé. Mais je l'ai entendu à nouveau : « Tacle-le ». Je l'ai regardé pendant qu'il parlait, et je pouvais voir ses muscles saillants à travers les vêtements qu'il portait. Encore une fois, la voix a dit, « tacle-le ». Je pouvais sentir cette profonde persuasion. Ce n'était pas impulsif, juste convaincant.

Sans réfléchir, je me suis élancé vers lui. Je pouvais voir ses yeux s'agrandir et ses bras se déplacer sur le côté lorsque je l'ai frappé à la poitrine avec mes mains. Immédiatement, il a commencé à parler en langues pour la première fois. Son visage était rempli de tant de joie !

Cette année-là, il a mené le record de tacle dans le pays. Il jouait comme un homme qui avait été doté d'une puissance venant d'en haut ! C'était remarquable à regarder.

Peu de temps après cet incident, l'aide financière m'a dit que je devais encore 6 555 dollars pour ce semestre et que si je ne pouvais pas trouver l'argent, je devais partir. Tous mes cours ont été abandonnés, et j'ai décidé de louer Dieu au milieu de tout cela. Je me suis souvenu d'Abraham, le père de la foi. La Bible dit : " *Il n'a pas douté, par incrédulité, de la promesse de Dieu, mais il a été fortifié par la foi et il a rendu gloire à Dieu.*" (Romains 4 :20) De même, je ne pouvais pas vaciller, car je savais que mon départ pour SAGU était le plan de Dieu et non le mien. Lorsque j'ai commencé à rendre gloire à Dieu dans la tempête, j'ai pu sentir ma foi se renforcer.

Cependant, on m'a finalement dit que je devais partir. C'était vendredi quand on m'a annoncé cette nouvelle. Je devais décider si j'allais partir et essayer de trouver un endroit où aller ou si je pouvais rester parce que je sentais encore cette confiance persuasive divine dans mon cœur. J'ai parlé à la pasteure de mon dortoir et lui ai demandé si je pouvais rester pour le week-end, et elle a accepté.

J'ai continué à louer Dieu tout au long du week-end. Mes amis ont également prié pour moi. Le lundi, je me suis réveillée et je me suis dirigée vers la salle de prière. Normalement, j'aurais dû aller à la chapelle, mais je craignais qu'on me mette dehors.

Je suis passé furtivement devant la chapelle et je me suis dirigé vers la salle de prière quand soudain, j'ai vu le même joueur de football que j'avais taclé dans la salle de prière sortir des portes. Il avait du sang qui coulait sur son bras. Apparemment, il avait arraché une petite croûte et le sang s'en était échappé.

Je lui ai demandé *"Tu vas bien ?"* Il m'a regardé et a dit, *"Oui."* Je l'ai suivi jusqu'à la salle de bain, juste pour être sûr. Quand nous sommes entrés dans la salle de bains, il m'a regardé et m'a demandé : " *Comment vas-tu*

Gloire ? Est-ce que tout va bien ?"

J'ai répondu, *"Oui, tout va bien, sauf que je dois (à l'école) environ 6*

300 dollars." Sans hésiter, il a dit, *"Je vais payer pour ça."* Je l'ai regardé,

abasourdi. Il a alors appelé sa mère, déplacé ses actions et m'a fait un

chèque de 6 555 dollars !

Dans ce cas, ma foi a produit les résultats pour lesquels je croyais.

Maintenant, ma foi n'a pas toujours produit les bons résultats. Quelquefois j'ai

été dupé en croyant les choses les plus folles parce que le don de la foi peut

rendre une personne susceptible de croire n'importe quoi si elle est immature.

Par exemple, lorsque j'allais à SAGU, je croyais que Dieu allait

pourvoir à tout. Un jour, j'ai reçu un courriel de quelqu'un disant qu'il avait une

fortune et qu'il se sentait conduit par Dieu à me la donner.

Sans réfléchir, j'ai cru que c'était Dieu. J'ai parlé à Katie (ma femme),

que je courtisais à l'époque, de cette étonnante nouvelle. À ma grande

surprise, elle n'était pas aussi enthousiaste. Elle m'a prévenu qu'il pouvait

s'agir d'une arnaque.

Mais je suis un croyant ! ai-je pensé. Je n'ai pas tenu compte de

l'avertissement et j'ai continué à croire que c'était vrai jusqu'à ce que je donne

à ces gens à peu près toutes mes informations, sauf mon numéro de sécurité

sociale. Heureusement que Katie était persévérante ; elle a continué à

m'avertir jusqu'à ce que je creuse davantage et que je découvre que de

nombreuses personnes recevaient les mêmes courriels. Les histoires étaient horribles, car les gens avaient donné les informations de leur compte bancaire et avaient tout perdu.

La Bible le dit ainsi : *"Le manque de connaissance n'est bon pour personne, et celui qui précipite ses pas tombe dans le péché." (Proverbes 19 :2)*. **J'avais un profond désir de plaire à Dieu, mais je n'avais pas assez de sagesse pour soutenir mon désir, alors parfois je manquais le chemin que Dieu me conduisait.**

La maturité pour le don de la foi consiste à réaliser que votre don est incomplet sans les autres dons. Beaucoup de personnes qui ont le don de la foi ressentent le besoin de forcer les autres à faire les mêmes pas qu'eux au lieu de leur apprendre comment faire et de permettre à l'Esprit de Dieu de les faire mûrir. Le don de la foi n'est pas le plus grand don ; il n'est que l'un des nombreux grands dons.

CHAPITRE 35
Le Don de Guérison

De tous les dons, la guérison est celui que j'ai personnellement eu le plus de mal à comprendre. Parfois, lorsque je priais pour des gens, j'essayais, puisque j'avais le don de la foi, de les croire pour qu'ils soient guéris. J'ai rarement vu quelqu'un être vraiment guéri de cette façon.

Récemment, cependant, j'ai eu l'occasion de voir de première main le don de guérison en action. J'ai fait un voyage au Texas pour exercer un ministère lors d'une conférence appelée « *Epic Fire* », dirigée par mon amie Stacey Jones. Mon ami Matt Daniels et moi-même avons été invités à prendre la parole à cette conférence. Matt a parlé le premier jour, qui était un vendredi. Il a parlé de l'intimité avec Dieu.

Avant de parler, il a fait des louanges pour créer l'atmosphère. Quand il a commencé à parler, il a senti que Dieu voulait guérir les gens, alors il a dit : *« Est-ce que quelqu'un a une douleur à l'épaule droite ? »* Plusieurs personnes ont levé la main et il les a fait avancer. Ce qui s'est passé ensuite m'a époustouflé.

Il leur a demandé de prier les uns pour les autres, un par un, et d'ordonner à la douleur de partir. Une par une, chaque personne a été guérie. J'étais sous le choc ! Il ne leur a même pas demandé de faire une longue prière. À travers la louange, nous étions tous saturés de la présence de Dieu et tout est possible en Sa présence.

Mais la guérison des épaules n'était que le début. J'ai vu des choses dans cette salle que je n'avais jamais vues auparavant. Pendant les deux heures suivantes, 90 % des personnes pour lesquelles on a prié ont été guéries. Il a levé les yeux vers les chaises où les enfants étaient assis, et il a vu un enfant qui portait une attelle au genou et lui a demandé ce qui s'était passé. L'adolescent a expliqué que trois mois auparavant, il avait eu un accident de voiture et s'était abîmé le genou.

À ce moment-là, un autre adolescent, assis juste à côté de lui, est aussi venu se faire soigner. Matt a dit à l'adolescent qui était assis dans le fauteuil de descendre et de prier pour l'autre jeune devant. Puis Matt a dit : *« Quand tu descendras d'ici, ton genou sera complètement guéri ».* L'adolescent a répondu et a fait le tour des chaises jusqu'à l'avant et, comme de juste, toute la douleur de son genou était partie !

Le jeune homme a alors commencé à prier pour son ami et l'épaule de ce dernier a été complètement guérie. Après cela, Matt a demandé s'il y avait des personnes qui avaient une jambe plus courte que l'autre, et il a tiré une chaise. Un homme a répondu et est venu s'asseoir sur la chaise. Nous lui avions trouvé quelque chose sur lequel appuyer ses jambes pour que nous puissions voir physiquement la différence. En effet, une jambe était plus courte que l'autre.

Matt a alors ordonné à sa jambe de repousser, et de mes propres yeux, j'ai vu sa jambe repousser ! L'homme qui était assis là a également senti sa jambe repousser. Lorsqu'il s'est levé, il nous a raconté comment son mal de dos avait disparu et comment il pouvait sentir la différence.

À ce stade, tout le monde était à peu près debout et voulait participer. Il y avait des enfants dans la salle et comme Matt faisait prier les gens, ils voulaient tous y participer. Presque personne ne s'asseyait plus.

Il y avait un adolescent qui avait un os qui dépassait de sa rotule. L'adolescent a parlé de la douleur qu'il ressentait toujours. Matt a pris un enfant d'environ six ans et l'a amené. Il lui a ensuite demandé de mettre sa main sur la zone du genou. L'enfant l'a fait, et Matt l'a aidé à prier. Il a dit : *"Os, retourne à ta place, et sois guéri."* L'enfant était timide, alors Matt a prié pour lui. Quand il a retiré sa main, l'os est retourné à sa place.

L'adolescent a dit qu'il ne ressentait plus aucune douleur ! !! Je n'en croyais pas mes yeux. Matt a demandé aux enfants d'appeler des personnes sur leur téléphone et de prier pour qu'elles soient guéries. Les enfants ont appelé leurs parents, leurs tantes, leurs grands-parents et tous ceux qu'ils connaissaient qui étaient malades. Un par un, Dieu a guéri chaque personne au téléphone.

Cette expérience m'a permis de comprendre certaines choses sur la guérison. Premièrement, les personnes qui cherchent la guérison n'ont pas besoin d'avoir une grande foi. Si quelqu'un croit, tout le monde a une chance de la recevoir. Deuxièmement, la personne qui facilite la guérison ou quelqu'un d'autre dans la salle doit connaître Dieu intimement.

Il y a dans la Bible une belle histoire d'un homme qui a été guéri grâce à la foi de ses amis. Un jour, Jésus enseignait, et de nombreux docteurs de la loi et pharisiens se sont rassemblés autour de lui. La Bible dit que *"la puissance du Seigneur était avec lui pour guérir"*. (Luc 5 :17)

Cette puissance venait du Saint-Esprit. Le mot puissance ici est le mot grec *dynamis*. C'est le même mot que celui utilisé par Luc dans Actes 1 :8, lorsqu'il décrit le Saint-Esprit donnant sa puissance aux disciples.

Comme il continuait à enseigner,

« ...Et voici que des hommes qui portaient un paralysé sur une civière cherchaient à le faire entrer et à le placer devant Jésus. Comme ils n'avaient pas trouvé moyen de l'introduire à cause de la foule, ils montèrent sur le toit et, par une ouverture, ils le descendirent sur sa civière au milieu de l'assemblée, devant Jésus. Voyant leur foi, Jésus dit : « Mon ami, tes péchés te sont pardonnés. ». (Luc 5 :18-20).

Jésus a pardonné à cet homme, et pour prouver aux Pharisiens qu'il avait le pouvoir de pardonner, il a ordonné à l'homme de se lever, de prendre sa civière et de rentrer chez lui. Remarquez cependant que la Bible dit que Jésus a vu *« leur foi »*. En d'autres termes, dans certains cas, si quelqu'un a un certain niveau de foi, Dieu peut agir dans sa situation.

Une autre manière puissante d'administrer la guérison est la parole de Dieu. La parole de Dieu ne lui reviendra jamais sans effet. Dans le livre d'Esaïe, Dieu dit : *« La pluie et la neige descendent du ciel et n'y retournent pas sans avoir arrosé la terre, sans l'avoir fécondée et avoir fait germer ses plantes, sans avoir *fourni de la semence au semeur et du pain à celui qui* *mange. Il en va de même pour ma parole, celle qui sort de ma bouche : elle ne revient pas à moi sans effet, sans avoir fait ce que je désire et rempli la mission que je lui ai confiée. » (Esaïe 55 :10-11 S21).*

Une personne mature dans son don de guérison ne s'appuie pas sur ses propres paroles mais sur la volonté de Dieu. Cela signifie qu'elle doit méditer sur les passages concernant la guérison et déclarer ces passages sur les personnes qui ont besoin d'être guéries. Comme la parole de Dieu ne revient pas à lui sans effet, lorsqu'on prie la parole de Dieu avec un cœur sincère, on s'aligne sur la volonté de Dieu. (Le lien suivant contient des versets puissants sur la guérison : https://www.biblestudytools.com/topical-verses/healing-bible-verses/?amp)

La dernière chose que je crois être extrêmement importante en ce qui concerne la guérison, c'est la compassion. Matt Daniels est l'une des personnes les plus compatissantes que j'aie connues, chaque fois que je l'ai entendu parler, c'était toujours avec amour. Dans la Bible, Jésus guérissait par la compassion.

La Bible dit *: « Quand Jésus sortit de la barque, il vit une grande foule et fut rempli de compassion pour elle, et il guérit les malades. » (Matthieu 14 :14 S21).* Dans un autre exemple de la Bible, Jésus, mû par la compassion, a ressuscité l'enfant d'une femme.

> *« Le jour suivant, Jésus alla dans une ville appelée Naïn ; ses disciples [en assez grand nombre] et une grande foule faisaient route avec lui. Lorsqu'il fut près de la porte de la ville, voici qu'on portait en terre un mort, fils unique de sa mère qui était veuve ; beaucoup d'habitants de la*

*ville l'accompagnaient. **En voyant la femme, le Seigneur fut rempli de compassion pour elle et lui dit : « Ne pleure pas ! »** Il s'approcha et toucha le cercueil ; ceux qui le portaient s'arrêtèrent. Il dit : « Jeune homme, je te le dis, Lève-toi ! » Et le mort s'assit et se mit à parler. Jésus le rendit à sa mère." (Luc 7,11-15 S21).*

Lorsqu'on lit ces deux passages (Matthieu 14 :14 et Luc 7 :11-15), on doit comprendre que nulle part il n'est dit que c'est à cause de la foi de l'individu ou de la foi de quiconque que Jésus ait guéri, mais plutôt que c'est à cause de la compassion de Jésus que les gens ont reçu leur guérison. La compassion divine consiste à montrer de la sympathie à quelqu'un et à être poussé par l'amour à l'aider à se libérer de ce qui l'opprime. Parfois, les gens peuvent n'avoir aucune foi et pourtant, parce que Dieu est compatissant, ils peuvent quand même recevoir la guérison.

Une personne mature spirituellement comprendra que la guérison doit découler d'un cœur de compassion. Ce qui est bien avec la compassion, c'est que nous pouvons la revêtir. *"Ainsi donc, en tant qu'être choisis par Dieu, saints et bien-aimés, revêtez-vous de sentiments de compassion, de bonté, d'humilité, de douceur, de patience, (Colossiens 3 :12 S21).* Un véritable cœur compatissant ne devrait pas seulement se limiter au don de guérison, mais il devrait aussi être la source de tous les dons.

CHAPITRE 36

Guérison et délivrance

Le mot pour guérison dans 1 Corinthiens 12 :9 est le mot grec

therapeuo. *Therapeuo* est utilisé 42 fois au total dans le Nouveau Testament

et c'est le mot le plus couramment utilisé pour la guérison. Il est lié au mot

anglais *therapy*. Il signifie guérir, servir, soigner, prendre soin des malades et,

à certaines occasions, chasser les démons.[1]

Dans l'Évangile de Luc, Luc raconte l'histoire d'une dame qui avait un

esprit d'infirmité. Un esprit d'infirmité signifie qu'une entité démoniaque était à

l'origine de sa maladie. Pour bien comprendre comment Jésus l'a guérie,

nous devons regarder Luc 13 :10-17.

> « *Jésus enseignait dans une des synagogues, le jour du sabbat. Or il y avait là une femme habitée par un esprit qui la rendait infirme depuis 18 ans ; elle était courbée et ne pouvait pas du tout se redresser. Lorsqu'il la vit, Jésus lui adressa la parole et lui dit : « Femme, tu es délivrée de ton infirmité. » Il posa les mains sur elle ; immédiatement elle se redressa, et elle se mit à célébrer la gloire de Dieu. Mais le chef de la synagogue, indigné de ce que Jésus avait fait une guérison un jour de sabbat, dit à la foule : « Il y a six jours pour travailler, venez donc vous faire guérir ces jours-là et non pas le jour du sabbat. » Le Seigneur lui répondit en ces termes : « Hypocrites ! Le jour du sabbat, chacun de vous ne détache-t-il pas son bœuf ou son âne de la mangeoire pour le mener boire ? Et cette femme, qui est une fille d'Abraham et que Satan tenait attachée depuis 18 ans, ne fallait-il pas la délivrer de cette chaîne le jour du sabbat ? » Ces paroles remplirent de honte tous ses adversaires, et la foule entière se réjouissait de toutes les merveilles qu'il faisait.* »

Au début du passage, nous apprenons que Jésus enseigne dans une synagogue, qui est un lieu où les croyants se rassemblent. Au verset 11, Luc précise que cette femme est handicapée, mais il ajoute que ce handicap est dû à un esprit démoniaque qui la faisait souffrir depuis 18 ans !

Jésus lui dit : "... *« Femme, tu es délivrée de ton infirmité. »* (Luc 13 :12). Remarquez que Jésus n'a pas dit *"sois guérie",* mais a spécifiquement dit " *tu es délivrée de ton infirmité* ". Elle n'avait pas besoin d'être guérie d'une maladie naturelle, elle avait besoin d'être délivrée d'un assaut démoniaque.

Plus loin dans le passage, Jésus fait une révélation surprenante. Les Pharisiens essayaient de reprocher à Jésus de guérir le jour du sabbat, et il a fait cette déclaration :

"... Et cette femme, qui est une fille d'Abraham et que Satan tenait attachée depuis 18 ans, ne fallait-il pas la délivrer de cette chaîne le jour du Sabbat ? » ". (Luc 13 :16)

Jésus la qualifie de fille d'Abraham, de croyante, et il attribue le mal au diable. **C'est ce que l'on appelle un esprit d'infirmité : une maladie quelconque provoquée par une attaque du diable et de ses démons.**

Je veux partager l'histoire de deux de mes amis qui ont été délivrés d'un esprit d'infirmité et de stérilité.

EGAN ET KYLIE BLACK

Nous avons tous deux étés élevés dans la religion catholique, Egan étant un peu plus impliqué que moi. Il a été baptisé et a fait sa première communion dans l'église catholique. Lorsque nous nous sommes rencontrés, je n'étais pas vraiment impliquée dans quoi que ce soit de religieux. Je croyais en Dieu, mais je comprends maintenant que je ne le connaissais pas. Egan était un tout nouveau chrétien et était en phase de repentance, travaillant activement à se détourner du péché et à vivre une vie meilleure.

Avant notre rencontre, j'avais vécu des choses étranges. Au lycée, ma mère sortait avec un homme qui possédait un magasin de prêt sur gages. Je passais beaucoup de temps chez ce prêteur sur gages, et j'y travaillais même. Ce magasin était situé à environ une heure d'une réserve amérindienne, et beaucoup de clients étaient amérindiens. Je voyais des gens entrer et mettre en gage des objets cérémoniels et d'autres objets sacrés. Certains de ces objets, s'ils n'étaient pas récupérés, étaient accrochés comme décorations dans la maison où je vivais, et c'est là que j'ai commencé à avoir des expériences étranges.

Une nuit, je dormais et je me suis réveillée. Vers le bout de ma chambre, il semblait y avoir une silhouette sombre, immobile. J'ai supposé que je fusse encore partiellement endormie, alors j'ai pris un moment pour ouvrir complètement les yeux et m'assurer que j'étais bien réveillée. Au lieu de disparaître, comme je le pensais, la silhouette était toujours là, debout. Tout ce que je pouvais voir, c'était la silhouette d'un homme vêtu d'un long manteau, portant un chapeau à large bord et des bottes. Je me suis assise dans mon lit et j'ai regardé, incrédule, sans savoir quoi faire. Finalement, je suis descendue du lit et j'ai marché lentement vers l'interrupteur qui se trouvait entre la silhouette et moi. Lorsque j'ai actionné l'interrupteur, la silhouette a disparu, ne laissant qu'un mur vide à l'endroit où elle se tenait.

Le mois suivant, j'ai vu cette silhouette dans ma chambre la nuit. C'était presque la même expérience chaque nuit, mais au fur et à mesure que le mois avançait, la silhouette se rapprochait de plus en plus de moi. La dernière nuit où je l'ai vue, je me suis réveillée avec elle debout sur mon lit, me regardant droit dans les yeux. Cette expérience était terrifiante, mais j'avais trop peur d'en parler à ma mère, ou à quelqu'un d'autre, parce que je ne voulais pas qu'ils pensent que j'étais fou. La nuit où elle s'est tenue au-dessus de moi, j'en ai eu assez et j'ai su que je devais faire quelque chose. Le lendemain matin, j'ai appelé ma sœur qui était la seule personne que je connaissais qui parlait de Dieu. Elle a prié avec moi au téléphone et, à partir de ce moment-là, je n'ai plus vu physiquement la silhouette et j'ai seulement rêvé d'elle.

Environ un an plus tard, j'ai rencontré Egan. C'était une période difficile dans ma vie, car je passais beaucoup de temps à faire la fête et à boire. J'avais toujours préféré ne pas dormir dans une pièce sombre, mais une nuit, Egan a éteint la lumière et j'ai été terrifiée. Je l'ai obligé à rallumer la lumière et c'est ainsi que nous avons dormi. Après cette nuit, nous nous sommes déplacés dans le salon pour dormir, où nous pouvions faire un lit devant une grande télévision, et je n'étais jamais dans le noir. Egan et moi avions commencé à voir et à sentir quelque chose dans la maison. C'était la même silhouette sombre que je pensais avoir laissée dans le passé. Le même homme, ou mieux encore, la silhouette avec le long manteau, le grand chapeau et les bottes noires. Nous le voyions dans la maison, nous le sentions près de nous pendant que nous dormions et nous entendions des bruits de pas alors que personne d'autre n'était là.

Une nuit, j'ai rêvé d'une femme amérindienne. Elle est venue me voir dans mon sommeil en me suppliant de l'aider. Elle m'a dit qu'il y avait une entité dans la maison et qu'elle y était piégée. Elle m'a dit qu'Egan et moi devions la faire sortir mais qu'il ne reculerait devant rien pour rester et que nous devions être rapides et prudents. Je me suis réveillée et j'ai immédiatement raconté mon rêve à Egan. Il m'a dit qu'il avait une idée et que nous en parlerions à quelqu'un le lendemain.

Dans la matinée, il a contacté un ami et guérisseur bien connu dans la communauté. L'homme nous a invités chez lui pour partager nos expériences et décider de ce qu'il pourrait faire pour nous aider. Ce soir-là, Egan et moi sommes allés rendre visite à cet homme et à sa femme pour partager les tourments que nous avions vécus. Je lui ai raconté la même histoire que j'ai racontée ici, en commençant par ce qui s'est passé lorsque j'étais au lycée et ce qui s'est passé plus récemment. Pendant que je parlais, lui et sa femme ont fait une pause et se sont regardés l'un et l'autre, la femme disant : « Est-ce que tu vois ce que je vois ? » et le mari hochant la tête. Ils m'ont regardé et m'ont dit qu'ils savaient ce qui nous harcelait, et que cela était attaché à moi depuis le lycée.

Ils nous ont dit que c'était un esprit qui causait la mort. Ils ont raconté des histoires de gens qui conduisaient et faisaient des virages pour éviter de heurter une personne sur l'autoroute et qui mouraient par la suite. Ils l'appelaient l'ange de la mort et nous ont dit qu'il fallait faire quelque chose immédiatement. Ils venaient d'organiser une purification, une cérémonie que les « Blackfeet » utilisent pour diverses raisons. Même s'ils venaient d'en organiser une, ils nous ont dit que c'était une urgence et qu'il fallait en organiser une autre, spécialement pour nous. Nous avons eu une semaine pour nous préparer. Les préparatifs comprenaient l'achat de matériel de certaines couleurs, de tabac et d'autres choses à utiliser lors de la cérémonie, et comme cadeau à l'homme et à sa femme.

Enfin, le jour est arrivé, et nous sommes partis de la ville pour nous rendre sur le lieu de la cérémonie. On nous avait prévenus que des choses étranges se produiraient pour nous dissuader de nous y rendre. Il s'était passé plusieurs choses dont j'ai du mal à me souvenir maintenant. Je me souviens que l'une d'entre elles concernait des problèmes de voiture et que j'ai eu du mal à arriver à l'heure. Je n'ai jamais eu de problèmes avec cette voiture, ni avant ni après. Je suis arrivé, nous avons eu la purification, et Egan et moi avons appris que l'entité avait disparu.

Plusieurs mois plus tard, Egan et moi vivions en Arizona. Nous avions commencé à aller à l'église ensemble et c'est à cette époque que j'ai été sauvée et que j'ai ressenti le feu du Saint-Esprit. Je me sentais complètement en feu pour Dieu. Là encore, des choses étranges ont commencé à se produire. À l'époque, Egan travaillait la nuit et je n'avais pas de téléphone. Ma seule façon de le contacter était par Facebook Messenger en utilisant mon ordinateur portable. Nous avions parlé et je me suis endormie sur mon lit avec l'ordinateur devant moi et la lumière allumée. Je me suis réveillée en ayant l'impression d'être observé. J'ai essayé d'appeler mes deux chiens sur mon lit, car ils dormaient habituellement avec moi, mais ils me regardaient et ne bougeaient pas.

J'ai alors envoyé un message à Egan, qui était au travail, pour lui dire ce que je ressentais. C'était probablement entre 2 et 3 heures du matin. Il m'a dit que c'était étrange que j'aie partagé cette information avec lui, car quelques instants auparavant, il avait fait un rêve éveillé bizarre où je dormais et où des démons se tenaient autour de notre lit et me regardaient. Il m'a dit de prier, de lire la Bible et que nous en parlerions à des amis le lendemain matin.

Le lendemain matin, nous avons contacté des amis de l'église et leur avons raconté ce qui s'était passé. Nous continuions à ressentir quelque chose de maléfique dans notre appartement. Nos amis, un couple, sont venus chez nous pour prier avec nous et, pour faire un test, j'ai demandé au mari de voir s'il pouvait dire de quel côté du lit je dormais, car c'est là que nous étions le plus mal à l'aise. Il s'est approché directement de mon côté du lit et a dit : « Ici. C'est là que je le ressens le plus. »

Le mari et la femme ont prié à notre appartement et avaient le sentiment que la raison pour laquelle nous étions harcelés était en rapport avec la religion amérindienne. Ils pensaient que quelqu'un avait jeté une malédiction sur nous et leur solution était que nous rassemblions tout ce que quelqu'un ou quelqu'une qui pratiquait la religion amérindienne nous avait donné, même si cela venait d'une personne que nous considérions comme un ami.

Nous avons rassemblé des objets au cours des jours suivants et avions prévu de rencontrer nos amis chez eux plus tard dans la semaine pour prier et tout brûler. Pendant ces quelques jours, le mari et Egan ont tous deux faits des rêves où des Amérindiens s'en prenaient à Egan et à moi. Un jour, notre ami et sa femme étaient à Walmart et ont vu ces deux grands hommes amérindiens qui se trouvaient être les mêmes hommes dont il avait rêvé, qu'il ne connaissait pas non plus et qu'il n'avait jamais vus avant, à part dans son rêve. Ils ont suivi nos amis dans Walmart pendant un certain temps.

Le lendemain, Egan et moi entrions dans un bâtiment, un camion est passé devant nous et une sorte de liquide a atterri sur le bras de mon mari, mais a rapidement disparu. Nous avons tous les deux levé les yeux pour voir ce qui venait de passer, et c'était deux grands hommes autochtones qui correspondaient à la description des gars dont notre amie avait rêvé et qu'elle avait vus à Walmart. Le lendemain, nous avions pris toutes les affaires, étions allés à la maison de notre ami et avons tout brûlé.

Nous avions prié pour que les malédictions soient brisées et nous nous sommes repentis d'avoir participé auparavant à des cérémonies amérindiennes. Après avoir fait cela, nous ne nous sommes plus battus avec des esprits effrayants ou intimidants. C''était une des premières fois que nous avions fait l'expérience de la puissance de Dieu et de l'autorité qui nous a été donnée en tant qu'enfants de Dieu. Entre le moment où nous avions assisté à la purification et la fin de cette expérience, près d'un an, nous avions tous deux étés sauvés et étions tous deux en feu pour Dieu.

Le reste de notre histoire se déroule sur une période de huit ans et se concentre essentiellement sur notre désir d'être parents, mais sans pouvoir le faire. Quand Egan et moi nous sommes rencontrés, je n'étais pas sauvée et Egan était un nouveau chrétien. Nous nous sommes rencontrés en décembre 2008 dans le Montana et avons déménagé ensemble pour Arizona en février 2009. J'avais 18 ans et lui 21. Nous étions follement amoureux, comme l'amour que l'on voit dans les films. Je ne savais même pas que ce genre d'amour pouvait être réel ou que je pouvais en faire l'expérience étant si jeune.

Même si nous savions à l'époque que nous ne devions pas vivre ensemble, nous avons choisi de le faire quand même et nous ne nous sommes pas vraiment sentis mal ou condamnés pour cela. Après avoir été être sauvés, nous avons commencé à être convaincus de vivre ensemble et d'être intimes en dehors du mariage. Nous savions que nous voulions passer notre vie ensemble et c'est ainsi qu'en avril 2010, un peu plus d'un an plus tard, à l'âge de 19 et 22 ans, nous nous sommes mariés.

Je venais d'une famille de jeunes mamans et j'ai toujours voulu être moi-même maman. Bien que nous n'ayons pas vraiment fait attention à éviter une grossesse, j'ai décidé que j'étais prête à fonder une famille, et nous avons donc continué à n'utiliser aucun type de contraception. Quand j'y repense maintenant, c'était vraiment par la grâce de Dieu que je ne suis pas tombée enceinte. Nous avions tellement de difficultés, notamment sur le plan financier, que mettre un enfant au monde aurait été un véritable défi pour nous.

Cependant, nous avons passé le reste de notre mariage sans utiliser des contraceptifs. Après quelques années sans grossesse, nous avons commencé à craindre que quelque chose n'aille pas. Je suis allée chez le médecin et j'ai passé différents types de tests. Ils ont vérifié mon utérus et mes trompes de Fallope et, comme ils ne trouvaient aucun problème, ils ont recommandé à Egan de faire également des tests. Tout est revenu normal pour nous deux, du point de vue de la santé.

Le médecin a considéré que mon hypothyroïdie était un problème et m'a recommandé de faire en sorte que mes taux de thyroïde soient normaux pendant un an d'affilée et de voir si je tombais enceinte. J'ai suivi ses conseils mais j'ai eu mes niveaux dans une fourchette normale pendant plusieurs années, et toujours, rien ne se passait. Pendant ce temps, Egan et moi avions parlé à Gloire, à son beau-frère et à notre ami Daniel. Tous deux recevaient de Dieu la parole que je serais un jour enceinte, et que je le serais plusieurs fois.

Notre septième année de mariage est arrivée, et Egan et moi étions vraiment prêts à devenir parents. Nous avions toujours parlé d'adoption et *nous voulions adopter avant même de nous interroger sur la fertilité. Un jour, nous avons récupéré cette magnifique petite fille dans un centre d'accueil. Elle avait été abandonnée et avait 5 ½ semaines. Nous l'avions ramenée à la maison et sommes tombés amoureux d'elle. Pendant l'année qu'il a fallu pour l'adopter, plusieurs choses se sont produites.*

Durant cette année, j'ai choisi de passer par la délivrance avec Gloire. Egan et moi avions rencontré Gloire dans notre église et avions suivi le processus de délivrance. Pendant que nous priions, nous avons senti que plusieurs esprits m'oppressaient. J'ai senti l'un d'entre eux sortir de mon ventre. C'était une expérience étrange mais excitante.

Quelques mois plus tard, Gloire nous avait fixé un rendez-vous pour parler et avoir une séance de prière avec son amie qui était prophétesse. Elle a prié et nous a donné quelques mots qu'elle a reçus de Dieu. Vers la fin, elle nous a demandé si nous avions des questions. J'adorais être la mère de notre petite fille, mais je ne pouvais toujours pas me débarrasser de mon désir d'être enceinte. Je lui ai demandé si Egan et moi allions un jour concevoir des enfants, et elle m'a immédiatement répondu : « Elle a ri et a dit : 9 ans et 9 mois, vous serez enceinte cette année. » Cela faisait 9 ans que nous essayions d'avoir un enfant et elle a prophétisé que c'est significatif parce que c'est lié à 9 mois. Elle nous a dit que le temps serait significatif et que je serais effectivement enceinte très bientôt. C'était l'hiver 2018 et, à l'été, cette année-là, j'ai découvert que j'étais enceinte !

Dieu était avec nous, nous rassurant pendant toutes les années où nous avions lutté contre les doutes, alors pourquoi aurait-il nous abandonnés lorsque je suis enfin tombée enceinte ? En juillet 2018, un samedi, j'avais ces songes bizarres où je me tenais dans le gymnase au travail (j'enseigne l'Education Physique au collège), et les élèves de 7e que j'avais l'année précédente étaient en 8e. Ils étaient autour de moi et me posaient des questions sur mon bébé, et je pouvais voir que j'étais enceinte. J'ai fait ce songe tellement de fois ce jour-là et je me suis dit que j'espérais.

Le lendemain matin, dimanche, Gloire nous a envoyé un message vidéo disant qu'il avait fait un rêve à notre sujet. Dans ce rêve, il nous a dit qu'il m'avait vue, et que j'étais enceinte. Il nous a ensuite dit : « Votre enfant va être génial. L'enfant que vous avez dans votre ventre va être génial. » Il nous a ensuite dit que notre fille, que nous avions adoptée plus tôt dans l'année, était en âge d'être un bambin et qu'à l'époque, elle avait un peu plus d'un an. Il nous a dit que nous devrions probablement faire un test parce que j'étais probablement enceinte, ou que je le serais bientôt.

Après avoir regardé sa vidéo, Egan et moi nous sommes regardés l'un l'autre. J'ai dit à Egan que la vidéo de Gloire était la confirmation que j'avais besoin de faire un test de grossesse parce que j'avais eu des rêves étranges la veille que j'étais enceinte. Nous sommes allés à l'église et après, j'ai fait un test, et il était positif !

Après des années et des années de peur, de doute et de désespoir, j'étais enfin enceinte. J'ai repensé à chaque fois que Dieu nous a donné une parole. Chaque fois qu'il nous a dit que c'était son moment et non le nôtre. Chaque fois que quelqu'un nous a assuré que cela arriverait. Nous avions beaucoup prié et quelques mois avant ma grossesse, Gloire m'a fait vivre une délivrance. Après avoir confessé et libéré les choses qui me retenaient dans mon cœur, Gloire a ordonné à l'esprit de stérilité de partir. Alors qu'il ordonnait à ce mauvais esprit de partir, j'ai physiquement senti quelque chose se détacher de mon corps, plus précisément de mon utérus. Après cette délivrance, une prophétesse m'a promis que Dieu avait un plan et que nous allions concevoir. Dieu est un guérisseur et un libérateur, et il fait les choses en son temps, mais il ne veut pas non plus que nous restions les bras croisés lorsqu'il nous fait une promesse. Nous devons jouer un rôle actif dans l'obtention de ses promesses.

Il nous a promis que nous concevrions des enfants, et pendant des années, nous nous sommes assis sur cette promesse en pensant : "Et puis quoi encore ? Tu as dit que ça arriverait. Où est ce bébé que Tu as promis ?" Lorsque nous avons commencé à jouer un rôle actif pour obtenir ce qu'Il nous a promis, en passant par la délivrance, nous avons finalement reçu la promesse. Dieu ne parle pas seulement pour parler. Il ne donne pas de promesses justes pour nous faire sentir bien. Il est bon et il pense ce qu'il dit. Il brise des murs, guérir des cœurs, des corps et des relations, mais nous devons agir. Nous devons bouger quand Il nous dit de bouger. Nous devons sortir de l'oppression. Nous avons besoin de la délivrance !

CHAPITRE 37
L'accomplissement des Miracles

Il y a eu beaucoup de films, d'histoires et de livres sur les miracles. Que ce soit dans le domaine médical/scientifique ou dans la vie de tous les jours, des gens de toutes les croyances, de toutes les couleurs et de tous les milieux ont fait l'expérience de ce qu'ils appellent un miracle ou ont entendu parler d'histoires miraculeuses. Lorsqu'on parle de miracles, il faut toutefois faire la différence entre la guérison et le miraculeux.

Dans le Nouveau Testament, il existe différents mots qui permettent de comprendre le mot guérison. Il y a « *sozo* », qui signifie le salut de ses péchés et d'un ennemi. Ensuite, il y a « *therapeu* », qui signifie guérir, servir, soigner, prendre soin des malades et, dans certains cas, guérir en chassant les démons. Enfin, il y a le mot « *laomai* ». *laomai* est la puissance de Dieu, qui libère la guérison miraculeuse et la chasse des ~~out of~~ démons.[1]

Pour comprendre l'action miraculeuse, nous devons examiner les mots "action" et "miracles" en Grec. Selon la convention de Strong, le mot *" action "* en grec est « *energéma* », qui signifie *" dynamisation (" opération ")*, se concentrant sur les résultats de *l'"énergie "* (puissance) de Dieu dans les personnes vivant dans sa foi[2]. Par conséquent, dans ce contexte, *" action "* signifie en fait être habilité ou dynamisé par Dieu en vivant pour lui et en étant utilisé pour ses opérations.

Les miracles, quant à eux, sont désignés par le mot « *dunamis* » en Grec. Il signifie la *"capacité d'accomplir"* ; pour le croyant, le pouvoir d'accomplir en appliquant les capacités inhérentes au Seigneur [3] **C'est la puissance par la capacité de Dieu.** Alors que les actions font référence au fait d'être énergisé par Dieu pour une tâche, les miracles font référence au fait d'avoir les capacités de Dieu tout en accomplissant les tâches.

J'ai d'innombrables histoires de miracles, de ma naissance à ma rencontre avec ma femme, en passant par la fin de mes études. Mais dans ce livre, je ne vais parler que de deux événements miraculeux qui me sont arrivés. Le premier événement s'est littéralement produit pendant que j'écrivais ce livre. En effet, Dieu m'a permis d'expérimenter les dons du Saint-Esprit un par un, avant ou pendant les chapitres consacrés à ces dons spécifiques. Cela n'a été rien de moins qu'étonnant.

En 2018, ma femme et moi avons commencé la traversée du désert. Financièrement, nous n'avions rien. J'avais deux emplois : J'étais inspecteur d'œufs, et j'étais également dans le ministère à temps plein. Le travail d'inspection des œufs était un travail à temps partiel, et ils m'ont initialement dit que je travaillerais dix heures par semaine. Cela s'est avéré très éloigné de la réalité. J'ai travaillé environ dix heures par semaine pendant un mois, puis je n'avais plus travaillé pendant près de huit mois.

Le travail de ministère à temps plein pour mon église ne me payait pas. De temps en temps, quelqu'un me donnait plusieurs centaines de dollars, mais c'était juste assez pour s'en sortir. Je suis tellement reconnaissant qu'un de nos amis nous ait accueillis et nous ait permis de rester gratuitement dans son rez-de-chaussée, sinon nous aurions pu être dans une situation pire.

Comme c'était la première fois que j'étais père, j'ai pu ressentir la pression qu'implique le fait de diriger une famille. En plus de cela, ma femme était enceinte de notre deuxième enfant, et nous étions sur le point de devenir une famille de quatre. C'est à cette époque que j'ai reçu une offre d'emploi d'un ami de l'église.

Au lieu de prier sur l'offre d'emploi comme je l'aurais fait normalement, j'ai simplement accepté le travail. Il s'agissait d'être postier dans la partie rurale des villes de Shelby et Galata, dans l'Etat de Montana. Je devais distribuer le courrier aux personnes et aux endroits où le système postal américain normal ne se rendait pas.

Dès le début, j'ai eu du mal à comprendre ce travail. Ma patronne Danelle était une enseignante extraordinaire, mais nous avions connu l'une des pires tempêtes de neige cet hiver-là et j'avais du mal à me souvenir des itinéraires.

Après presque trois mois de formation continue, j'ai fini par comprendre comment faire les journées courtes, c'est-à-dire les mardis, jeudis et samedis. Ensuite, j'ai pu commencer à prendre quelques jours plus longs.

C'est là que les choses se sont gâtées. Ma patronne devait fournir ses propres véhicules pour le travail, donc elle avait un minibus de presque 20 ans et une Jeep. La Jeep était ma préférée parce qu'elle avait de gros pneus, ce qui était parfait pour les routes de campagne. Le minibus était celui que je

préférais le moins. Quand on le conduisait sur les chemins de campagne, la

poussière s'envolait dans le véhicule, même si les fenêtres étaient fermées.

Cela rendait difficile de respirer et de voir, alors je portais un masque anti-

poussière et, à l'occasion, mes lunettes de soleil, pour que la poussière ne

vole pas dans mes yeux.

Elle m'avait dit que les lundis étaient les jours les plus difficiles car le

courrier s'accumulait pendant le week-end. Le lundi 16 juillet 2018 était mon

premier lundi et probablement ma troisième longue journée tout seule. Je me

souviens être arrivé au travail, avoir vu tout le courrier que je devais distribuer

et avoir essayé de garder une attitude positive. Après avoir rassemblé tout

mon courrier au bureau de poste de Shelby, je suis sorti. Je me suis arrêté à

l'un de mes premiers arrêts et j'ai parlé un peu à deux personnes formidables,

puis j'ai continué ma route.

Tout ce qui pouvait mal tourner semblait avoir mal tourné. Je

conduisais le minibus parce que la Jeep devait être réparée. La ceinture de

sécurité du minibus avait été coupée, donc je n'avais pas de ceinture de

sécurité. En conduisant, j'ai réalisé que j'avais oublié mes lunettes de soleil.

Tout le véhicule était rempli de poussière, mais Dieu merci, j'avais mon

masque anti-poussière.

Comme je continuais à rouler, le minibus devenait chaud à l'intérieur. Il

n'y a pas de climatisation, et on n'a pas envie de l'allumer à cause de la

poussière. Normalement, nous ne baissions pas vraiment la vitre non plus parce que cela aide à faire circuler la poussière dans le minibus, mais j'avais trop chaud, alors je l'ai baissée un peu. Peu de temps après, du courrier s'est envolé de ma fenêtre alors que je roulais dans les champs.

Il n'y avait aucun moyen de récupérer ce courrier, alors j'étais content que ce ne soit que du courrier indésirable. J'étais presque à Galata, où se trouvait le deuxième bureau de poste, mais un train m'a mis en retard.

Quand je suis enfin arrivé, je suis entré dans le bureau de poste et j'ai vu que j'avais encore plus de courrier à distribuer. J'ai quand même essayé de m'encourager. Encore cinq heures et j'aurai fini, m'étais-je dit. J'ai repris ma tournée à partir de Galata, j'ai distribué un peu plus de courrier et j'étais revenu pour ramasser le dernier courrier de ma dernière tournée. J'étais sur le point de prendre mon dernier virage vers un endroit que Montana appelait Sweet Grass Hills quand j'ai eu le sentiment que je devais baisser complètement ma fenêtre, ce que j'ai fait.

Après avoir baissé ma fenêtre, j'ai tourné sur Minor Cooley Road. Il ne reste qu'une heure et demie, m'étais-je dit. Maintenant, en bas de cette route, il y a une courbe en S géante qui vous fait passer à un T dans la route. Il n'y a pas de panneau indiquant qu'une courbe en S géante s'en vient, mais ils ont placé un panneau en T latéral à l'endroit où la courbe en S s'en vient, ce qui donne l'impression que la route continue tout droit lorsqu'elle tourne.

Quand j'ai réalisé que je tournais, il était trop tard. J'ai essayé de corriger mon erreur et j'ai tourné trop fort vers la gauche. Il y avait du gravier frais déposé. J'ai donc commencé à glisser. Sans réfléchir, j'ai appuyé fort sur les freins et j'ai essayé de tourner les roues vers la droite. Cela a perpétué la glissade, mais maintenant je glissais dans l'autre sens et me dirigeais droit vers le fossé. J'ai heurté le fossé, puis j'ai tourné ma roue vers la gauche et j'ai commencé à glisser dans le fossé vers le côté passager.

Soudain, je me suis arrêté brusquement et le minibus a commencé à rouler. Mes deux mains se sont levées et ont quitté le volant. C'est comme si le temps s'était arrêté à ce moment-là. Alors que le minibus se retournait du côté du passager et continuait à se retourner du côté du conducteur, ma fenêtre a touché le sol et c'était comme si quelqu'un m'avait sorti de là. Mon corps est passé de la face du volant à la face de la fenêtre du passager.

Tout mon corps était passé parfaitement par la fenêtre alors que j'étais projeté hors du minibus. J'ai heurté l'arrière de ma tête avec force, mais j'ai eu l'impression d'avoir heurté un oreiller. J'ai ensuite fait un saut périlleux en arrière et me suis relevé d'un seul coup. Ce faisant, j'ai vu le minibus qui finissait de rouler à mi-course. Pas d'os cassé. Pas de concussion. Une petite éraflure minuscule ici et là. J'ai eu momentanément mal à la cheville gauche, mais Dieu l'a guérie. Ce n'était rien de moins qu'un miracle !

Selon certaines statistiques, près de 30 % des décès lors d'un accident de voiture sont causés par l'éjection[4]. Le pourcentage augmente s'il n'y a pas de ceinture de sécurité. Donc, selon les statistiques, je devrais être mort, mais Dieu a un plan pour ma vie !

Une chose doit être claire cependant : les miracles sont des signes qui doivent pointer vers Jésus. Ce n'est pas parce que vous avez

fait l'expérience d'un miracle ou que vous avez accompli un miracle que vous connaissez le Seigneur. Jésus aborde ce sujet lorsqu'il parle de ceux qui pensaient que parce qu'ils étaient doués, cela signifiait qu'ils le connaissaient.

Jésus s'exprime ainsi,

> « *Beaucoup me diront ce jour-là :* '*Seigneur, Seigneur, n'avons-nous pas prophétisé en ton nom ? N'avons-nous pas chassé des démons en ton nom ? N'avons-nous pas fait beaucoup de miracles en ton nom ?*' *Alors je leur dirai ouvertement :* '*Je ne vous ai jamais connus. Eloignez-vous de moi, vous qui commettez le mal !* ». (Matthieu 7 :22-23)

Comment se fait-il que ces personnes aient fait toutes ces choses et que Jésus dise pourtant : *"Je ne vous ai jamais connus"* ? Le mot *"connu"* a trait ici à l'intimité. Jésus dit *"Je ne vous ai jamais connus intimement"*. Cela convient à tous les dons. **Il ne faut pas toujours en conclure que ce que l'on fait prouve qui l'on est. Ce que vous faites doit être le fruit de ce que vous êtes**. Il faut agir à partir de l'être, sinon tout ce que vous avez fait dans cette vie n'aura aucune valeur dans l'éternité.

Pour résumer les dons du Saint-Esprit, j'ai inclus un test que vous pouvez passer au dos du livre.

CHAPITRE 38
Les Dons Parentaux : Mon Corps

J'ai grandi dans un foyer monoparental pendant la quasi-totalité de ma vie. Quand je suis né, ma mère m'a dit que mon père ne croyait pas que j'étais son enfant, alors pendant les six premières années de ma vie, j'ai grandi sans père. Mon père est entré dans ma vie quand j'ai eu sept ans, mais il n'a pas duré. Quand j'avais 14 ans, il a de nouveau abandonné toute ma famille.

Bien que j'aie été adopté par une famille hispanique appelée les *Lucero*, ma mère a dû continuer à jouer le rôle d'une mère et d'un père. Le départ de mon père a bouleversé toute la famille, et nous essayons toujours de réparer les dégâts après 15 ans.

Grandir dans un foyer sans père affecte tous les aspects de la vie d'un individu. Les nourrissons qui grandissent sans père peuvent avoir des problèmes de prise de poids. De nombreux enfants qui grandissent dans un foyer sans père connaissent une grossesse précoce, peuvent devenir des délinquants, ne pas apprécier l'école, avoir des tendances suicidaires, être affiliés à des gangs, et bien plus encore.[1]

Une chose qui n'est pas mentionnée ici est la dysphorie de genre. Il s'agit d'une confusion de genre. La personne peut penser qu'elle est une fille alors qu'elle est en réalité un garçon, et vice versa. La société a essayé de modifier la définition pour l'adapter aux normes sociales d'aujourd'hui, mais la réalité est que les foyers sans père peuvent amener les enfants à ne pas connaître leur identité. (Un bon livre sur ce sujet est *How I Came Out and Stayed Out*, par Astacia Jones).

En outre, selon de nombreuses statistiques sur l'absence de père, de nombreuses filles qui n'ont pas de père à la maison peuvent devenir très libertines à un très jeune âge.

« Une étude portant sur 263 adolescentes de 13 à 18 ans ayant recours à des services psychologiques a révélé que les adolescentes issues de foyers où le père était absent avaient 3,5 fois plus de chances d'être enceintes que les adolescentes issues de foyers où le père était présent. »[2]

Il est clair que l'immoralité sexuelle peut être liée à l'absence de père. Lorsqu'un père est absent d'un foyer, celui-ci peut être rempli de toutes sortes de dysfonctionnements.

Mais l'inverse est également vrai. Une maison où les deux parents sont présents peut produire des enfants qui ne sont pas à l'abri des difficultés, mais parce qu'ils bénéficient d'un grand soutien, ils font de meilleurs choix et peuvent subir moins de conséquences.

Dieu a créé la cellule familiale pour qu'elle fonctionne en harmonie. Saviez-vous que Dieu nous donne son Esprit dans trois occasions, dont l'une a trait à la famille ? La première fois que Dieu nous donne son Esprit, c'est lorsque vous naissez de nouveau et que son Esprit régénère votre esprit. Ensuite, lorsque vous êtes baptisé dans l'Esprit, l'Esprit de Dieu prend le contrôle total de votre vie. Enfin, lorsque vous vous mariez, Dieu donne une partie de son Esprit (Malachie 2).

Malachie, qui signifie messager, était un prophète de l'Ancien Testament. Par l'intermédiaire de Malachie, Dieu réprimandait les Israélites pour leur infidélité envers lui, la loi et les autres. Une situation spécifique se trouve dans Malachie 2. Dieu s'est attaqué à l'infidélité des Israélites envers leurs épouses. Il était furieux parce qu'ils avaient abandonné leurs femmes par le divorce.

« *Personne n'a fait cela, avec un reste de bon sens. Un seul l'a fait, et pourquoi ? Parce qu'il recherchait la descendance que Dieu lui avait promise. Veillez sur votre esprit : que personne ne trahisse la femme de sa jeunesse,* " (Malachie 2 :15).

C'est très fort ! Le mariage est saint ! Dieu baptise le couple marié avec son Esprit. Dieu donne même la réponse à la raison pour laquelle il fait cela. Il dit *: « Et que cherchait celui qui est Dieu ? Une progéniture pieuse. »* **En d'autres termes, votre unité dans le mariage a des implications directes en ce qui concerne le fait que vos enfants grandissent pieusement**. Je vous recommande, si votre enfant se comporte mal, de vérifier votre unité dans votre mariage.

Il est vrai, cependant, que l'adversité aide à propulser les gens à réaliser des exploits incroyables. Par exemple, ce que je suis aujourd'hui est en partie dû à ce que j'ai affronté. J'ai dû apprendre la persévérance, et cela a forgé mon caractère. J'ai également développé une attitude selon laquelle rien n'était impossible avec Dieu, car j'étais un cas impossible qu'il a résolu.

D'un autre côté, la lutte est réelle. Beaucoup de choses que j'ai traversées dans la vie auraient pu être évitées si mes parents avaient été présents de manière saine. Je me surprends encore parfois à commettre des erreurs, simplement parce qu'il y a certaines choses que le fait d'avoir un père aurait pu m'aider à savoir comment faire.

Par exemple, être un mari, un père et un pourvoyeur. Il m'a fallu beaucoup de temps pour m'y retrouver dans cette situation et dans bien d'autres sentiments et situations de la vie. Le plus étrange dans tout cela, c'est que Dieu a fait en sorte que j'aie encore une forme de famille après la séparation de mes parents ; la plupart des gens n'ont pas cette chance.

Dieu m'a placé auprès de personnes extraordinaires qui ont temporairement joué le rôle de mes parents. Ainsi, bien que j'aie toujours la nostalgie de mon père et de ma mère, mon lien avec ma famille hispanique m'a aidé à gérer le cœur de Dieu en moi. J'ai eu un frère, des sœurs, des cousins et des tantes. J'ai également acquis des responsabilités, car on attendait de moi que je fasse ma part dans la famille. Ce système m'a évité bien des ennuis.

Dans les Écritures, l'Église est appelée à fonctionner comme une famille. En parlant de sa famille terrestre, Jésus dit,

« ... Qui est ma mère et qui sont mes frères ? » Puis il tendit la main vers ses disciples et dit : « Voici ma mère et mes frères. En effet, celui qui fait la volonté de mon Père céleste, celui-là est mon frère, ma sœur, ma mère. » (Matthieu 12 :48-50).

Selon Jésus, ceux qui font la volonté de Dieu devraient être plus une famille que votre propre famille charnelle.

Lorsque Paul s'adresse à l'église de Corinthe, il y a de nombreuses fois où il s'adresse à eux comme s'ils étaient ses enfants spirituels. « *En effet, même si vous aviez 10 000 maîtres en Christ, vous n'avez cependant pas plusieurs pères, puisque c'est moi qui vous ai donné la vie en Jésus-Christ par l'Évangile.* » (1 Corinthiens 4 :15). Selon Paul, le fait qu'il ait transmis l'Évangile aux Corinthiens a rendu sa relation avec eux plus proche d'une relation parentale. Mais comme dans toute famille, lorsque les parents sont absents, le dysfonctionnement est présent.

Je crois que l'église a perdu sa fonction parce que les parents spirituels sont divorcés. Dans Éphésiens 4 :11-16, Paul parle des dons qui sont censés aider l'église à mûrir en tant qu'homme. Paul dit ceci à propos des dons du Christ,

« *C'est lui qui a donné les uns comme apôtres, les autres comme prophètes, les autres comme évangélistes, les autres comme bergers et enseignants. Il l'a fait pour former les saints aux tâches du service en vue de l'édification du corps de Christ, jusqu'à ce que nous parvenions tous à l'unité de la foi et de la connaissance du Fils de Dieu, à la maturité de l'adulte, à la mesure de la stature parfaite de Christ. Ainsi, nous ne serons plus de petits enfants, ballottés et emportés par tout vent de doctrine, par la ruse des hommes et leur habileté dans les manœuvres d'égarement. Mais en disant la vérité dans l'amour, nous grandirons à tout point de vue vers celui qui est la tête, Christ. C'est de lui que le corps tout entier, bien coordonné et solidement uni grâce aux articulations dont il est muni, tire sa croissance en fonction de l'activité qui convient à chacune de ses parties et s'édifie lui-même dans l'amour. »* (Éphésiens 4,11-16).

Un mari n'est pas fait pour fonctionner sans sa femme, ni une femme sans son mari, ni les enfants sans leurs parents. De même, les apôtres n'ont pas été désignés pour fonctionner sans les prophètes, ni les prophètes sans les évangélistes, ni les évangélistes sans les pasteurs, ni les pasteurs sans les enseignants, et ni l'église sans ces fonctions dans leurs rôles respectifs.

Si vous regardez l'église d'aujourd'hui, vous allez vous en rendre compte du dysfonctionnement et la désunion. Certains chrétiens peuvent parvenir à leur vocation, mais non sans avoir souffert de grandir dans un foyer monoparental. **L'église dans son ensemble fonctionne malheureusement comme un foyer monoparental**. Ce que nous voyons normalement dans nos églises modernes, c'est une figure monoparentale, à savoir le pasteur, qui essaie d'effectuer le travail de tous les parents.

Comme nous l'avons déjà dit, lorsque vous grandissez dans un foyer monoparental, la vie est compliquée. Vous vous exposez à de nombreux pièges et beaucoup de gens ne sont jamais en mesure de grandir réellement.

La réponse à la maturation chrétienne se trouve dans l'épître de l'apôtre Paul aux Éphésiens. Paul dit,

" *C'est lui qui a donné les uns comme apôtres, les autres comme prophètes, les autres comme évangélistes, les autres comme bergers et enseignants. Il l'a fait pour former les saints aux tâches du service en vue de l'édification du corps de Christ, jusqu'à ce que nous parvenions tous à l'unité de la foi et de la connaissance du Fils de Dieu, à la maturité de l'adulte, à la mesure de la stature parfaite de Christ.* " (Éphésiens 4 :11-13).

Beaucoup de gens pensent que seul un groupe spécial de personnes peut occuper ces fonctions. Respectueusement, je ne suis pas d'accord. Je crois fermement que, bien que tout le monde ne puisse pas diriger à la fois, chacun a le potentiel dans la congrégation pour évoluer vers l'une de ces fonctions. En d'autres termes, dans votre congrégation, il y a de futurs apôtres, prophètes, évangélistes, pasteurs et enseignants. Et notre travail en tant que leaders devrait être de les guider vers la maturation de leur potentiel donné par Dieu, et non d'en faire nos sujets pour toujours.

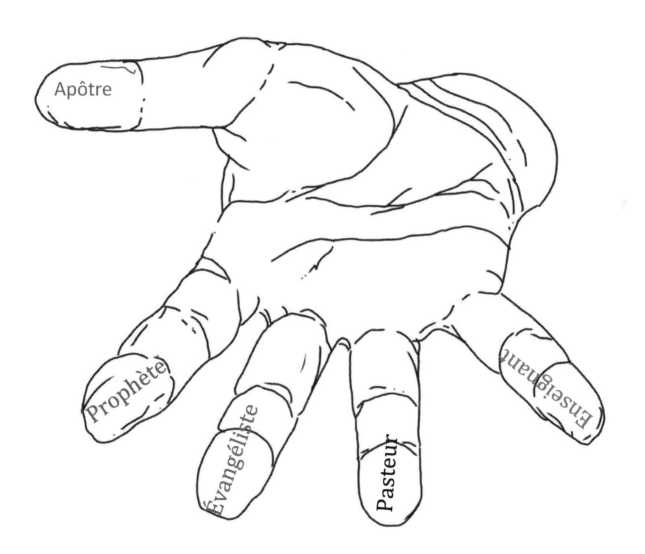

251

CHAPITRE 39
La Main comme Modèle : Les Dons Parentaux

Si vous avez déjà entendu parler de ce que l'on appelle communément les dons du « cinq ministères », que j'appelle les dons parentaux, vous connaissez peut-être aussi le modèle de main qui a été utilisé pour symboliser chaque fonction de ces offices. J'aime vraiment ce modèle parce que je pense que c'est un outil pratique qui aide à enseigner un concept d'une manière que même un enfant peut comprendre.

En expliquant ce modèle, j'y ai ajouté quelques éléments qui, selon moi, donnent encore plus de clarté à ces fonctions. Prenez une de vos mains, ouvrez-la et tournez-la de façon que le devant de votre paume soit vers vous.

Apôtres

Le pouce représente l'apôtre. Il est éloigné de tous les autres doigts parce qu'il est envoyé par Dieu, souvent dans des endroits qui n'ont pas encore d'églises. Il est le catalyseur.

Votre pouce est le seul doigt qui peut toucher tous les autres doigts en face. Lorsque vous essayez de toucher les autres doigts de l'avant vers l'avant, la seule façon dont ils se touchent est à l'envers. Parce que l'apôtre est parfois seul, il peut être utilisé pour une période déterminée de manière prophétique (mais ce n'est pas sa fonction), pour évangéliser (mais ce n'est pas sa fonction), comme pasteur (mais ce n'est pas sa fonction), pour enseigner (mais ce n'est pas sa fonction).

Maintenant, tous les autres doigts peuvent se toucher, et c'est parce qu'ils sont destinés à marcher l'un à côté de l'autre. Chaque doigt peut toucher le pouce, mais ils ne sont pas le pouce. Eux aussi peuvent être envoyés dans un autre endroit, mais pas au même titre que le pouce. Le pouce peut exister en dehors de la présence des autres doigts pendant un temps plus long.

Si vous regardez votre pouce, vous pouvez voir qu'il est sous tous les autres doigts. De la même manière, les apôtres devraient servir ces fonctions parce que leur travail dans une église a à voir avec la fondation de l'église. **Les apôtres aident les autres fonctions à accomplir leurs tâches.**

Un apôtre mûr doit aider à implanter des églises, à former ses dirigeants et à travailler à la constitution de celle-ci (ou à charger quelqu'un de le faire), en veillant à ce qu'elle soit conforme aux Écritures. Chaque ministère doit prêcher la Parole, mais cela peut être différent d'une fonction à l'autre.

Prophète

Le doigt pointeur dans ce modèle symbolise le prophète. L'index est le seul doigt qui est relié au côté du pouce. Cela s'explique par le fait que ces deux fonctions ont des ministères similaires. Par exemple, l'apôtre et le prophète contribuent tous deux à la fondation de l'Église. Au-delà de cela, il y a plus de différences que de similitudes.

Une différence majeure est que le mot *"prophète"* ne signifie pas envoyé. Cela ne veut pas dire que les prophètes ne peuvent pas être envoyés, comme nous le voyons dans l'Ancien Testament, mais cela signifie que ce n'est pas leur tâche principale. Tout comme votre doigt pointé, ceci illustre ce qu'est le travail d'un prophète. Les prophètes signalent ce qui est bien ou mal chez les individus ou dans les églises, et ils dirigent les gens vers le Christ.

Lorsque vous pointez, cependant, il y a trois doigts qui pointent vers vous. **N'oubliez jamais qu'un vrai prophète marche dans l'humilité et qu'il s'examine d'abord et avant tout pour s'assurer que ce qu'il dit, aussi dur soit-il, est la vérité dans l'amour. Les doigts pointés vers le prophète font également partie des autres fonctions. En d'autres termes, un vrai prophète est celui qui est contrôlé et qui est en communion avec les autres fonctions.**

Évangéliste

Le doigt suivant est le doigt du milieu (le majeur). Ce doigt peut être offensant et vulgaire pour de nombreuses personnes. Il symbolise l'évangéliste. Ce sont les messagers. Parce qu'ils se préoccupent davantage de la destination de votre âme, ils peuvent dire la vérité peu importe la critique.

On peut parfois voir des évangélistes tenant des panneaux sur lesquels on peut lire *"Tourne ou brûle"*. Pourtant, je crois que ce n'est pas ainsi qu'un évangéliste est censé opérer. **Vous voyez, la seule façon dont le majeur est offensant, c'est lorsqu'il est seul. Mais quand il se tient à côté des autres doigts, son rôle est bien défini.**

Le majeur s'étend plus loin que tous les autres doigts et c'est parce qu'un évangéliste sain reste proche de l'église et aide l'église à atteindre le monde.

Pasteur

Après le majeur, il y a l'annulaire. L'annulaire illustre le pasteur. L'annulaire est appelé l'annulaire parce que lorsqu'une personne se marie, c'est le doigt qu'elle utilise pour sceller l'alliance. Une bague à ce doigt montre que vous êtes marié.

De même, le travail du pasteur consiste à s'assurer que les gens respectent leur alliance avec Dieu et entre eux. Une fois que vous avez passé la bague au doigt, c'est jusqu'à ce que la mort vous sépare. Cela signifie que vous ne pouvez pas divorcer de votre conjointe pour n'importe quelle raison. Le pasteur et la congrégation doivent être liés l'un à l'autre jusqu'à ce que Dieu les sépare ou que la mort le fasse.

L'anneau de mariage symbolise l'unité et une nouvelle direction. De la même manière, c'est le travail du pasteur d'unir le corps de l'église et de le diriger en établissant la vision dans la maison.

Enseignant

Enfin, il y a l'auriculaire. Le petit doigt est le plus petit doigt, mais il est tout aussi important que les autres doigts et dans certaines situations, il peut être plus important. Le petit doigt est le seul doigt qui peut, pour presque tout le monde, atteindre les oreilles et les nettoyer.

L'auriculaire représente l'enseignant. Le travail de l'enseignant est de s'assurer que la bonne doctrine est enseignée dans la maison du Seigneur. Il veut s'assurer que les gens n'entendent pas seulement ce que leurs oreilles souhaitent entendre.

Les petits doigts peuvent aider à nettoyer les plus petites choses. Parfois, ils peuvent vous aider à atteindre des endroits que tous les autres doigts sont trop grands pour atteindre. Le travail de l'enseignant consiste à trouver les failles dans le système de croyances que les gens ont pu accumuler au fil des ans en raison de mauvaises habitudes. Ils les aident à nettoyer leurs attitudes et à changer les perceptions qui peuvent être basées sur des mensonges.

CHAPITRE 40
L'Apôtre

L'homme Céleste

Ma femme et moi avons été un jour emportés par le livre intitulé *Heavenly Man* par le frère Yun, l'un des fondateurs de l'église clandestine en Chine. Ce livre a changé nos vies ! En le lisant, je n'ai pas pu m'empêcher d'entrer en contact avec cet homme d'une manière profonde. Sa passion pour le Christ a allumé un feu en moi !

Alors que je grandissais dans le Seigneur, je n'arrivais pas vraiment à trouver ma place dans l'église. Parfois, je prêchais, mais je n'avais pas l'impression d'être un pasteur. Parfois, j'évangélisais, mais je n'avais pas l'impression d'être un évangéliste. D'autres fois, je prophétisais, mais je ne me sentais pas comme un prophète. D'autres fois, j'enseignais, mais je savais que je n'étais pas un enseignant.

J'ai commencé à me demander : *qui suis-je ? Quelle est ma place dans l'église ?* Cela me troublait un peu, car j'avais l'impression que je ne pouvais pas fonctionner à plein régime tant que je ne découvrais pas qui j'étais.

Un jour, je priais avec une prophétesse au téléphone, et elle a soudainement arrêté de prier et a commencé à lire dans mes pensées. Elle a dit : *« Tu t'es demandé qui j'étais ? La raison pour laquelle tu opères comme tu le fais est que tu es un apôtre.* » Dès qu'elle a dit cela, ma vie entière a commencé à avoir un sens.

Mais Dieu savait que j'avais besoin d'une confirmation supplémentaire et il a permis que je sois mis dans une situation qui me donnerait une confirmation supplémentaire. Un jour, alors que ma femme et moi étions à New York, nous avons entendu dire que Frère Yun venait à Staten Island, dans l'État de New York. Nous étions tellement ravis que nous avons appelé quelques-uns de nos amis et les avons invités à venir avec nous.

Lorsque nous sommes arrivés, je n'en croyais pas mes yeux. Il n'y avait presque personne !

L'église n'étant pas très grande, nous avions trouvé des sièges à l'avant et, à mon grand étonnement, Frère Yun était assis juste à côté de nous. Au début du service, il s'est levé et a commencé à prêcher avec son interprète. C'était impressionnant !

Après qu'il ait terminé, le Seigneur m'a demandé d'aller bénir son ministère. Je m'étais approché de lui et lui ai donné la poignée de main pentecôtiste (c'est lorsque vous prenez de l'argent et le placez dans la main avec laquelle vous allez serrer la main de l'autre personne). À ce moment-là, il a commencé à prophétiser sur moi et ma femme, il a crié : « *Apôtres ! Apôtres !* » Son interprète, qui s'était un peu éloigné de lui, a fait demi-tour et est retourné là où nous étions.

À l'arrivée de l'interprète, frère Yun a pris ma main et celle de ma femme et il s'est mis à genoux. Nous avons fait de même. Il s'est mis à prophétiser en disant : « *Dieu vous a appelés à être des apôtres des nations ; vous allez aller dans de nombreux endroits pour prêcher sa Parole !* » C'était la dernière confirmation dont j'avais besoin ; j'ai su dès cet instant que c'était ma vocation !

Qu'est-ce donc qu'un apôtre ? Comme nous l'avons mentionné au début de ce livre, le mot apôtre en grec est « *apostolos* », qui signifie *"envoyé"*. **Le tout premier apôtre fut Jésus lui-même.** L'auteur de l'épître aux Hébreux l'exprime ainsi : "*... Ainsi donc, frères et sœurs saints, vous qui avez part à l'appel céleste, portez vos pensées sur l'apôtre et le grand-prêtre de la foi que nous professons, Jésus[-Christ].* " *(Hébreux 3 :1).* On ne compte plus les mentions de Jésus envoyé (apostolos) par le Père (Mt 15,24 ; Lc 4,18 ; Mt 10,40 ; Mc 9,37 ; Lc 9,48 ; 10,16).

C'est Lui, Jésus, qui a mandaté les apôtres dans le Nouveau Testament, également connus comme les 12 disciples. Judas est inclus dans l'apostolat car, dans l'Évangile de Luc, Jésus le nomme comme l'un des 12 apôtres. Tout au long de son ministère, Jésus a envoyé les apôtres s'occuper des brebis perdues d'Israël.

Un apôtre est donc un disciple de Jésus que Jésus a envoyé dans différents endroits du monde pour prêcher la bonne nouvelle (l'évangile). Au fil des ans, les gens ont décrit le rôle d'un apôtre de bien des façons, mais je crois que si nous regardons d'abord ce que dit l'Écriture, nous pourrons peut-être nous faire une meilleure idée de ce qu'est un apôtre aujourd'hui.

Selon la Bible, un apôtre aide à établir les fondations d'une église. Comme il est écrit

" *Ainsi donc, vous n'êtes plus des étrangers ni des résidents temporaires ; vous êtes au contraire concitoyens des saints, membres de la famille de Dieu. Vous avez été édifiés sur le fondement des apôtres et prophètes, Jésus-Christ lui-même étant la pierre angulaire.* " (Éphésiens 2 :19-20).

Certains réfutent ce qui a été écrit dans le paragraphe précédent en affirmant que Paul, dans ce verset, parle en réalité de la foi chrétienne dans son ensemble et de la manière dont elle est établie sur les "prophètes" de l'Ancien Testament et les *"apôtres"* du Nouveau Testament. Bien que cela soit vrai, le message que Paul essayait de faire passer dans ces versets n'est pas l'Ancien Testament et le Nouveau Testament ; c'est simplement le Nouveau Testament.

La raison en est que Paul mentionne à nouveau les prophètes et les apôtres dans Éphésiens, mais cette fois, il précise qu'il s'agit de leur ministère actuel. Il mentionne le mystère du Messie, " *Il n'a pas été porté à la connaissance des hommes des générations passées comme il a maintenant été révélé par l'Esprit à ses saints apôtres et prophètes.*" (Éphésiens 3 :5). Par *"fils d'hommes d'autres générations",* le texte parle clairement de l'Ancien Testament, mais quand il dit *"maintenant",* il s'adresse au ministère actuel.

En outre, en réprimandant l'église d'Éphèse, Paul lui fait remarquer qu'elle fait partie de la famille chrétienne. Tout comme un système familial a différents rôles, ici dans ce passage Paul aborde le rôle fondamental que jouent un apôtre et un prophète dans une église. Jésus est la pierre

angulaire, celui qui maintient l'ensemble de l'édifice (la famille).

Le Ministère d'un Apôtre

Dans 1 Corinthiens 4, Paul décrit le ministère d'un apôtre. Il commence

le chapitre en expliquant à l'église que les apôtres doivent être considérés "

Ainsi donc, qu'on nous considère comme des serviteurs de Christ et des

administrateurs des mystères de Dieu." (1 Corinthiens 4 :1). Par *"mystères",*

l'Écriture fait référence aux doctrines de l'Évangile telles que la sanctification,

la purification, la révélation, le salut par le Christ.

En outre, en tant qu'intendants, les apôtres doivent être fidèles. Ceci

n'est pas basé sur le jugement de l'homme, mais sur ce que Dieu révèle le

jour où Jésus réapparaîtra au monde. Paul poursuit ce processus de réflexion

en expliquant à l'église que dans l'ensemble, personne ne doit se considérer

comme plus grand qu'un autre, car ce que nous avons reçu nous a été donné

gracieusement.

Mais ce que j'appellerais la synthèse du ministère des apôtres se

trouve dans les versets 9 à 13. Paul dit ceci :

" *En effet, il me semble que Dieu a fait de nous, apôtres, les derniers*
des hommes, des condamnés à mort en quelque sorte, puisque nous
avons été donnés en spectacle au monde, aux anges et aux hommes.
Nous sommes fous à cause de Christ, mais vous, vous êtes sages en
Christ ; nous sommes faibles, mais vous êtes forts. Vous êtes honorés
et nous sommes méprisés ! Jusqu'à cette heure, nous souffrons de la
faim, de la soif, du dénuement ; nous sommes maltraités, errants ; nous

nous fatiguons à travailler de nos propres mains. Injuriés, nous bénissons ; persécutés, nous supportons ; calomniés, nous répondons avec bonté. Nous sommes devenus comme les balayures du monde, le déchet de tous, jusqu'à maintenant."

Waouh ! Cela signifie-t-il que si quelqu'un est un apôtre, il peut parfois faire l'expérience d'un niveau de persécution plus élevé ? Oui, je dirais que le manteau apostolique comporte un niveau de responsabilité plus élevé uniquement parce que ce qu'ils font est fondamental. Cela ne signifie pas que nous ne sommes pas confrontés à des épreuves ; la Parole dit : " *Du reste, tous ceux qui veulent vivre avec piété en Jésus-Christ seront persécutés,* " (2 Timothée 3 :12).

Les apôtres sont les initiateurs du processus de construction de l'église. Cela signifie qu'étant donné qu'ils sont des initiateurs et qu'ils sont parfois envoyés dans des endroits où personne d'autre n'est allé, le diable lancera un assaut complet contre l'apôtre pour s'assurer que la fondation n'est pas posée.

En lisant 1 Corinthiens 4 :9-13, le mot humilité me vient à l'esprit. Je crois qu'un apôtre mature est connu pour son attitude humble au milieu des épreuves et des tribulations. En vérité, toutes ces fonctions doivent être humbles, mais il incombe tout particulièrement à l'apôtre d'être humble.

C'est tellement important que Jésus ait permis qu'un agent de Satan soit envoyé à Paul pour l'empêcher d'être rempli de vanité.

" *Et pour que je ne sois pas rempli d'orgueil à cause de ces révélations extraordinaires, j'ai reçu une écharde dans le corps, un ange de Satan pour me frapper et m'empêcher de m'enorgueillir.* " (2 Corinthiens 12 :7).

Les Signes d'un Véritable Apôtre

Nous vivons dans les derniers jours, il est donc primordial de savoir faire la différence entre un vrai et un faux apôtre. Par exemple, dans la foi mormone, ils adhèrent faussement à une forme du Cinq ministères. C'est pourquoi, pour beaucoup de croyants, lorsque les Cinq ministères est mentionné, il est difficile pour eux de le concilier car dans le mormonisme, ils ont le même modèle (du moins c'est ce qu'on croit).

Le même nom ne signifie pas le même modèle. Si une équipe porte le nom des « *Golden State Warriors* » et qu'elle n'est pas à la hauteur de ce que les *Golden State Warriors* se considèrent comme étant, les *Golden State Warriors* ne se détournent pas de leur identité malgré cela. En vérité, l'Écriture donne une description précise d'un apôtre, une description qui peut nous aider à faire clairement la distinction entre les *"super apôtres"* (comme Paul les appelle) et les vrais apôtres.

Paul aborde la différence entre un vrai et un faux apôtre tout au long de ses écrits, car là où se trouve la vérité, le mensonge essaie d'être présent. Paul fait cela dans l'espoir de dissuader ces allégations erronées que les gens faisaient au sujet de son apostolat. Paul déclare,

" *J'ai été fou [en me vantant ainsi], mais vous m'y avez contraint. C'est par vous que j'aurais dû être recommandé, car je n'ai en rien été inférieur à ces super-apôtres, bien que je ne sois rien. Les marques de mon ministère d'apôtre ont été produites au milieu de vous par une persévérance à toute épreuve, par des signes, des prodiges et des miracles.* " (2 Corinthiens 12 :11-12).

Par *"signes"*, je ne crois pas que Paul se concentre nécessairement sur *"les signes, les prodiges et les œuvres puissantes"*. Je crois plutôt qu'il s'agit de l'accumulation de passages antérieurs, comme 2 Corinthiens 4 :9-13, où il parle de la nature humble d'un apôtre, même s'il est méprisé.

En outre, dans 1 Corinthiens, Paul déclare : « *Si pour d'autres je ne suis pas apôtre, je le suis au moins pour vous, car vous êtes l'empreinte qui authentifie mon service en tant qu'apôtre dans le Seigneur.* » (1 Corinthiens 9 :2). Par « empreinte », Paul entend que sa conduite, son dévouement et son affection envers eux doivent leur prouver qu'il est bien un apôtre, car il a été comme un père pour eux.

En fait, un véritable apôtre doit croire en Christ et ne faire que le proclamer. Il doit marcher dans l'humilité et être triomphalement doux. Sous l'autorité de Dieu, ils doivent exécuter son royaume en étant son manifeste, sa proclamation écrite de son royaume à venir et de son royaume présent.

Certains diront que l'une des principales conditions pour être apôtre est de voir le Christ. On peut comprendre qu'il est important pour une personne d'obtenir de Dieu la révélation de son appel (Galates), mais cela est vrai pour toutes les fonctions. L'hypothèse selon laquelle il faut voir le Christ est basée sur 1 Corinthiens 9 :1 : " *Ne suis-je pas libre ? Ne suis-je pas apôtre ? N'ai-je pas vu Jésus[-Christ] notre Seigneur ? N'êtes-vous pas mon œuvre dans le*

Seigneur ? " (1 Corinthiens 9 :1)

Si la condition pour être apôtre est de voir le Christ, alors de nombreuses personnes après la résurrection de Jésus devraient être considérées comme des apôtres. Car Paul écrit,

> " *Je vous ai transmis avant tout le message que j'avais moi aussi reçu: Christ est mort pour nos péchés, conformément aux Ecritures; il a été enseveli et il est ressuscité le troisième jour, conformément aux Ecritures. Ensuite il est apparu à Céphas, puis aux douze. Après cela, il est apparu à plus de 500 frères et sœurs à la fois, dont la plupart sont encore vivants et dont quelques-uns sont morts. Ensuite, il est apparu à Jacques, puis à tous les apôtres. Après eux tous, il m'est apparu à moi aussi, comme à un enfant né hors terme. En effet, je suis le plus petit des apôtres et je ne mérite même pas d'être appelé apôtre, parce que j'ai persécuté l'Eglise de Dieu. "* (1 Corinthiens 15, 3-9).

Selon Paul, plus de 500 personnes ont vu le Christ ressuscité. Cela signifie-t-il que ces 500+ personnes étaient des apôtres ? Si nous suivons la logique de ceux qui disent *"il faut voir le Christ ressuscité pour être apôtre"*, nous devons conclure qu'il est vrai qu'il y avait plus de 500 apôtres qui ne sont plus là parce que Jésus n'est apparu qu'à un groupe spécial de personnes. De plus, d'innombrables musulmans, hindous et autres sont venus au Christ en voyant Jésus. Cela signifie-t-il qu'ils sont tous devenus des apôtres ? Je ne crois pas que ce soit le cas.

CHAPITRE 41
Le Prophète

Ma femme et moi ne nous souvenons guère d'une époque de notre vie où nous n'avons pas consulté un prophète ou une prophétesse pour confirmer ce que le Seigneur nous avait dit, surtout lorsque nous devions prendre des décisions difficiles pour nous et notre famille. Il existe d'innombrables histoires de difficultés financières, de vies épargnées pour nos enfants, de membres de la famille sauvés d'une vie de désespoir, d'amis sauvés d'un mariage avec des personnes qui allaient être abusives, d'amis sans espoir retrouvant l'espoir, et bien plus encore.

La Bible dit : " *En effet, le Seigneur, l'Eternel, ne fait rien sans avoir révélé son secret à ses serviteurs les prophètes.* " (Amos 3 :7). Ce verset est fascinant pour moi car Dieu est souverain ; il n'a pas besoin de nous et pourtant il nous inclut parce qu'il le veut. Ce verset montre aussi vraiment notre besoin de prophètes. **Une église qui n'a pas de voix prophétique peut devenir spirituellement morte et aveugle car, en un sens, elle réduit au silence une partie de la voix de Dieu qui lui permettrait de voir ce qui l'attend.**

Dans l'Ancien Testament, les prophètes exerçaient de nombreuses responsabilités. Ils étaient les conseillers des rois, les messagers de Dieu, les chefs spirituels, les guerriers, les enseignants de la Parole, et bien plus encore (Juges 4 & 5, 1 Rois 22 :6, Jérémie, Daniel, Exode 4 :11-12, Ésaïe 6).

Le mot *"prophète"* en hébreu a deux connotations. La première est *nabi*, qui signifie *"un porte-parole ou un orateur".* La seconde est ro'eh, qui signifie *"voyant".* Le prophète Samuel le précise lorsqu'il écrit : " *Quand on allait consulter Dieu, on disait autrefois en Israël : « Venez, allons trouver le voyant ! » Celui qu'on appelle aujourd'hui « prophète » s'appelait en effet autrefois « voyant ».* " (1 Samuel 9 :9).

Par conséquent, un prophète est quelqu'un qui voit ce que Dieu lui montre et est le porte-parole de Dieu ici sur terre. Mais certains pensent que tous les prophètes ont cessé avec la mort de Jean le Baptiste. Les personnes qui croient en cela se basent sur ce verset : " *En effet, tous les prophètes et la loi ont prophétisé jusqu'à Jean.* " (Matthieu 11 :13).

Pour mieux comprendre ce verset, cependant, regardons l'ensemble du passage. Jean le Baptiste vient d'être arrêté par le roi Hérode parce qu'il lui a reproché d'avoir pris la femme de son frère. Pendant son séjour en prison, il semble que Jean ait été confronté à une certaine incertitude concernant Jésus. Jean envoie ses disciples demander à Jésus : « *Es-tu celui qui doit venir ou devons-nous en attendre un autre ?* » (Matthieu 11 :3). Cette déclaration montre que Jean était un homme comme chacun d'entre nous. Tout comme nous, il lui arrivait de douter que Jésus était bien celui qu'il prétendait être.

Jésus ne répond pas en réprimandant Jean. Au contraire, il dit à l'homme qui est venu lui poser cette question,

" *Allez rapporter à Jean ce que vous entendez et ce que vous voyez : les aveugles voient, les boiteux marchent, les lépreux sont purifiés, les sourds entendent, les morts ressuscitent et la bonne nouvelle est annoncée aux pauvres. Heureux celui pour qui je ne représenterai pas un obstacle !* " (Matthieu 11, 4-6).

Pourquoi Jésus a-t-il répondu de cette manière ? Deux raisons : premièrement, il s'agit de l'accomplissement de l'évangile. Deuxièmement, la déclaration de Jésus est citée dans Ésaïe, un livre que Jean devait connaître puisque Ésaïe 40 parle du ministère de Jean. C'est ce qu'il cite aux Pharisiens lorsqu'ils lui demandent qui était-il (Jean 1 :21). Par cette déclaration, Jésus a donc montré à Jean que ce qu'il faisait témoigner de qui il était (Ésaïe 42 :1-6).

Mais Jésus ne s'est pas arrêté là. Après que le messager avait été retourné dire à Jean ce qu'il avait dit, Jésus a commencé à honorer Jean. Certains auraient pu penser qu'après que Jean ait demandé si Jésus était le Messie, Jésus aurait utilisé son erreur comme une leçon afin que personne d'autre ne tombe dans la même pensée. Au lieu de cela, Jésus dit ceci : " *Je vous le dis en vérité, parmi ceux qui sont nés de femmes, il n'est venu personne de plus grand que Jean-Baptiste. Cependant, le plus petit dans le royaume des cieux est plus grand que lui.* " (Matthieu 11 :11).

Réfléchissez un instant à ce verset. Jésus a dit qu'il n'y avait personne né d'une femme qui était plus grand que Jean ! Jésus est né d'une femme, mais sa conception était divine.

Néanmoins, la foule qui écoutait n'était pas pleinement consciente de la divinité de Jésus. Cela illustre l'humilité du cœur du Christ. Il est digne d'être servi ; Il est le plus grand serviteur, digne d'être loué ; Il est le plus grand élévateur des autres.

Poursuivant cette pensée, Jésus dit : " *Cependant, le plus petit dans le royaume des cieux est plus grand que lui.*" (Matthieu 11 :11). Jésus a inauguré le Royaume de Dieu, il est donc bien sûr plus grand que Jean. Mais ici nous commençons à voir un fossé entre le ministère de Jean et le ministère apporté par Jésus.

Le verset suivant dit : " *Depuis l'époque de Jean-Baptiste jusqu'à présent, le royaume des cieux est assailli avec force, et des violents s'en emparent.*" (Matthieu 11 :12). Il ne s'agit pas de dire que c'est le Royaume des Cieux qui a été attaqué, mais que "*depuis les jours*" - c'est-à-dire depuis *le début du ministère de Jean - le Royaume des Cieux a commencé à avancer avec force par la guérison, la délivrance des démons, la vision des aveugles, la résurrection des morts, et ainsi de suite.* " Et les violents s'en emparent par la force" signifie que ceux qui ont été guéris, délivrés, ressuscités des morts, se sont violemment emparés du message comme étant le leur et le proclament maintenant avec audace.

En arrivant au verset en question, on devrait maintenant avoir une meilleure compréhension de ce qu'il dit. Examinons à nouveau le verset : " *En effet, tous les prophètes et la loi ont prophétisé jusqu'à Jean* " (Matthieu 11 :13). Après un bon travail exégétique, on peut affirmer de manière concluante que ce verset ne dit pas que Jean le Baptiste a marqué la fin de la prophétie. **Il fait plutôt référence au fait que Jean voit le Royaume se manifester**

sous ses yeux. Il ne se contente pas de le prophétiser de loin, comme quelqu'un qui le désire ardemment. Il le voit de près, comme quelqu'un qui le contemple.

Si cela n'est pas une preuve suffisante, nous savons tous que Jean lui-même a prophétisé (Jean 1 :27) que Jésus était parmi les gens et plus grand que lui. En outre, tout au long des Actes des Apôtres, nous avons de nombreuses prophéties. L'une d'elles est la prophétie d'une grande famine. " *L'un d'eux, du nom d'Agabus, se leva et annonça par l'Esprit qu'il y aurait une grande famine sur toute la terre. Elle arriva, en effet, sous l'empereur Claude.*" (Actes 11 :28).

La prophétie ne s'est pas arrêtée avec Jean ; il a été témoin d'une nouvelle ère. C'est une ère que Joël a prophétisée dans Joël 2 et dont Pierre s'est fait l'écho dans Actes 2.

" *Dans les derniers jours, dit Dieu, je déverserai de mon Esprit sur tout être humain ; vos fils et vos filles prophétiseront, vos jeunes gens auront des visions et vos vieillards auront des rêves…* ». (Joël 3 :1 ; Actes 2 :17).

La prophétie ne peut pas être morte. Jésus a été la réalisation du désir de Moïse que tous soient des prophètes de Dieu, c'est-à-dire qu'ils aient tous son Esprit et prophétisent (disent sa parole) (Nombres 11 :29).

Le Ministère d'un Prophète

Dans l'Ancien Testament, il existait des écoles qui enseignaient, éventuellement à un groupe de personnes sélectionnées, comment exercer en tant que prophètes. Nous en voyons l'exemple dans la vie du prophète Samuel, ainsi qu'avec Élie et Élisée. Tout d'abord, examinons l'école que le prophète Samuel a créée.

Lorsque Saül tentait de tuer David, quelqu'un lui avait dit que David se trouvait à Rama, à Naïoth (1 Samuel 19 :19). Le mot Naioth signifie "habitations". C'est là que vivaient de nombreux prophètes et leurs fils. Certains considèrent cet endroit comme un collège (école) des prophètes.[1] C'est à cet endroit que Samuel a formé plusieurs de ses élèves sur les voies prophétiques (1 Samuel 19 :18-24).

La formation de Samuel ne s'est pas arrêtée à lui seul. Élie et Élisée ont également formé des prophètes. Élie avait un groupe de prophètes qui étaient très conscients de qui il était et, bien que cela ne soit pas mentionné, on peut avoir le sentiment qu'ils ont appris certaines choses d'Élie. La déclaration de certains de ces prophètes lorsqu'ils ont dit à Élisée : « ... *Sais-tu que c'est aujourd'hui que l'Eternel va enlever ton seigneur au-dessus de ta tête ?* » (2 Rois 2 :3) peut suggérer qu'Élisée était sous la tutelle d'Élie, car ils ont appelé Élie le maître d'Élisée.

En réponse, Élisée n'a pas fait de déclaration indiquant qu'il n'y avait pas de relation. En fait, en se basant sur la façon dont Elisée a poursuivi Elie de ville en ville, on peut conclure qu'Elie et Elisée étaient très proches. Élisée, comme Élie, a également servi de mentor et a formé des prophètes. La Bible mentionne deux prophètes spécifiques qui étaient de proches disciples d'Élisée. Le premier était Gehazi, qui s'est éloigné pendant un certain temps à cause de sa cupidité (2 Rois 5 :20-27). La deuxième personne qui était étroitement encadrée par Elisée était quelqu'un dont le nom n'est jamais révélé. Cependant, nous pouvons lire un peu sur ses interactions avec Elisée dans 2 Rois 6. Il est connu comme le serviteur d'Élisée.

Dans l'Ancien Testament, il semble qu'une grande importance ait été accordée à la prophétie. Les prophètes étaient formés et encadrés. Parfois, certains étaient sanctionnés pour leur manque de discipline, comme Gehazi lorsqu'Élisée l'a maudit avec la lèpre (2 Rois 5 :20-27). Dans l'ensemble, la fonction prophétique était profondément respectée. Il y a beaucoup de choses à apprendre sur le ministère prophétique dans l'Ancien Testament qui peuvent aider les croyants d'aujourd'hui à comprendre la fonction prophétique et à s'y orienter.

Tout comme les apôtres, le travail des prophètes est également qualifié de fondamental (Éphésiens 2 :18-20). En outre, le ministère du prophète dans le Nouveau Testament ne devrait pas être trop éloigné de celui des prophètes de l'Ancien Testament. De même que les prophètes de l'Ancien Testament étaient des voyants, et que Dieu parlait à travers eux, les prophètes du Nouveau Testament devraient l'être aussi.

Cela ne signifie pas pour autant qu'ils soient des copies conformes. Nous sommes maintenant dans une nouvelle alliance, alors que les prophètes d'autrefois devaient se conformer à la loi et qu'une prophétie incorrecte leur valait d'être lapidés. Dans le Nouveau Testament, nous pouvons faire l'expérience d'un niveau de grâce plus élevé. Cela signifie que prophétiser mal avec le bon cœur ne vous fera pas lapider.

Je ne justifie pas les fausses prophéties, mais je conteste la croyance selon laquelle un prophète doit être parfait ou entendre parfaitement Dieu. **Même Samuel, le prophète, ne pouvait pas discerner la voix de Dieu au début. Il a dû grandir dans la Parole de Dieu pour pouvoir discerner la voix de Dieu** (1 Samuel 3).

Dans le Nouveau Testament, dans le livre des Actes, il y a un prophète qui est mentionné comme un prophète, « *Agabus* ». Agabus le prophète est mentionné à la fois dans Actes 11 :27-30 et Actes 21 :10-12. Dans Actes 11 :27-30, Agabus « ... *se leva et annonça par l'Esprit qu'il y aurait une grande famine sur toute la terre. Elle arriva, en effet, sous l'empereur Claude.* » (Actes 11 :28).

En réponse à la prophétie dans Actes 11 :27-30, nous voyons les apôtres envoyer Paul et Barnabas pour remettre de l'argent et des cadeaux à l'Église en Judée en préparation de la famine. « *Les disciples décidèrent d'envoyer, chacun selon ses moyens, un secours aux frères et sœurs qui habitaient la Judée. C'est ce qu'ils firent en l'envoyant aux anciens par l'intermédiaire de Barnabas et de Saul*" (Actes 11 :29-30).

Il y a plusieurs choses que nous pouvons tirer de ce passage. Premièrement, l'église primitive avait des prophètes. Bien qu'Agabus soit l'un des seuls dont nous soyons véritablement informés par son nom, Luc indique clairement qu'il y avait plusieurs prophètes. "*A cette époque-là, des prophètes descendirent de Jérusalem à Antioche.*" (Actes 11 :27).

Deuxièmement, l'église primitive a donné à ces prophètes un espace pour prophétiser (Actes 11 :28). Troisièmement, l'église n'a pas seulement entendu la prophétie, mais a agi dans la prière en fonction de ce qui avait été dit. *Parfois, la prophétie correspond à la façon dont les gens réagissent.* En d'autres termes, la réponse à la famine n'était pas que Dieu l'arrête, mais que les gens agissent par amour envers ceux qui sont dans le besoin.

Enfin, ce qui a été prophétisé s'est réalisé et a été relevé comme tel (Actes 11 :28). La fiabilité du prophète est en partie prouvée par la réalisation ou non de la prophétie. Cependant, ce n'est pas le seul élément permettant d'examiner la fiabilité d'un prophète. Nous explorerons d'autres moyens de savoir si un prophète est un faux prophète ou non dans la section suivante.

L'autre endroit où Agabus le prophète est mentionné est dans Actes 21 :10-12. J'ai largement abordé cette parole prophétique au début des DONS DE L'ESPRIT : MON ÂME. Pour résumer, Paul était en route pour Rome lorsqu'il a rencontré Agabus.

Lorsqu'il a vu Paul, Agabus "*a pris la ceinture de Paul, s'est attaché les pieds et les mains et a dit : « Voici ce que déclare le Saint-Esprit : 'L'homme à qui appartient cette ceinture, les Juifs l'attacheront de la même manière à Jérusalem et le livreront entre les mains des non-Juifs »*. (Actes 21 :10-12).

Lorsqu'Agabus a prononcé cette parole prophétique, il est évident que ses prophéties étaient vénérées. Ceux qui ont entendu la prophétie savaient que cela allait se produire, à tel point qu'ils n'ont guère hésité à dire à Paul d'en tenir compte. Paul n'a pas dit qu'Agabus était un faux prophète parce que ce qui lui a été dit ne l'a pas mis à l'aise. Au contraire, il a pris cela comme une confirmation de ce dont Dieu lui avait déjà parlé.

Dans 1 Corinthiens 14, Paul aborde l'importance de la prophétie, du parler en langues et de l'interprétation.

> *« Quant aux prophètes, que deux ou trois parlent, et que les autres évaluent leur message. Et si un autre membre de l'assistance a une révélation, que le premier se taise. En effet, vous pouvez tous prophétiser l'un après l'autre, afin que tous soient instruits et que tous soient encouragés. L'esprit des prophètes est soumis aux prophètes, car Dieu n'est pas un Dieu de désordre, mais de paix. Comme dans toutes les Eglises des saints, ... »* (1 Corinthiens 14 :29-33).

Remarquez encore une fois que Paul ne parle pas des prophètes comme s'ils étaient des groupes de croyants étrangers. Non seulement il s'adresse à eux en tant que prophètes, mais il contribue à établir l'ordre pendant qu'ils prophétisent. Paul appelle la prophétie *"révélation"*, ce qui signifie révéler quelque chose qui est caché. Dans le contexte, Paul ne dit pas simplement que ces hommes interprètent les Écritures, comme certains pourraient le dire. Au contraire, ils révèlent des choses cachées que Dieu est en train de montrer.

Paul poursuit en disant que chaque prophète doit prophétiser à tour de rôle afin que *"tous puissent apprendre et que tous soient encouragés."* La prophétie est donc censée nous aider, en tant que croyants, à apprendre et nous encourager à nous rapprocher de Dieu.

En aucun cas, le prophète n'est censé perdre le contrôle. Certains prophètes prophétisent à tort et à travers parce qu'ils sont immatures. Paul dit que "*L'esprit des prophètes est soumis aux prophètes*" (1Corinthiens 14 :32). "*Soumis aux prophètes*" peut être interprété comme "*contrôlés par le prophète*".

Voici un exemple d'un prophète qui ne contrôle pas son don prophétique. Une de mes amies m'a raconté un jour que, lorsqu'elle avait 16 ans, un prophète avait abusé d'elle par les paroles qu'il prononçait sur elle.

Elle était dans un service religieux et ce prophète enseignait. Quelqu'un l'a fait rire pendant le service. Le prophète a été extrêmement irrité par son rire et l'a pointée du doigt en disant : « *Puisses-tu ne jamais avoir d'enfants.* »

Elle est maintenant dans sa quarantaine. Elle s'est effondrée en larmes en me racontant cette histoire. Elle a dit, « *Pourquoi dirait-il cela à une adolescente ?* » Aucune de ses relations n'a vraiment fonctionné, elle a fait des allers-retours à l'hôpital et les médecins lui ont dit qu'elle avait peut-être un cancer de l'utérus.

Il n'y avait aucune raison pour que cet homme parle ainsi d'elle. Il aurait pu se contrôler, utiliser certains des fruits de l'Esprit et demander patiemment l'attention de tous. Je ne crois pas non plus que cela vienne de

Dieu, en aucune façon. Il l'a maudite au lieu de la bénir. **Une prophétie peut être préjudiciable lorsqu'elle n'est pas sous contrôle.**

En lisant ce passage, Paul n'indique en aucun cas qu'il ne faut pas prophétiser. Il encourage plutôt à le faire si c'est de manière ordonnée, car *"car Dieu n'est pas un Dieu de désordre, mais de paix. Comme dans toutes les Eglises des saints, ..."* (1 Corinthiens 14 :33). Dans nos églises aujourd'hui, nous ne laissons même pas de place au prophétique. Au contraire, nous avons tendance à faire taire la voix de Dieu à cause des peurs et des insécurités. Si nous faisons de la place pour que les prophètes puissent prophétiser, alors Dieu peut rendre clair ce qui est caché.

Les Faux Prophètes

Comme tous les autres ministères, le diable a une fausse réplique. Jésus dit,

> *« Méfiez-vous des prétendus prophètes ! Ils viennent à vous en vêtements de brebis, mais au-dedans ce sont des loups voraces. Vous les reconnaîtrez à leurs fruits. Cueille-t-on des raisins sur des ronces ou des figues sur des chardons ? Tout bon arbre produit de bons fruits, mais le mauvais arbre produit de mauvais fruits. Un bon arbre ne peut pas porter de mauvais fruits, ni un mauvais arbre porter de bons fruits. Tout arbre qui ne produit pas de bons fruits est coupé et jeté au feu. C'est donc à leurs fruits que vous les reconnaîtrez. Ceux qui me disent : 'Seigneur, Seigneur !' n'entreront pas tous dans le royaume des cieux, mais seulement celui qui fait la volonté de mon Père céleste. Beaucoup me diront ce jour-là : 'Seigneur, Seigneur, n'avons-nous pas prophétisé en ton nom ? N'avons-nous pas chassé des démons en ton nom ?*

N'avons-nous pas fait beaucoup de miracles en ton nom ?' Alors je leur dirai ouvertement : 'Je ne vous ai jamais connus. Eloignez-vous de moi, vous qui commettez le mal ! » (Matthieu 7 :15-23).

Selon Jésus, la meilleure façon de savoir si un prophète est faux ou vrai, c'est par son fruit (Galates 5 :22-23). Beaucoup de gens croient qu'un prophète est connu par le fait que sa prophétie se réalise ou non. Ceci, cependant, est la plus petite portion de quelqu'un qui est un faux prophète. Moïse dit,

" *Vous respecterez et mettrez en pratique tout ce que je vous ordonne. Vous n'y ajouterez rien et vous n'en enlèverez rien. Si un prophète ou un faiseur de rêves se lève au milieu de toi et t'annonce un signe ou un prodige, et qu'il y ait accomplissement du signe ou du prodige dont il t'a parlé tout en t'invitant à suivre d'autres dieux, des dieux que tu ne connais pas, et à les servir, tu n'écouteras pas les paroles de ce prophète ou de ce faiseur de rêves. En effet, c'est l'Eternel, votre Dieu, qui vous met à l'épreuve pour savoir si vous l'aimez, lui, de tout votre cœur et toute votre âme.*" (Deutéronome 13 :1-4).

En réalité, Dieu parle à travers Moïse et dit que certains faux prophètes prophétiseront correctement, et qu'ils pourront même faire des miracles et des prodiges. Mais en fin de compte, il s'agit de tester nos cœurs pour savoir si nous aimons vraiment Dieu.

Avant d'aller plus loin, voyons à quoi peut ressembler un faux prophète. Les faux prophètes peuvent être : des sorciers, des magiciens, des guérisseurs, des chamans, des médiums, des enseignants de New Age, des enseignants de l'occultisme, et des enseignants de n'importe laquelle des milliers de religions qui ne croient pas que Jésus est le seul chemin vers Dieu et qu'il est le Fils de Dieu.

Il est important pour nous, en tant que croyants, de distinguer la différence entre un faux prophète et un vrai prophète, d'autant plus que nous vivons dans les derniers jours (Matthieu 24 :11). Lorsque l'on discerne correctement la Parole de Dieu en ce qui concerne les prophètes et la prophétie, on comprend mieux ce qu'est un faux prophète. Selon l'ensemble de l'Écriture, les faux prophètes ressemblent à de vrais prophètes et agissent comme tels. Il est donc vital pour nous, en tant que croyants, de connaître notre parole, d'être capables d'identifier les fruits de l'Esprit et de ne pas transiger sur l'Évangile de Jésus-Christ !

CHAPITRE 42
L'Évangéliste

Billy Graham a témoigné auprès de millions de personnes dans le monde entier. Il était, par définition, un évangéliste. Son message central était la puissance de la croix de Jésus-Christ, et son désir ardent était de voir les âmes venir à la connaissance du Seigneur.

Sur Goodreads.com, on cite notamment les propos de Billy Graham : *"Dieu a prouvé son amour sur la croix. Lorsque le Christ s'est crucifié, a saigné et est mort, c'est Dieu qui a dit au monde : "Je t'aime".* **Pour un évangéliste, la croix doit être prêchée !**

Après que j'ai gagné une bourse d'études Dr. Pepper de 23 000 dollars, une autre étudiante m'a contacté parce qu'elle avait aussi participé au concours pour la bourse d'études. Elle espérait que je pourrais lui apprendre à lancer le ballon (ce qui déterminait le montant de la bourse). À l'époque, je vivais à New York et elle était au Texas.

J'ai rassemblé quelques amis qui étaient encore au Texas et, par le biais d'appels vidéo, je lui ai enseigné ma technique et lui ai donné quelques conseils. Elle a fini par remporter le concours, qui était doté de 100 000 dollars ! Après avoir gagné, elle a loué Jésus-Christ en direct à la télévision et, lorsqu'on l'a interrogée sur sa technique, elle a parlé de la façon dont je lui avais enseigné la technique.

Un jour, j'ai décidé de montrer cette vidéo d'elle louant Jésus à un évangéliste que je connaissais personnellement, le Dr Scott Camp. Je pensais qu'il serait étonné par le fait qu'elle ait témoigné en direct à la télévision. Mais à mon grand étonnement, il n'était pas du tout impressionné. En fait, il a dit : « *Vous appelez ça un témoignage ? Elle a plus parlé de toi que de Jésus.* »

Je ne savais même pas comment me sentir. **Témoigner pour un évangéliste, ce n'est pas seulement dire le nom de Jésus avec légèreté. Ils veulent voir tout le monde se repentir et être sauvé**. J'ai passé du temps avec lui et j'ai pu voir et apprendre son point de vue. Cela m'a interpellé et m'a rendu plus conscient des perdus qui sont tout autour de moi chaque jour.

J'ai été tellement secouée intérieurement en l'entendant parler de l'éternité et du fait que des millions, voire des milliards de personnes ne pourront pas un jour appeler le paradis chez elles que j'ai commencé à témoigner auprès de beaucoup plus de gens. Un jour, alors que je conduisais avec un nouveau cœur pour les perdus, j'ai vu quelqu'un marcher, j'ai arrêté ma voiture et lui ai demandé s'il connaissait Jésus. Il m'a dit que non, alors je lui ai demandé s'il voulait connaître Jésus ; il a dit oui. J'ai pu le conduire au Seigneur.

Dr Camp est venu dans la ville où j'habite pendant environ une semaine et plus de 40 personnes ont été sauvées. Tout le temps qu'il fût dans notre ville, il n'a fait que discuter de la manière dont nous pourrions gagner toute la ville à Christ. Il avait une passion pour les âmes que je n'avais pas ressentie depuis longtemps. Nous avons besoin des évangélistes dans nos congrégations. Ils nous poussent à atteindre notre communauté, notre nation et le monde.

Dans la Bible, Paul ordonne à Timothée d'effectuer le travail d'un évangéliste (2 Timothée 4 :5). Qu'est-ce qu'un évangéliste, et quel est son rôle dans le corps de l'église ? Comment pouvons-nous, comme Timothée, apprendre de l'évangéliste ?

Le Ministère d'un Evangéliste

Le mot évangéliste signifie *"messager"*. Le livre des Actes des Apôtres présente un grand exemple d'évangéliste dans un homme nommé Philippe.

Philippe l'évangéliste entre en scène dans Actes 6 :5 après le constat que certains païens dans l'église été négligés. Les apôtres avaient prié pour sept hommes pour s'occuper des services dans le corps de l'église, et il était l'un des sept. Actes 6 indique clairement que les apôtres n'étaient pas les responsables de ces services, ce qui signifie que Philippe l'évangéliste est différent de Philippe le frère d'André.

En suivant la vie de Philippe l'évangéliste, nous pouvons déduire de lui ce qu'un évangéliste est censé faire. Peu de temps après que nous ayons fait la connaissance de Philippe dans Actes 6, la persécution éclate et Étienne devient le premier martyr. Les croyants, à l'exception des apôtres, sont tous dispersés dans tout Israël en Actes 8 :1.

Mais Dieu ne néglige pas les épreuves. Dans sa souveraineté, Dieu savait qu'à travers cette persécution, beaucoup entendraient la bonne nouvelle (Actes 11 :19). **Philippe, en tant qu'évangéliste, ne permet jamais qu'une tragédie soit gaspillée ; au contraire, il l'utilise comme une opportunité de servir les perdus**. Il ne s'est pas contenté de partager l'Évangile avec les Juifs, mais il l'a même partagé avec les Samaritains (Actes 8 :5).

Une histoire de son travail d'évangélisation se trouve dans Actes 8 :26-40. Après que les croyants aient été dispersés, Philippe a reçu une mission de l'ange du Seigneur.

Un ange du Seigneur s'adressa à Philippe en disant : « Lève-toi et va en direction du Sud, sur le chemin qui descend de Jérusalem à Gaza, celui qui est désert. » Il se leva et partit. Or un eunuque éthiopien, haut fonctionnaire de Candace, la reine d'Ethiopie, et administrateur de tous ses trésors, était venu à Jérusalem pour adorer. Il repartait, assis sur son char, et lisait le prophète Esaïe. L'Esprit dit à Philippe : « Avance et approche-toi de ce char. » Philippe accourut et entendit l'Ethiopien lire le prophète Esaïe. Il lui dit : « Comprends-tu ce que tu lis ? » L'homme répondit : « Comment le pourrais-je, si personne ne me l'explique ? » et invita Philippe à monter et à s'asseoir avec lui. Le passage de l'Ecriture qu'il lisait était celui-ci :

> *Il a été conduit comme une brebis à l'abattoir et,*
> *pareil à un agneau muet devant celui qui le tond,*
> *il n'ouvre pas la bouche.*
> *Dans son humiliation, la justice lui a été refusée.*
> *Et sa génération, qui en parlera ?*
> *En effet, sa vie a été supprimée de la terre.*

L'eunuque dit à Philippe : « Je t'en prie, à propos de qui le prophète dit-il cela ? Est-ce à propos de lui-même ou de quelqu'un d'autre ? » Alors

Philippe prit la parole et, en partant de ce texte de l'Ecriture, il lui annonça la bonne nouvelle de Jésus. Comme ils continuaient leur chemin, ils arrivèrent à un point d'eau. L'eunuque dit : « Voici de l'eau. Qu'est-ce qui empêche que je sois baptisé ? » [Philippe dit : « Si tu crois de tout ton cœur, cela est possible. » L'eunuque répondit : « Je crois que Jésus-Christ est le Fils de Dieu. »] Il fit arrêter le char. Philippe et l'eunuque descendirent tous les deux dans l'eau et Philippe baptisa l'eunuque. Quand ils furent sortis de l'eau, l'Esprit du Seigneur enleva Philippe et l'eunuque ne le vit plus. Il poursuivit sa route tout joyeux. Philippe se retrouva dans Azot, puis il alla jusqu'à Césarée en évangélisant toutes les villes par lesquelles il passait. »

Il y a tellement de choses dans ce passage que quelqu'un pourrait écrire un livre spécifiquement sur ce passage. Regardons chaque verset et décryptons-le. Le passage commence avec Philippe qui reçoit une mission de l'Ange du Seigneur. L'Ange lui dit *d'aller "sur la route qui descend de Jérusalem à Gaza".* C'est un endroit désert (Actes 8 :26).

En arrivant à cet endroit, il voit une caravane transportant un Eunuque de la reine d'Éthiopie. L'Esprit de Dieu lui dit de s'approcher de la caravane. Il est important de noter que pour un évangéliste, il importe peu de savoir quel est votre statut social, économique, votre sexe, votre race. Pour eux, le partage de l'Évangile a à voir avec l'obéissance à Dieu.

Alors qu'il s'approche de la caravane, il entend l'Eunuque lire Esaïe 53, le passage messianique. Incapable de discerner ce qu'il lit, l'eunuque demande à Philippe de qui parle l'auteur. Philippe, étant au bon endroit au bon moment, lui parle de Jésus.

Après lui avoir parlé de Jésus, remarquez ce que Philippe ne fait pas. Il ne dit pas que tu dois suivre 12 semaines de cours avant de pouvoir être baptisé. Ou tu ferais mieux de t'inscrire à l'église non confessionnelle, sinon tu n'y arriveras pas.

Le Saint-Esprit l'a même pris avant qu'il n'ait eu l'occasion d'en apprendre davantage sur le Christ à cet Eunuque. C'est là que réside l'une des différences entre un évangéliste et les autres fonctions. Un évangéliste est appelé à partager le message, à répandre la semence à quiconque est prêt à entendre. Il peut aller dans des endroits, partager l'évangile, et ne plus jamais y retourner. C'est le travail du pasteur de guider les gens, comme nous le verrons plus tard. Cela montre que le travail d'un évangéliste n'est pas nécessairement axé sur la formation de disciples ; son travail consiste à gagner des âmes.

L'eunuque demande à être baptisé après que Philippe ait partagé avec lui l'Évangile de Jésus-Christ et Philippe s'exécute. Ils n'ont pas attendu une occasion spéciale, ils l'ont simplement fait. Par la suite, le Saint-Esprit a pris Philippe. Il a littéralement fait disparaître Philippe pour le faire réapparaître ailleurs.

Les évangélistes n'aiment pas nécessairement rester à l'intérieur du bâtiment de l'église, et ce n'est pas leur travail. Leur rôle principal est de gagner des âmes et d'aider l'église à grandir. **Ils peuvent s'irriter lorsque la communauté qui les entoure est délaissée. Des chaises vides, pour eux,**

signifient qu'il y a de la place pour que d'autres personnes viennent entendre la bonne nouvelle.

Les Faux Evangélistes

L'Église mormone et les Témoins de Jéhovah envoient leurs fidèles évangéliser. Ils viennent et vous parlent de Jésus, mais à l'intérieur, ils ne le connaissent pas vraiment. Paul déclare,

> *« Mais si quelqu'un – même nous ou même un ange venu du ciel – vous annonçait un évangile différent de celui que nous vous avons prêché, qu'il soit maudit ! Nous l'avons déjà dit, et je le répète maintenant : si quelqu'un vous annonce un autre évangile que celui que vous avez reçu, qu'il soit maudit ! »* (Galates 1 :8-9).

La connaissance de l'évangile est donc essentielle pour détecter la fausse évangélisation. Et qu'est-ce que l'Évangile de Jésus-Christ ? Dans Éphésiens 2, Paul donne une excellente définition de l'Évangile. Il commence par expliquer que nous avons tous été pécheurs (Éphésiens 2 :1-4).

La première chose à comprendre au sujet de l'Évangile est que pour le recevoir, nous devons croire que nous en avons besoin. Comprendre que vous êtes un pécheur qui a besoin d'un sauveur permet d'ouvrir la porte à l'évangile. Cela signifie que toute personne qui vous évangélise contrairement à cette vérité est un faux évangéliste.

Deuxièmement, comprenez ce que Dieu a fait pour vous. Vous aviez besoin d'être sauvé, alors Dieu, parce qu'il est miséricordieux et qu'il vous aime, vous a montré son amour en envoyant son Fils Jésus-Christ mourir pour vous sur la croix alors que vous étiez encore un pécheur. C'est par sa grâce que vous recevez le salut (Éphésiens 2 :4-6 ; Romains 5 :8). Par conséquent, si quelqu'un déclare qu'il y a plus d'un chemin vers Dieu et que c'est Jésus plus Joseph Smith, que vous êtes sauvé en étant seulement dans une certaine communauté, ou que vous devez travailler pour gagner votre salut, ils prêchent un évangile différent et vous évangélisent faussement.

Troisièmement, vous devez savoir qui vous êtes en Jésus-Christ. Jésus n'est pas resté mort, il est sorti de la tombe. Ce faisant, vous êtes également ressuscité avec lui. Lui, étant le Fils de Dieu, vous a aussi fait Fils de Dieu, et étant maintenant assis avec le Christ, il vous a aussi fait asseoir avec lui. Son autorité est votre autorité. Vous n'êtes plus morts, mais vivants en Lui en plaçant votre confiance en Lui (Ephésiens 2 :7-9).

Enfin, vous ", *c'est par la grâce que vous êtes sauvés, par le moyen de la foi. Et cela ne vient pas de vous, c'est le don de Dieu.*" (Éphésiens 2 :8). Vous n'êtes plus esclave du péché. Certains ont faussement déclaré *: "nous sommes solidaires de notre péché".* Nous ne sommes pas en communion avec notre péché ; notre communion est plutôt avec Lui. Nos vies démontrent maintenant la gloire de Dieu au monde. Nous sommes son bien le plus précieux.

Quiconque vient à vous et essaie de vous évangéliser en utilisant un autre évangile est un faux évangéliste. Quand je dis cela, je ne fais pas référence à quelqu'un qui dit par erreur une mauvaise chose avec un cœur droit envers Dieu. L'intentionnalité, lorsqu'elle est exposée, révèle la mentalité d'une personne, qui révèle sa réalité. En d'autres termes, les motifs d'une personne révèlent son caractère.

Paul déclare ceci à propos de celui qui falsifie l'Évangile.

> "*Je m'étonne que vous vous détourniez si vite de celui qui vous a appelés par la grâce de Christ pour passer à un autre évangile. Ce n'est pas qu'il y ait un autre évangile, mais il y a des gens qui vous troublent et qui veulent déformer l'Evangile de Christ. Mais si quelqu'un – même nous ou même un ange venu du ciel – vous annonçait un évangile différent de celui que nous vous avons prêché, qu'il soit maudit ! Nous l'avons déjà dit, et je le répète maintenant : si quelqu'un vous annonce un autre évangile que celui que vous avez reçu, qu'il soit maudit !* " (Galates 1 :6-9).

Le mot maudit signifie *"destiner à la destruction"*, ou dans ce contexte, *"séparé de Christ"*. Dans l'église d'aujourd'hui, combien de personnes ont perverti l'évangile et prêché quelque chose qui n'est pas le véritable évangile ? Nous devons faire attention à la manière dont nous partageons l'évangile et à ce que nous partageons comme évangile.

CHAPITRE 43
Le Pasteur

Mon beau-père, Rick Winkowitsch, est un agriculteur à Cut Bank, dans le Montana. Il possédait plus de 200 brebis. Grâce à ses interactions avec elles, il a beaucoup appris sur ce que signifie être un berger. Il n'y a guère de moment où il parle d'une église sans attirer l'attention sur les similitudes entre les brebis et les gens et entre un berger et un pasteur.

Il parle souvent de l'importance pour un berger de connaître ses brebis. Pour lui, les brebis doivent reconnaître la voix du berger. **Lorsque le berger appelle, les brebis doivent savoir comment répondre à son appel. Parfois, leur capacité à répondre peut leur sauver la vie.**

Il mentionnait à quel point les brebis sont impuissantes. Il nous a raconté comment les brebis peuvent mourir : si elles restent coincées sur le dos, si elles mangent trop, si elles se noient, si elles sont attaquées par des mouches, si elles sont rongées par des asticots, si elles sont attaquées par n'importe quelle créature, si elles ont peur (elles peuvent avoir une crise cardiaque), si elles suffoquent dans la neige, si elles ont trop froid, si elles ont trop chaud, etc.

Mais ce n'est que la partie émergée de l'iceberg pour les brebis. Mon beau-père m'a dit un jour qu'il y a certaines brebis qui seront rebelles. Si le berger ne s'occupe pas rapidement d'elles, elles vont égarer tout le troupeau.

Les brebis rebelles sont parfois grosses et lorsqu'il y a de la nourriture, elles poussent les autres brebis hors du chemin. Elles ne

sont jamais satisfaites et sont toujours à la recherche de pâturages plus verts. Lorsqu'elles trouvent un moyen de sortir de la zone clôturée, elles s'échappent toujours ou essaient de s'échapper par cette zone. Le reste des brebis suivra malheureusement la brebis rebelle, infectant ainsi tout le troupeau d'ingratitude.

Ces brebis rebelles peuvent aussi être gloutonnes et gourmandes. Il a vu des brebis rebelles manger de l'avoine si vite qu'elles en sont mortes. Le berger doit donc être vigilant, toujours à l'affût. Si les brebis n'ont pas de bonnes limites établies, elles peuvent se perdre et être influencées à tort.

Ces comparaisons sont très importantes lorsqu'elles sont examinées sous l'angle des Écritures. La Bible fait référence à nous comme à des brebis. En parlant de ceux qui lui appartiennent, Jésus dit : "Mes brebis entendent ma voix ; je les connais, et elles me suivent" (Jean 10 :27).

L'Écriture appelle également le Christ "le bon berger" (Jean 10 :14). Il connaît ceux qui sont à lui et ne leur fait aucun mal. Il leur donne la vie éternelle, les nourrit et les purifie par sa Parole. Il ne force pas ses brebis, il les encourage à le suivre.

Le Ministère d'un Pasteur

Le mot pasteur en grec est *poimen,* ce qui signifie *« berger ».* Le pasteur, ainsi que toutes les autres fonctions, sont appelés à veiller sur le troupeau. La différence, cependant, entre la façon dont les autres fonctions veillent sur le troupeau et la façon dont le pasteur est appelé à veiller sur lui, réside dans les missions qui lui sont confiées par Dieu. Le mot pour superviseur, ancien ou évêque est « episkopos » en grec.

La connotation du mot grec apostolos était parfois liée à celui qui partait avant l'empereur et conduisait une flotte militaire par bateau vers un nouveau pays pour le conquérir. Ils étaient les représentants de celui qui les envoyait. Le terme episkopos, dans la culture grecque, désignait quelqu'un qui, après la conquête d'une ville par les Romains, était établi comme commissaire de cette ville ou de cet Etat particulier[1].

Ils répondaient à l'empereur. Comme l'empereur ne pouvait pas être présent lui-même, il envoyait des "apostolos", des messagers, à l'episkopos pour transmettre son message. Parfois, ce message contenait des conseils pour leur conquête. Celui qui était envoyé par le roi avait l'autorité du roi. En hébreu, cela est représenté par le mot shaliah. Ce terme mettait davantage l'accent sur l'aspect mandataire de l'envoyé. Par conséquent, le messager avait le pouvoir de l'expéditeur et était envoyé en mission avec son autorité.[2].

Bien que le Royaume de Dieu ne soit pas simplement lié par ces définitions, on peut voir les corrélations à travers la sémantique qui nous aide à mieux comprendre le raisonnement de l'auteur. En outre, ce que le Saint-Esprit leur exprimait peut-être mieux compris, ce qui nous aide à comprendre ce que la Parole de Dieu nous projette aujourd'hui.

Dans ces conditions, quel est le ministère du pasteur ? **Tout d'abord, le travail du pasteur n'est pas d'être l'empereur, mais de faire prospérer le règne de l'empereur**. Cela se fait en le représentant et en s'assurant que

ce que l'empereur veut et comment il veut que cela se passe soit respecté.
Les lois qui sont établies ne seront pas étrangères mais en relation directe
avec les désirs de l'empereur.

C'est ici que les termes changent. Dans le concept mondain,
l'*episkopos* doit régner avec une autorité totale. Pourtant, la Bible met en
garde contre le fait d'être dominateur. C'est un abus de pouvoir. Pierre dit
ceci à propos des anciens,

> "*Voici [donc] les recommandations que j'adresse à ceux qui sont
> anciens parmi vous, moi qui suis ancien comme eux, témoin des
> souffrances de Christ et participant de la gloire qui doit être révélée :
> prenez soin du troupeau de Dieu qui est sous votre garde [en veillant
> sur lui] non par contrainte, mais de bon gré, [selon Dieu]. Faites-le non
> par recherche d'un gain, mais avec dévouement, non en dominant sur
> ceux qui vous sont confiés, mais en étant les modèles du troupeau.
> Ainsi, lorsque le souverain berger apparaîtra, vous recevrez la couronne
> de gloire qui ne perd jamais son éclat.*" (1 Pierre 5 :1-4).

Dans ce passage, nous avons une image claire de ce que Dieu attend
d'un pasteur. Premièrement, ils doivent paître le troupeau de Dieu qui les
supervise. Comme je l'ai illustré précédemment à travers mon beau-père, un
berger doit connaître ses brebis. Il doit les protéger des loups et les conduire
vers le bon pâturage.

Cela signifie que le pasteur doit prêcher la Parole et contrôler les gens,
en s'assurant qu'ils se nourrissent de la bonne nourriture et qu'ils ne se
laissent pas égarer par toute doctrine d'hommes. Pierre poursuit en disant :
"*non pas sous la contrainte, mais de bon gré, comme Dieu le veut*" (1 Pierre 5

:2). Le cœur avec lequel vous guidez les gens affecte les personnes que vous guidez. Être sous la contrainte, c'est agir avec force sur quelque chose. **Lorsque quelqu'un doit se forcer à servir le Seigneur, le sens de l'évangile est perdu.**

Ce ne devrait jamais être *"je dois être pasteur"*, mais *"je veux être pasteur"*. C'est à partir de ce cœur qu'il y a une véritable force. Quand Pierre dit *"volontiers"*, il ne veut pas dire comme vous le voulez, mais comme Dieu le veut. C'est lié à la phrase suivante, *"comme Dieu le veut"*, qui signifie comme Dieu le veut.

Pierre poursuit en disant " *non par recherche d'un gain, mais avec dévouement...".* (1 Pierre 5 :2). Les bergers doivent veiller à ne pas se laisser guider ou être motivés par un chèque de paie ou leurs accolades. Il doit y avoir une véritable joie pour les choses de Dieu.

Ensuite, le passage dit : "*non en dominant sur ceux qui vous sont confiés, mais en étant les modèles du troupeau."* (1 Pierre 5 :3). Pour comprendre le mot *"domination",* je crois que les synonymes de ce mot aident à clarifier sa signification : "intimider, bousculer, brimer, pousser autour de soi, ordonner autour de soi, dominer ; dicter, être dominateur, avoir sous sa coupe, régner avec une verge de fer ; diriger de manière informelle autour de soi, se balader partout »[3].

De nombreux pasteurs considèrent leurs fidèles comme leurs sujets, ce qui fait d'eux de simples objets et non des personnes pour lesquelles Dieu est mort. Lorsque nous dominons les gens, nous les privons de l'autorité que

Dieu leur a donnée et nous nous mettons à la place de Dieu dans leur vie. L'évangile est alors bafoué par le monde parce que l'église se fonde sur les normes de l'homme au lieu de la révélation de l'évangile par le Christ.

Mais le pasteur qui dirige par l'exemple est en effet semblable au Christ. Christ s'est dépouillé de sa divinité et a enduré la mort sur la croix (Philippiens 2). Il ne force pas les gens à le suivre ; il les défiés et les aime là où ils sont. Il nous conduit doucement et n'est jamais dominateur.

Les pasteurs doivent se rappeler qu'ils sont les substituts, et que Dieu est le vrai berger. Comme l'écrit Pierre, "*Ainsi, lorsque le souverain berger apparaîtra, vous recevrez la couronne de gloire qui ne perd jamais son éclat.*" (1 Pierre 5 :4). Si les pasteurs insistent pour être dominateurs, ils volent la gloire de Dieu ici sur terre, et manquent la gloire éternelle du ciel.

Faux Bergers

Au moment de quitter l'église d'Éphèse, Paul s'adresse aux anciens et leur dit,

> *Faites donc bien attention à vous-mêmes et à tout le troupeau dont le Saint-Esprit vous a confié la responsabilité ; prenez soin de l'Eglise de Dieu qu'il s'est acquise par son propre sang. Je sais qu'après mon départ des loups cruels s'introduiront parmi vous, et ils n'épargneront pas le troupeau ; de vos propres rangs surgiront des hommes qui donneront des enseignements pervertis pour entraîner les disciples à leur suite. Restez donc vigilants et souvenez-vous que durant 3 ans, nuit et jour, je n'ai pas cessé d'avertir avec larmes chacun de vous.* (Actes 20 :28-31)

Paul, qui sait que son temps sur terre touche à sa fin, dit les choses les plus importantes qu'il pouvait dire à l'église d'Éphèse alors qu'il est sur le point de partir. Il les avertit en leur prophétisant ce qui est à venir. Il commence par leur dire de faire très attention à eux-mêmes et au troupeau.

Son raisonnement est qu'après son départ, des loups féroces viendront. Il les avertit de deux façons dont ils viendront. L'une vient de l'extérieur et l'autre de l'intérieur. Les loups de l'extérieur n'épargneront pas le troupeau, car il semble qu'ils soient déterminés à le détruire.

Ceux de l'intérieur déformeront le véritable enseignement et égareront certains disciples. En général, leur tactique est la ruse. Ce qui est choquant, c'est que Paul dit que ceux-ci se lèveront du milieu de vous, ce qui signifie qu'il y en avait parmi eux dont le cœur n'était pas vraiment dévoué au Christ.

Nous, comme l'église d'Ephèse, devons être sur nos gardes. Les responsables doivent faire attention à ce qu'ils autorisent à entrer dans l'église. Tous les orateurs ne sont pas envoyés par Dieu ; le diable a aussi ses ministres qui se font passer pour des ministres de lumière (2 Corinthiens 11 :13-15).

Nous devons également nous méfier de ceux qui, à l'intérieur de l'église, se concentrent davantage sur "...*et de ne pas s'attacher à des fables et des généalogies sans fin, qui produisent des controverses au lieu de servir le projet de Dieu qui s'accomplit dans la foi.*" (1 Timothée 1 :4). **Les bonnes questions à poser sont les suivantes : Qu'est-ce que cela a à voir avec**

l'évangile ? Comment les gens arrivent-ils à l'évangile par ce biais ? Comment cela fait-il progresser l'évangile ?

Lorsqu'il a parlé à Ezéchiel, Dieu a lancé un avertissement sévère contre les faux bergers. Cet avertissement, bien qu'il ait été écrit d'abord pour Israël, s'applique à nous aujourd'hui. En lisant Ézéchiel 34, évaluez honnêtement ce à quoi devrait ressembler un vrai berger.

« La parole de l'Eternel m'a été adressée : « Fils de l'homme, prophétise contre les bergers d'Israël ! Prophétise et dis-leur, à ces bergers : 'Voici ce que dit le Seigneur, l'Eternel : Malheur aux bergers d'Israël qui ne prennent soin que d'eux-mêmes ! N'est-ce pas des brebis que les bergers devraient prendre soin ? Vous mangez la graisse, vous vous habillez de laine, vous abattez les bêtes dodues, mais vous ne prenez pas soin des brebis. Vous n'avez pas assisté les bêtes affaiblies, vous n'avez pas soigné celle qui était malade ni pansé celle qui était blessée, vous n'avez pas ramené celle qui s'était égarée ni cherché celle qui était perdue, mais vous les avez dominées avec violence et cruauté. Elles se sont éparpillées parce qu'elles n'avaient pas de berger. Elles sont devenues la nourriture de toutes les bêtes sauvages et elles se sont éparpillées. Mes brebis sont en train d'errer sur toutes les montagnes et sur toutes les hautes collines, mes brebis sont éparpillées sur toute la surface du pays, mais personne ne s'occupe d'elles, personne ne va à leur recherche.'

C'est pourquoi, bergers, écoutez la parole de l'Eternel ! Aussi vrai que je suis vivant, déclare le Seigneur, l'Eternel, parce que mes brebis sont devenues un butin et la nourriture de toutes les bêtes sauvages, faute de berger, parce que mes bergers ne se sont pas occupés de mes brebis, parce qu'ils ont pris soin d'eux-mêmes au lieu de prendre soin de mes brebis, à cause de cela, bergers, écoutez la parole de l'Eternel

! Voici ce que dit le Seigneur, l'Eternel : Je m'en prends aux bergers. Je retirerai mes brebis de leurs mains, je ne les laisserai plus prendre soin des brebis et ils ne pourront plus en profiter pour eux-mêmes. J'arracherai mes brebis de leur bouche et elles ne leur serviront plus de nourriture.

Le vrai berger d'Israël

En effet, voici ce que dit le Seigneur, l'Eternel : Je m'occuperai moi-même de mes brebis, je veillerai sur elles. Tout comme un berger part à la recherche de son troupeau quand il se trouve au milieu de ses brebis et qu'elles sont dispersées, je veillerai sur mes brebis et je les arracherai de tous les endroits où elles ont été éparpillées un jour de ténèbres et d'obscurité. Je les ferai sortir des divers peuples, je les rassemblerai des divers pays et je les ramènerai sur leur territoire. Je les conduirai sur les montagnes d'Israël, le long des cours d'eau et dans tous les endroits habités du pays. Je les conduirai dans un bon pâturage et leur domaine se trouvera sur les hautes montagnes d'Israël. Là elles se reposeront dans un domaine agréable, et elles brouteront dans de riches pâturages sur les montagnes d'Israël. C'est moi qui prendrai soin de mes brebis, c'est moi qui les ferai se reposer, déclare le Seigneur, l'Eternel. J'irai à la recherche de celle qui est perdue, je ramènerai celle qui s'est égarée, je panserai celle qui est blessée et j'assisterai celle qui est affaiblie. En revanche, je détruirai celles qui sont grasses et vigoureuses. Je veux prendre soin d'elles avec équité.

Quant à vous, mes brebis, voici ce que dit le Seigneur, l'Eternel : Je vais faire le tri entre les bêtes, entre les béliers et les boucs. N'est-ce pas suffisant pour vous de brouter dans un bon pâturage ? Faut-il encore que vous piétiniez l'herbe qui reste ? N'est-ce pas suffisant pour vous de boire une eau limpide ? Faut-il encore que vous troubliez le reste avec vos pieds ? Et mes brebis doivent brouter ce que vos pieds ont piétiné, boire ce que vos pieds ont troublé !

C'est pourquoi, voici ce que leur dit le Seigneur, l'Eternel : Je vais moi-même faire le tri entre la bête qui est grasse et celle qui est maigre. Puisque vous avez bousculé les autres avec le flanc et l'épaule, puisque vous avez frappé avec vos cornes toutes les brebis affaiblies, jusqu'à ce que vous les ayez chassées et éparpillées, Je vais porter secours à mes brebis afin qu'elles ne soient plus un butin, et je vais faire le tri entre les bêtes. Je vais mettre à leur tête un seul berger – et il prendra soin d'elles – mon serviteur David. C'est lui qui prendra soin d'elles et qui sera un berger pour elles. Moi, l'Eternel, je serai leur Dieu, et mon serviteur David sera un prince au milieu d'elles. C'est moi, l'Eternel, qui ai parlé.

L'alliance de paix du Seigneur
Je conclurai avec elles une alliance de paix et je ferai disparaître les bêtes féroces du pays. Mes brebis habiteront en sécurité dans le désert et pourront dormir dans les forêts. Je ferai d'elles et des alentours de ma colline une source de bénédiction. J'enverrai la pluie au moment voulu. Ce seront des pluies de bénédiction. L'arbre des champs donnera son fruit et la terre ses récoltes, et elles vivront en sécurité sur leur territoire. Elles reconnaîtront que je suis l'Eternel, quand je briserai la domination exercée sur elles et les délivrerai de ceux qui les asservissent. Elles ne seront plus pillées par les nations et les animaux sauvages ne les mangeront plus. Elles habiteront en sécurité : il n'y aura plus personne pour les effrayer. J'installerai pour elles une plantation réputée, si bien qu'elles ne seront plus emportées par la faim dans le pays et n'auront plus à supporter l'humiliation que leur font subir les nations. Elles reconnaîtront alors que moi, l'Eternel, leur Dieu, je suis avec elles, et qu'elles, la communauté d'Israël, elles sont mon peuple, déclare le Seigneur, l'Eternel. Vous, mes brebis, brebis dont je suis le berger, vous

êtes des hommes, et moi, je suis votre Dieu, déclare le Seigneur,
l'Eternel. »

CHAPITRE 44
L'Enseignant

L'enseignant est peut-être le dernier sur cette liste, mais il n'est en aucun cas le moindre. Par exemple, regardons ce que les enseignants ont contribué à faire pour notre société, avant que les écoles ne deviennent le moyen d'endoctrinement du gouvernement.

Il fut un temps où les écoles étaient des lieux qui célébraient la vérité. Peu de gens le savent, mais la plupart de nos écoles Ivy League, telles que Harvard, Yale et Princeton, ont toutes été fondées par des ministres de l'Évangile dans le but de servir l'Évangile.

Lorsque ces grands hommes ont décidé de fonder ces écoles, la vérité était de la plus haute importance. Ils savaient que si la vérité n'était pas enseignée aux gens, notre société ne pourrait plus reconnaître l'évangile. **Les prédicateurs prêchaient, mais les enseignants enseignaient comment prêcher.**

Bien que la recherche de la vérité dans le système scolaire se soit affaiblie et que des théories subjectives aient cherché à laver le cerveau de nos communautés, il y a encore beaucoup d'enseignants qui sont prêts à tout risquer pour le bien de la vérité. Ce sont ces enseignants qui contribuent non seulement à atteindre l'esprit des élèves, mais aussi à façonner leur cœur.

Ces enseignants aident les élèves à ne pas se contenter de suivre leur chemin, mais à connaître véritablement le chemin. Par le biais de la pensée rationnelle et de la confiance en la vérité uniquement, ils enseignent aux élèves comment penser de manière vraiment critique. **Leur disposition n'est pas fondée sur un sectarisme partial imposé par le gouvernement, mais plutôt sur la nécessité de connaître et d'enseigner la vérité.** Les enseignants doivent enseigner que les réactions émotionnelles, bien que parfois nécessaires, ne sont pas nécessairement synonymes de vérité.

On ne peut pas simplement avoir l'impression d'avoir raison. Les sentiments doivent s'aligner sur la connaissance. **Par conséquent, si nous vivons dans une société où la relativité est enseignée, alors la vérité est insaisissable, ce qui conduit beaucoup de gens à considérer la vérité comme un abus au lieu d'être notre alliée dans un monde plein de mensonges.**

Par conséquent, le rôle d'un enseignant est extrêmement important. Il est impératif que les enseignants ne présentent pas leurs opinions, mais qu'ils présentent la vérité et laissent ceux qui les écoutent réfléchir rationnellement à ce qu'ils entendent. Personne n'est parfait, et il arrive donc que des préjugés apparaissent. Cependant, il incombe à l'enseignant d'aborder ces préjugés et de donner à ceux qui apprennent des occasions de concéder ou de renoncer à leurs déclarations.

Le ministère de l'Enseignant

L'un des noms qui a été donné à Jésus à plusieurs reprises est Rabbi, qui signifie *"enseignant"* en Hébreu. Lorsqu'il était sur terre, Jésus a enseigné de manière prolifique. Du Sermon sur la montagne à son ascension au ciel,

Jésus n'a jamais laissé passer un moment sans enseigner la vérité. Il enseignait de nombreuses façons, en utilisant des éléments connus des gens, des événements historiques, des paraboles et tout ce qu'il jugeait bon d'intégrer dans le récit de ses enseignements.

Après son ascension, Jésus nous a envoyé le Saint-Esprit pour continuer à nous enseigner. C'est le rôle du Saint-Esprit de nous révéler Jésus et de nous conduire tous à la vérité (Jean 14). Le Saint-Esprit est notre premier enseignant. Jean développe ce concept lorsqu'il écrit,

> "*Quant à vous, l'onction que vous avez reçue de Christ demeure en vous et vous n'avez pas besoin qu'on vous enseigne. Au contraire, puisque la même onction vous enseigne sur toute chose, qu'elle est véridique et dépourvue de mensonge, vous demeurerez en lui comme elle vous l'a appris.*" (1 Jean 2 :27 S21).

Jean ne dit en aucun cas de se débarrasser de nos enseignants terrestres. Si c'était le cas, nous n'aurions pas besoin de suivre ce qu'il a écrit. Au contraire, il s'assure que tous ceux qui apprennent, discernent ce qui est enseigné par le Saint-Esprit uniquement. En tant que croyants, nous n'avons pas vraiment besoin d'enseignants terrestres comme nous n'avons pas besoin d'apôtres, de prophètes, d'évangélistes et de pasteurs. Nous devons cependant nous soumettre à leur direction, car ils sont impliqués dans le plan de rédemption de Dieu.

Puisque l'Écriture les prescrit comme nécessaires pour accomplir la croissance et nous protéger des loups, nous devons donc les écouter. Notre alliance n'est pas avec les hommes, elle est avec Dieu, et avec tous les moyens qu'il juge nécessaires pour faire avancer son dessein. Lorsque nous nous soumettons à ces dirigeants, nous ne le faisons pas pour leur plaire mais pour obéir à Dieu.

Un bon exemple de cela serait des chrétiens qui se trouvent dans un pays étranger qui ne permet pas l'entrée de la Parole de Dieu dans le pays. Bien que ces gens n'aient pas la Parole, ils connaissent quand même la vérité de la Parole. En effet, c'est l'Esprit de Dieu qui révèle la profondeur du cœur de Dieu (1 Corinthiens 2 :10). Si vous connaissez le Saint-Esprit, vous connaissez Dieu.

Par conséquent, la première chose qu'un enseignant de la Parole de Dieu devrait avoir, c'est l'Esprit de Dieu. **On peut dire qu'avant que les disciples n'enseignent vraiment, l'Esprit qu'ils cherchaient sûrement, avant qu'ils ne donnent ce qu'ils savaient, Il a rendu leur cœur tout à fait nouveau**. Toute personne aspirant à devenir un enseignant doit tomber amoureux du plus grand enseignant ici sur terre, le Saint-Esprit.

La deuxième chose que tous les enseignants doivent avoir est une connaissance de l'évangile ancrée dans leur cœur. Sans la connaissance de l'évangile, le cœur d'un homme reste hostile. Un enseignant doit connaître et enseigner le bon Evangile (Galates 1).

Les faux enseignants apparaissent lorsque les gens font de l'évangile un élément secondaire au lieu d'être leur premier objectif. Qu'est-ce donc que l'évangile ? Jésus-Christ est l'évangile ; tout ce qu'il était, est et sera. C'est la bonne nouvelle ! C'est le fondement de notre foi.

Grâce à l'évangile, on peut vraiment comprendre le salut. Nous recevons ce que nous n'avons pas initié, mais c'est Jésus qui nous a aimés le premier. Cela n'avait rien à voir avec notre bonté, mais avec sa divinité.

Si les enseignants ne connaissent pas l'évangile, ils feront des pharisiens et non des disciples. Il est facile pour quelqu'un qui enseigne de devenir religieux, car l'information a ceci de séduisant qu'elle peut faire croire à une transformation. Pourtant, la connaissance enfle, et l'amour édifie (1 Corinthiens 8 :1). Nous avons besoin de connaissances, mais nous ne devrions pas supposer que le fait d'apprendre à connaître Dieu fait que les gens ont un désir ardent de Dieu.

Troisièmement, quelqu'un qui s'assied dans le bureau d'un enseignant doit connaître la Parole de Dieu. Nous avons tendance à avoir de nombreux sophismes et il peut être facile pour nous de graviter vers le faux. La Parole de Dieu nous aide à nous protéger pour ne pas nous égarer et égarer les autres.

Puisque les gens suivent ceux dont ils apprennent, un enseignant de la Parole devrait la méditer jour et nuit afin d'être prêt en temps et en heure (2 Timothée 4 :2). C'est à partir de ce fondement que ceux qui enseignent diviseront correctement la vérité. Lorsque Paul dit à Tite : "*Quant à toi, dis ce qui correspond à la saine doctrine.*" (Tite 2 :1), il ne veut pas dire enseigner les traditions des hommes. Il implore Tite d'enseigner ce qui est conforme à la Parole.

Il y a beaucoup d'autres choses qui sont vitales dans le ministère d'un enseignant, mais je crois que ces trois choses sont essentielles : Le Saint-Esprit, l'Évangile et la Parole de Dieu. Toutes ces choses, ancrées sur le Christ, sont de la plus haute importance pour quiconque aspire à s'asseoir dans la fonction d'enseignant.

Faux Enseignants

Malheureusement, l'église n'est pas devenue différente du monde à bien des égards. La Bible dit,

> *"En effet, un temps viendra où les hommes ne supporteront pas la saine doctrine. Au contraire, ayant la démangeaison d'entendre des choses agréables, ils se donneront une foule d'enseignants conformes à leurs propres désirs. Ils détourneront l'oreille de la vérité et se tourneront vers les fables."* (2 Timothée 4 :3-4).

Le mot pour *"saine"* ici est le mot *hugiainó* (hoog-ee-ah'-ee-no). Il signifie « *bien, sûr, sans défaut, non corrompu* »[1]

Ici, Paul dit à Timothée qu'il y aura un temps où les gens ne tiendront plus compte de la vérité sûre et non corrompue. Au lieu de cela, ils trouveront, en fonction de leurs désirs, des enseignants qui seront enclins à enseigner ce qu'ils veulent entendre comme alternative à la vérité et à poursuivre des mythes ou des opinions non pieuses.

Nous vivons actuellement dans le temps dont Paul a parlé. C'est pourquoi je pense que le rôle d'un enseignant dans l'église est vital. Si nous n'enseignons pas la saine doctrine dans nos églises, nous tomberons lentement dans la complaisance. Nous voyons déjà les effets des faux enseignants tout autour de nous.

Des sujets qui ont été très clairs dans les Écritures sont maintenant traités comme si ceux qui ont écrit les Écritures s'étaient trompés sur ces questions. L'homosexualité en est un exemple. Actuellement, certaines dénominations sont publiquement divisées sur cette question. Même dans la petite ville où je vivais, il y a une église qui s'est divisée à cause de cette question.

Comment cela peut-il arriver ? Comment une chose dont la Parole de Dieu parle très clairement peut-elle se perdre dans la traduction ? La Parole de Dieu a-t-elle changé ? Non !

La réponse, une fois de plus, se trouve dans ce que dit Paul : « *Car il viendra un temps où les hommes ne supporteront pas la saine doctrine ; mais, ayant la démangeaison d'entendre des choses agréables, ils se donneront une foule d'enseignants conformes à leurs propres désirs...* ».

Il y a deux choses dans ce passage qui me frappent. La première est le mot « *endurer* ». C'est le même mot que pour l'endurance ou la persévérance. La Bible parle à plusieurs reprises de l'importance de l'endurance. En parlant de la fin des temps, Jésus dit : "*Mais celui qui persévérera jusqu'à la fin sera sauvé*" (Matthieu 24 :13).

Lorsque vous devez endurer quelque chose, cela signifie que cette chose n'est pas facile. **Endurer la vérité n'est pas facile parce que la vérité révèle les mensonges et commande le changement.** Un véritable enseignant doit cependant continuer à dire la vérité, même si les gens le fuient. Seule la vérité peut libérer les gens !

La deuxième chose qui me frappe est l'expression « *satisfaire leurs propres passions* ». Cela fait référence aux personnes qui considèrent que la vérité est relative. La vérité ne peut pas se fonder uniquement sur les sentiments d'une personne ou sur sa perception du monde. La vérité ne peut pas se plier à nous ; nous devons nous plier à elle.

En tant qu'enseignants de l'Évangile, nous devons être prudents. On ne peut pas renoncer à la vérité parce que les sentiments de quelqu'un pourraient être blessés. Les enseignants doivent se rappeler que dans les derniers jours, Dieu a appelé les gens à persévérer. Cela signifie que cela peut être douloureux par moments, mais la vision supérieure est que les gens connaissent la vérité et en soient libérés.

Maintenant que vous avez terminé les chapitres sur les Dons Parentaux, allez à la fin du livre et faites le dernier test.

CHAPITRE 45

Conclusion : Ma Rencontre avec Jésus dans mon Rêve

L'immaturité permanente est un problème dans nos églises. Il est donc très important pour nous, en tant que croyants, de faire tout ce que nous pouvons faire dans la puissance de Dieu pour mûrir. **Le système que l'homme a établi pour les églises ne produit pas beaucoup de croyants matures**.

Nous ne devrions pas accepter que des gens se disent chrétiens et vivent pire que le monde. J'ai constaté que de nombreux chrétiens ne connaissent pas vraiment l'Évangile et mènent donc une vie très nominale. Mais Jésus revient pour une épouse sans tache (2 Corinthiens 11 :2 ; Éphésiens 5 :27).

Nous avons la responsabilité de représenter fidèlement Dieu et sa Parole. Dieu va secouer tout ce qui est fait par l'homme jusqu'à ce que seul ce qu'il a établi demeure (Hébreux 12 :26-28). Le royaume de Dieu est tout ce qui restera.

Par conséquent, cherchons uniquement à établir ce qui est conforme à Son royaume. Nous ne pouvons pas rester des enfants dans la foi. Les choses doivent être remises en ordre dans la maison de Dieu. Grandis, église !

L'auteur de l'épître aux Hébreux, je crois, parle exactement de cette situation quand il dit,

« Nous avons beaucoup à dire à ce sujet, et des choses difficiles à expliquer parce que vous êtes devenus lents à comprendre. Alors que vous devriez avec le temps être des enseignants, vous en êtes au point d'avoir besoin qu'on vous enseigne les éléments de base de la révélation de Dieu ; vous en êtes arrivés à avoir besoin de lait et non d'une nourriture solide. Or celui qui en est au lait est inexpérimenté dans la parole de justice, car il est un petit enfant. Mais la nourriture solide est pour les adultes, pour ceux qui, en raison de leur expérience, ont le jugement exercé à discerner ce qui est bien et ce qui est mal. » (Hébreux 5 :11-14 S21).

Ceci, je crois, représente où nous en sommes dans nos églises aujourd'hui. Nous vivons de lait, sans connaissance de la Parole de justice. Mon cœur, cependant, est pour que l'église soit à un endroit où nous pouvons manger de la nourriture solide. Cela demande une pratique constante. **Nous devons nous entraîner à être un chrétien au lieu d'essayer d'être un chrétien.**

Mon Rêve sur Jésus

D'aussi loin que je me souvienne, j'ai toujours voulu mourir. Même après avoir été sauvé, j'avais toujours envie de mourir. La seule chose qui a changé, c'est la façon dont j'ai demandé à Dieu de mourir. Au lieu de dire que j'aimerais *« être mort »,* j'ai commencé à demander à Dieu de m'emmener au paradis parce que cela semblait plus *« saint »*.

Ma femme, que je courtisais à l'époque, m'a dit que c'étaient des pensées suicidaires chrétiennes. J'étais perplexe face à ce qu'elle disait, mais quelque chose en moi savait qu'elle avait raison. Mais même cela ne m'a pas empêché de demander à Dieu de me prendre.

Un jour, je suis tombé sur un prophète qui m'a regardé et m'a dit : « *Tu as eu un esprit de mort qui t'a poursuivi toute ta vie.* » Je l'ai regardé, abasourdi. *Comment avait-il su cela à mon sujet ?* Pourtant, même après cette rencontre, je continuais à aller dans ma salle de prière et à supplier Dieu de me prendre.

Peu de temps après la rencontre avec le prophète, j'ai fait un rêve dans lequel j'allais au ciel. Dans ce rêve, j'ai rencontré Jésus et je l'ai vu dans son humanité, plein d'humilité. C'était glorieux ! En dormant, j'ai rêvé que j'allais au Ciel, mais il ressemblait à la terre. Dès que je suis arrivé, j'ai entendu les enfants autour de moi dire « *nous voulons aller voir David* » mais j'ai dit « *je veux aller voir Jésus* ».

En regardant à ma droite, j'ai vu ce qui ressemblait à un bâtiment fait de verre avec des supports métalliques noirs autour du verre. Il était haut de deux étages environ, et le verre était teinté en noir. Lorsque j'ai vu Jésus pour la première fois, il ressemblait exactement au tableau que la jeune artiste *Akiana* avait peint de lui, mais je n'ai appris l'existence de ce tableau qu'après le rêve.

Après avoir vu son visage, Jésus a su que je voulais lui laver les pieds. Soudain, il y avait un seau avec de l'eau et une chaise où Jésus était assis. Ses pieds étaient nus et sales. Je l'ai regardé, en souriant d'une oreille à l'autre, et j'ai commencé à lui frotter les pieds. Son gros orteil était couvert d'une substance verte, mais je m'en fichais. J'allais tout frotter.

Soudain, il s'est levé et est allé jouer avec des enfants. Il souriait et était plein de joie. Puis il a demandé : *"Où ai-je mis cet outil ?"* J'ai pensé, *pourquoi pose-t-il une question ? N'est-il pas Dieu ?* Quelques secondes après que cette pensée ait traversé mon esprit, j'ai eu l'impression que mon esprit et le sien ne faisaient qu'un. C'était comme si nos esprits étaient passés en hyper-propulsion. Je pouvais voir qu'Il avait une super connaissance, et mon cerveau avait l'impression d'être devenu l'Internet se déplaçant rapidement à travers les informations. Il passait à la vitesse de la lumière, comme le vaisseau de la Guerre des étoiles, jusqu'à ce que Jésus dise : « *C'est là.* » 100% Dieu et 100% homme.

Après ça, j'ai vu le visage de Jésus. Il était très triste. Cela m'a rappelé la scène de la Passion du Christ où Jésus a été tellement frappé que son œil a enflé. C'est ainsi qu'il regardait le monde à travers une vitre.

Il s'est alors approché de moi là où j'étais, à une distance d'environ un bras. Il a dit : *"Veux-tu repartir ?"* Je l'ai regardé fixement et n'ai rien dit. Il a continué, *"Parce qu'il y a encore quelques autres choses, que tu es censé ajouter à la fin des temps."* Dès qu'Il a dit *"fin des temps"*, j'ai vu la terre, de la taille d'un globe, au-dessus de Sa tête. Il y avait deux nuages d'orage.

L'un d'eux allait du Nord-Ouest au Sud-Est autour du globe, tandis que l'autre allait du Nord-Est au Sud-Ouest et faisait le tour du globe. Au centre, ils formaient un X en se croisant. Ils étaient recouverts d'éclairs, de tonnerre et de feu, et ils tournaient sur eux-mêmes. **J'ai vu la fin du monde.**

Je n'ai toujours rien dit à Jésus. Il s'est penché plus près de moi et a souri ; ses yeux étaient pleins de joie. Il a dit : *"Je viendrai te voir dans tes rêves".* Je n'ai toujours pas répondu. Après cela, il a repris son chemin. Je l'ai regardé faire le sac d'une autre personne qui allait retourner sur terre par ce qui ressemblait à un ascenseur.

La beauté de tout cela était de savoir que Jésus est le numéro un en matière d'humilité, et qu'il allait le rester pour l'éternité. Cela m'a fait fondre le cœur. Il servait tout le monde. Ils savaient tous qu'il était Jésus, mais il était si doux que chacun avait sa place.

En l'observant faire ses bagages, j'ai décidé d'y retourner. J'ai attrapé mon sac à dos, qui se trouvait à côté de moi, je l'ai enfilé de la main droite et je me suis levée. Dès que je me suis levée, je me suis réveillée dans la vraie vie. J'étais plein d'une euphorie débordante. À ce moment-là, j'ai su que le désir de mourir avait disparu de moi.

Mais qu'est-ce que tout cela signifiait ? Le Saint-Esprit m'a révélé qu'au début du rêve, j'arrivais dans un endroit qui était le Ciel, mais qui ressemblait à la terre. C'était parce que nous sommes censés prier pour que le Ciel vienne envahir la terre (Matthieu 6 :9-13) !

Quand j'ai vu Jésus, il savait que je voulais lui laver les pieds, alors il s'est assis sur la chaise et ses pieds étaient sales. Le corps de Jésus est l'église, et lorsque nous servons l'église, nous servons Jésus. Le regard triste est lié à la douleur qu'il ressent parce que les gens vont en enfer s'ils ne se tournent pas vers lui.

Sa déclaration : *"Il y a encore des choses à ajouter à la fin des temps"* a trait aux âmes. Nous ne pouvons rien emporter avec nous au Ciel, à l'exception de notre prochain. La terre était en feu parce que nous vivons dans les derniers jours.

Je trouve étonnant qu'une déclaration comme *"Je veux aller au ciel"* puisse être détournée par le diable. La tromperie peut ressembler à la vérité. C'est ma rencontre avec Jésus qui a changé mon chemin et a brisé l'esprit de mort de ma vie.

Dieu nous a appelés à faire avancer son royaume ici sur terre. Il nous a donné tous les outils nécessaires pour l'accomplir (2 Pierre 1 :3). Nous devons mûrir dans notre pensée et nos actions en découleront.

Tests

Avant de passer ces tests, je vous suggère de prier et de jeûner. Je recommande de consacrer 1 à 3 jours à cette tâche, en fonction de la direction du Saint-Esprit. Essayez d'éviter de répondre *"parfois"*, sauf si c'est vraiment nécessaire.

Comprenez que ce test est destiné à vous orienter dans la bonne direction, mais qu'il n'est pas infaillible. Si vous obtenez des réponses identiques, posez-vous la question suivante : *Laquelle de ces personnalités ai-je dû développer et laquelle a toujours fait partie de moi depuis que je suis jeune ?*

Test Spirituel

Gloire Emmanuel Ndongala

Instructions : Les questions sont numérotées par ordres alphabétique. A chaque question répond par le chiffre qui correspond à ta vérité. A la fin, fais la somation sur chaque question et note la question a laquelle tu as eu le plus grand totale. Puis compare entre la question à laquelle tu as eu le plus total avec le don quel correspond avec sur la page après chaque groupe des questions (où il y a une liste des dons).

LES DONS DE LA PERSONNALITÉ, MON ESPRIT

-1- Jamais moi
-2- Presque jamais moi
-3- Parfois moi
-4- Presque toujours moi
-5- Toujours moi

A.

1. J'aime communiquer et faire respecter la vérité révélée ___

2. Je vois les choses en noir ou en blanc, sans zones grises ___

3. Si quelqu'un pèche, il est facile pour moi de lui dire la vérité ___

4. Dire la vérité à quelqu'un, c'est lui faire preuve de miséricorde ___

5. Tout ce que vous dites doit toujours être fondé sur la vérité ___

B.

1. J'aime faire le service et m'occuper des gens, cela me procure un sentiment de joie ___

2. Tout le monde devrait toujours travailler pour Jésus ___

3. Marc 10 :45 "Car le Fils de l'homme est venu non pour être servi, mais pour servir, et donner sa vie en rançon pour la multitude." C'est l'un de mes versets préférés. ___

4. Si un homme de Dieu venait dans ma maison, je crois qu'il est plus important de le servir que de rester assis et de l'écouter. ___

5. Si je ne travaille pas, je ne suis pas productif et je suis paresseux ___

C.

    1. L'information conduit à la transformation ___

    2. Lorsque je partage un message, j'aime inclure des dates et des lieux ___

    3. Rien ne m'apporte plus de joie que quelqu'un qui apprend à penser ___

    4. Il y a toujours de la liberté dans l'éducation ___

    5. Je suis fier de ce que j'ai appris ___

D.

    1. Je crois que Dieu n'est pas en colère ___

    2. Lorsque quelqu'un pèche, il est de la plus haute importance que nous l'aimions ___

    3. Les gens font des erreurs parce qu'ils ne savent pas mieux _____

    4. Tout ce dont les gens ont besoin, c'est de quelqu'un qui croit en eux ___

    5. J'aime envoyer aux gens des mots réconfortants de façon anonyme ___

E.

    1. Je ne veux pas que quelqu'un ne̶ sache jamais que je lui donne quelque chose ___

    2. J'aime savoir où va le don que je fais ___

    3. Une fois que j'ai donné quelque chose à quelqu'un, je ne lui demande jamais de me le rendre ou d'en reparler ___

    4. Je n'attends pas de remerciements après avoir donné quelque chose à quelqu'un ___

    5. On ne m'a jamais appris à partager, je le fais simplement parce que cela me procure de la joie ___

F.

1. La passion est l'un des attributs les plus importants, sans elle, nous mourrons ___

2. Je suis doué pour déléguer le travail ___

3. Mon objectif est la réussite des autres. Je veux que les gens fassent de plus grandes réalisations que moi ___

4. J'aime la responsabilité que représente le fait d'être le capitaine d'une équipe ___

5. Je trouve toujours un moyen de mener à bien un projet et de faire participer les gens à sa réalisation ___.

G.

1. Il m'est difficile de discipliner quelqu'un ou de regarder quelqu'un être discipliné ___

2. Je crois que l'amour est toujours plus nécessaire que la vérité ___

3. Nous devons toujours aimer les gens dans leur péché ___

4. Si je devais choisir entre l'amour et la vérité dans une situation, je choisirais toujours l'amour ___

5. J'ai l'impression que nous devons toujours être reconnaissants envers quelqu'un ___

H.

1. J'aime accueillir des gens dans ma maison ___

2. J'ai toujours voulu avoir une chambre ou une maison supplémentaire pour y loger quelqu'un qui avait besoin d'un endroit où rester ___

3. Je n'ai pas besoin de vous connaître pour vous accueillir dans ma maison ___

4. Quand un étranger entre chez moi, je suis d'accord pour qu'il utilise les meilleures choses de ma maison ___

5. Je souhaite toujours héberger tous les sans-abris ___

A. Prophétie _____

B. Service _____

C. Enseignant _____

D. Animateur _____

E. Donateur _____

F. Leader _____

G. Douche de la miséricorde _____

H. Hospitalité _____

LES DONS DE FONCTIONNEMENT, MON ÂME

-1- Jamais moi
-2- Presque jamais moi
-3- Parfois moi
-4- Presque toujours moi
-5- Toujours moi

Les Dons des Langues

A.

1. Je me retrouve souvent à donner des messages en langues _____

2. Pour moi, le service devrait toujours laisser la place à un message en langue _____

3. Une église qui laisse la place à un message en langues est une église qui laisse la place à Dieu pour agir _____

4. Si je vais dans un autre pays qui ne parle pas ma langue, Dieu peut surnaturellement parler à travers moi dans leur langue ____

5. J'attends avec impatience que Dieu m'enseigne de nouvelles langues _____

B.

1. Quand quelqu'un parle en langues, je sais presque toujours ce qui est dit ____

2. J'ai souvent été utilisé pour interpréter un message en langues ____

3. Je dois découvrir ce que je dis quand je parle en langues ____

4. J'ai eu a distingué quand quelqu'un parlait des langues angéliques, des langues mystérieuses, et quelqu'un parlant une langue étrangère en langues ____

5. J'ai été utilisé par Dieu ou j'ai voulu être utilisé pour traduire quelqu'un qui parlait en langues ____

C.

1. Souvent, je peux dire ce qui va arriver à des individus ou à des situations _____

2. Je reçois constamment des rêves ou des paroles pour les gens qui ont un rapport avec leur situation actuelle ou ce qui est à venir pour eux ____

3. J'emmagasine les paroles prophétiques car je crois qu'elles sont une arme qui peut être utilisée contre l'ennemi ____

4. Chaque fois que je vais à un événement, je peux presque toujours sentir ce qui va se passer ensuite ____

5. D'innombrables fois, j'ai rêvé de choses qui se sont produites et j'ai parlé de choses qui se sont produites. _____

Les Dons de la Connaissance

D.

1. Je peux systématiquement dire ce qui s'est passé dans le passé de quelqu'un et ce qui s'est passé dans des situations passées _____

2. Dieu m'a donné des noms de personnes, des lieux où elles ont vécu, des écoles qu'elles ont fréquentées et des parents qu'elles ont eus, tout cela avant qu'elles ne me le disent, ou j'ai eu l'impression que je devais savoir cela sur les gens ____.

3. Je me retrouve régulièrement à dire aux gens ce qu'ils vivent ou ont vécu sans qu'ils me le disent ____

4. Je me retrouve de façon surnaturelle avec des idées sur la façon de terminer ou de commencer des projets pour lesquels je n'avais aucune formation ____

5. La vérité m'est révélée sur des situations passées ou présentes de façon régulière ___

E.

1. J'ai souvent une intuition surnaturelle sur ce que quelqu'un devrait faire dans une situation donnée_____

2. J'ai souvent l'impression que Dieu m'utilise pour partager des informations avec le groupe sur la manière dont nous devrions procéder pour que notre église devienne plus saine_____.

3. Je sens souvent que Dieu me pousse à donner des instructions ou des conseils avisés aux gens qui ont besoin d'aide_____.

4. Tenir compte de la sagesse et des instructions bibliques telles que les Proverbes est primordial pour avoir une église saine et prospère_____.

5. Je pose souvent la question dans l'église et aux individus : "Cette action/décision est-elle sage ?"_____

F.

1. Lorsque je rencontre quelqu'un, je peux souvent reconnaître l'esprit qui l'influence._____

2. Lorsque quelqu'un parle, je peux souvent deviner les véritables motivations qui se cachent derrière ce qu'il dit._____

3. Je peux généralement dire quand et comment les gens sont trompés_____

4. Lorsque je vois tant de tromperie dans l'église, cela me motive à étudier la vérité de la Bible afin de savoir comment la corriger_____.

5. Je ne fais pas confiance aux gens facilement car le cœur de l'homme est extrêmement méchant_____.

Les Dons du Pouvoir

G.

1. Je me sens toujours persuadé par Dieu de faire des choses_____

2. Dieu a placé une capacité innée pour moi de lui faire confiance, il est presque impossible pour moi de ne pas le faire_____

3. Je crois que Dieu peut tout faire dans sa parole, donc je compte sur lui pour tout_____

4. Il m'est difficile de voir le mal chez une personne car je sais que Dieu peut la sauver _____

5. Je sens que Dieu m'a amené à toujours avoir confiance en Lui depuis que je suis sauvé, je ne me souviens pas d'un moment où je n'étais pas confiant que Dieu allait faire ce qu'Il avait dit qu'Il ferait _____

H.

1. Puisque Jésus a guéri ceux qui sont venus et l'ont demandé, il est presque impossible pour moi de douter que toute personne qui demande la guérison sera guérie. _____

2. Quand je prie pour la guérison, je sais qu'elle se produira _____

3. Dieu s'est servi de moi à de nombreuses reprises pour manifester la guérison chez de nombreuses personnes _____

4. Je déteste de tout mon cœur les maladies et les infirmités, nous n'avons pas été créés pour être malades. Par conséquent, lorsque je vois quelqu'un qui est malade, je suis poussé par la compassion à prier pour lui_____.

5. Après avoir eu une intimité avec Dieu, il y a un fort désir en moi de voir tous les gens être guéris de toutes leurs afflictions_____.

L.

1. J'ai souvent des visions ou des rêves dans lesquels je ressuscite quelqu'un d'entre les morts ou je prie pour que le pied de la personne repousse _____.

2. En d'innombrables occasions, j'ai senti la puissance de Dieu se reposer sur moi pour prier pour quelqu'un qui ne pouvait pas voir ou ne pouvait pas marcher ou ne pouvait pas parler _____.

3. Quand je vois quelqu'un d'infirme, je déteste toujours qu'il souffre, et je suis toujours poussé par la compassion à prier pour lui. _____

4. J'ai toujours un fort désir d'être utilisé par Dieu pour montrer sa puissance au monde _____

5. Si quelqu'un ne peut pas voir, entendre ou parler à cause d'une maladie, je suis souvent poussé par Dieu à jeûner et à prier pour son rétablissement. _____

A. Différents types de langues _____

B. Interprétation des langues _____

C. La prophétie _____

D. Parole de connaissance _____

E. Parole de sagesse _____

F. Le discernement des esprits _____

G. La foi _____

H. La guérison _____

I. L'accomplissement de miracles _____

LES DONS DE LA PARENTALITÉ, MON CORPS

-1- Jamais moi
-2- Presque jamais moi
-3- Parfois moi
-4- Presque toujours moi
-5- Toujours moi

A.

1. J'ai la passion de lancer de nouveaux projets _____

2. L'endroit où je vis ne me dérange pas si c'est là où Dieu veut que je sois, donc déménager d'un endroit à l'autre, même si c'est parfois difficile, ne me dérange pas _____

3. Je suis jaloux des aspects fondamentaux de la vie _____

4. J'enseigne mais je ne suis pas un enseignant, je prêche mais je ne suis pas un prédicateur, j'évangélise mais je ne suis pas un évangéliste, je prophétise mais je ne suis pas un prophète _____

5. Je me sens appelé à implanter des églises partout et n'importe où, à partager l'évangile à toutes les langues, et à faire ou superviser le processus de formation des disciples_____.

B.

1. Je vois ou j'entends des choses du monde des esprits et parfois je sais que je dois dire à quelqu'un ce que j'ai vu. Ce sentiment ne me quitte jamais jusqu'à ce que j'obéisse _____

2. Dieu me donne régulièrement des révélations sur son cœur pour les gens _____

3. La repentance est de la plus haute importance pour moi ; sans la sainteté, nous ne pouvons pas voir Dieu _____

4. Je reçois continuellement des rêves et des visions pour les gens et pour l'église _____

5. Quand je vais quelque part, Dieu me montre ou me dit ce qui va se passer avant que cela n'arrive _____

C.

1. Je me sens obligé de partager Christ tout le temps et partout où je vais

_____

2. Je n'aime pas rester dans un établissement religieux. Quand je suis dehors à partager le Christ, je me sens vivant _____

3. Je pense à des moyens créatifs de gagner des âmes pour le Royaume de Dieu, et je mets aussi ces idées en pratique _____

4. Mon cœur brûle continuellement pour les perdus _____

5. Le message le plus important est la Croix de Jésus-Christ, chaque fois que je prêche ou que je parle, j'ai toujours l'impression que je dois partager le message de la croix car nous sommes perdus sans lui _____

D.

1. Il est de mon devoir de protéger le peuple de Dieu même vis-à-vis de soi-même _____

2. Je ne me sens pas obligé d'aller partout et de prêcher ; je sais que je dois aller quelque part et prêcher _____

3. Je suis à l'aise pour établir mes racines quelque part _____

4. Quand Dieu me donne une vision pour un endroit, il m'utilisera aussi pour l'accomplir _____

5. Je me sens appelé à accompagner les gens du début à la fin de leur relation avec Dieu _____

E.

1. J'aime plus expliquer des concepts que simplement informer les gens sur des choses _____

2. Il m'est difficile de quitter un endroit après un partage si je ne suis pas certain qu'ils ont compris ce que j'ai dit _____

3. J'aime mettre en place des programmes d'études et guider les gens à travers ces programmes_____

4. Je préfère rester quelque part et instruire les gens plutôt que d'aller d'un endroit à l'autre pour prêcher _____

5. J'aime être informé. Les gens meurent par manque de connaissance, nous devons donc étudier pour nous montrer acceptés. Je le crois et je le vis _____

A. Apôtre _____

B. Prophète _____

C. Évangéliste _____

D. Pasteur _____

E. Enseignant _____

NOTES

Chapitre 4

1. *« Définition de ZEAL ». 2019. Merriam-Webster.Com. https://www.merriam-webster.com/dictionary/zeal.*

Chapitre 9

1. *Health, Fresh. 2019. « A Safe Place For Pastors And Their Spouses Who Are Experiencing Weariness, Burnout And/Or Crisis In Ministry - Fresh Hope For Mental Health". Fresh Hope For Mental Health. [Un lieu sûr pour les pasteurs et leurs conjoints qui connaissent la fatigue, l'épuisement et/ou la crise dans le ministère - nouvel espoir pour la santé mentale ». Nouvel espoir pour la santé mentale]. http://freshhopeformentalhealth.com/a-safe-place-for-pastors-and-their-spouses-who-are-experiencing-weariness-burnout-andor-crisis-in-ministry/.*

2. *Anon, (2019). [En ligne] Disponible à l'adresse suivante : https://www.blueletterbible.org/lang/lexicon/lexicon.cfm?t=kjv&strongs=g1249 [Consulté le 30 août 2019].*

Chapitre 10

1. *« Genèse 1 :1 (ESV) ». 2019. Blue Letter Bible. [Lettre bleue Bible]. https://www.blueletterbible.org/lang/lexicon/lexicon.cfm?t=ESV&strongs=h1984.*

Chapitre 11

1. *Strong's Greek: 4336. [Le grec de Strong: 4336]. προσεύχομαι (PROSEUCHOMAI) - to pray [prier]. Extrait le 14 septembre 2021 de https://biblehub.com/greek/4336.htm.*

2. *Intro to 1 Timothy. Biblica. [Intro à 1 Timothée. Biblique]. (2020, 11 mai). Extrait le 12 septembre 2021 de https://www.biblica.com/resources/scholar-notes/niv-study-bible/intro-to-1-timothy/.*

3. *Pistis meaning in bible - new testament greek lexicon - new american standard [Pistis signifie dans la bible - nouveau testament lexique grec - nouvelle norme américaine].*

Extrait le 12 septembre 2021 de

https://www.biblestudytools.com/lexicons/greek/nas/pistis.html.

Chapitre 12

1. *Strong's Hebrew: 6684. ם‎וצ (TSUM) -- to abstain from food, fast. (n.d.). [Hébreu de Strong: 6684. ם‎וצ (TSUM)]-- s'abstenir de manger, jeûne. Extrait le 12 septembre 2021 de https://bibleapps.com/hebrew/6684.htm.*

2. *Nesteuo meaning in Bible - New Testament Greek Lexicon - New American standard [Nesteuo signifiant dans la Bible - Nouveau Testament Lexique grec - Nouvelle norme américaine]. Extrait le 12 septembre 2021 de https://www.biblestudytools.com/lexicons/greek/nas/nesteuo.html.*

Chapitre 14

1. *2019. Worldpopulationreview.Com. http://worldpopulationreview.com/us-cities/cut-bank-mt-population/.*

2. *Research, LifeWay, Church Toolkit, Custom Research, – Categories, American Views, Church Life, and Discipleship Canada et al. [Recherche, Voie de communication, Boîte à outils de l'Église, Recherche personnalisée, & # 8211; Catégories], 2019. "Lifeway Research: Americans Are Fond Of The Bible, Don'T Actually Read It". [Les Américains adorent la Bible, Mais ne la lisent pas.] ». Lifeway Research. https://lifewayresearch.com/2017/04/25/lifeway-research-americans-are-fond-of-the-bible-dont-actually-read-it/.*

3. *"John 11:35 (ESV)". 2019. Blue Letter Bible. « Jean 11 :35 (ESV) ». 2019. La Bible en lettres bleues. https://www.blueletterbible.org/lang/lexicon/lexicon.cfm?Strongs=G1145&t=ESV.*

4. *Edmondson, Ron, Craig Blomberg, The Blog, Inside BST, Craig Blomberg et Stephen Altrogge. 2019. "John 11 Commentary - Matthew Henry Commentary On The Whole Bible (Concise)". Bible Study Tools. [« Jean 11 Commentaire - Matthieu Henry*

Commentaire sur la Bible entière (Concise) ». Outils d'étude de la Bible].

https://www.biblestudytools.com/commentaries/matthew-henry-concise/john/11.html.

Chapitre 15

1. 2019. Myersbriggs.Org. 2019. https://www.myersbriggs.org/my-mbti-personality-type/mbti-basics/thinking-or-feeling.htm?bhcp=1.

2. "Definition Of MORES". 2019. Merriam-Webster.Com. « Définition de Mœurs». 2019. Merriam-Webster.Com. https://www.merriam-webster.com/dictionary/mores.

Chapitre 16

1. « John Gills Exposition of The Bible Commentary ». [Commentaire de John Gills sur l'exposition de la Bible] 2019.. Bible Study Tools. [Outils d'étude de la Bible]. https://www.biblestudytools.com/commentaries/gills-exposition-of-the-bible/.

2. Deffinbaug, Robert L. 2019. "30. Thinking Straight About Spiritual Gifts (Romans 12:3-8) [Penser directement aux dons spirituels (Romains 12: 3-8)] | Bible.Org. https://bible.org/seriespage/30-thinking-straight-about-spiritual-gifts-romans-123-8.

3. "Why Did Martin Luther Reject James?". 2019. Biblestudy.Org. [« Pourquoi Martin Luther a-t-il rejeté James ? »]. http://www.biblestudy.org/question/why-did-martin-luther-want-book-of-james-out-of-bible.html.

Chapitre 17

1. "Strong's Greek: 1248. Διακονία (Diakonia) -- Service, Ministry". 2019. Biblehub.Com. ["Le grec de Strong : 1248. Διακονία (Diakonia) - Service, Ministère "]. http://biblehub.com/greek/1248.htm.

2. « The Amazing Name Martha: Meaning and Etymology ». 2019. [L'étonnant prénom de Martha : signification et étymologie]. Abarim Publications. http://www.abarim-publications.com/Meaning/Martha.html#.XSSp9yVMEIQ.

Chapitre 18

1. *"Le grec de Strong : 1321. Διδάσκω (Didaskó) -- Enseigner ". 2019.*
   http://biblehub.com/greek/1321.htm.

Chapitre 19

1. *"Strong's Greek: 3870. Παρακαλέω (Parakaleó) -- To Call To Or For, To Exhort, To*
   Encourage". 2019. Biblehub.Com ["Le grec de Strong: 3870. Παρακαλέω (Parakaleó) --
   Appeler à ou pour, exhorter, encourager "]. http://biblehub.com/greek/3870.htm.

2. *« Definition Of Admonish | [Definition de Réprimander] Dictionary.Com. » 2019.*
   http://www.dictionary.com/browse/admonish.

Chapitre 20

1. *"Strong's Greek: 2130. Εὐμετάδοτος (Eumetadotos) -- Ready To Impart". 2019. ["Le grec*
   de Strong : 2130. Εὐμετάδοτος (Eumetadotos) -- Prêt à transmettre "].
   http://biblehub.com/greek/2130.htm.

2. *"Acts 10:10 Commentaries: But He Became Hungry and Was Desiring To Eat; But While*
   They Were Making Preparations, He Fell Into A Trance;". 2019. Biblehub.Com. ["Actes
   10 :10 Commentaires : Mais il est Devenu Affamé et Désirait Manger ; Mais pendant
   qu'ils faisaient des Préparatifs, il est tombé dans une Transe].
   https://biblehub.com/commentaries/acts/10-10.htm.

Chapitre 25

1. *C. K. Barrett, A Commentary on the First Epistle to the Corinthians*
   (Hagerstown, NY: Harper & Row, 1817), 1.
2. *C. K. Barret*
3. *F. F. Bruce, New Century Bible 1 and 2 Corrinthians (Londres, Angleterre :*
   The Attic Press, 1917), 2.
4. *Leon Morris, 1 Corinthians (Grand Rapids, Michigan : William B. Eerdmans*
   1985), 18.

Chapitre 32

1. *Edmondson, Ron, Craig Blomberg, The Blog, Inside BST, Craig Blomberg, and Stephen Altrogge. 2019. "Topos - New Testament Greek Lexicon - New American Standard". Bible Study Tools. [« Topos - Nouveau Testament Lexique grec - Nouvelle norme américaine ». Outils d'étude de la Bible].* https://www.biblestudytools.com/lexicons/greek/nas/topos.html.

Chapitre 33

1. *"How Often Do We Dream | Sleep.Org". 2019. Sleep.Org. [« Combien de fois rêvons-nous].* https://www.sleep.org/articles/how-often-dreams/.

Chapitre 34

1. *« Notitia Definition and Meaning | Collins English Dictionary ». 2019. [Définition et signification de Notitia].* https://www.collinsdictionary.com/us/dictionary/english/notitia.

2. *Mahoney, Kevin. 2019. « Latin Definition For: Assensus, Assensus (ID: 5099) - Latin Dictionary And Grammar Resources - Latdict". Latin-Dictionary.Net.* http://latin-dictionary.net/definition/5099/assensus-assensus.

Chapitre 36

1. *Kittel, Gerhard. 1964.   Theological Dictionary of The New Testament Vol 1. Grand Rapids Michigan : Wm Eerdmans. [Dictionnaire théologique du Nouveau Testament Vol 1.*

Chapitre 37

1. *"Interlinear Bible: Greek, Hebrew, Transliterated, English, Strong's". 2019. « Bible interlinéaire : Grec, Hébreu, Traduit, Anglais, de Strong »..* https://biblehub.com/interlinear/.

2. *"Strong's Greek: 1755. Ἐνέργημα (Energéma) -- An Effect, Operation". 2019. Biblehub.Com ["Le grec de Strong: 1755. Ἐνέργημα (Energéma) -- Un effet, opération "]..* https://biblehub.com/greek/1755.htm.

3. *"Strong's Greek: 1411. Δύναμις (Dunamis) -- (Miraculous) Power, Might, Strength".* 2019. Biblehub.Com [« Le grec de Strong »] https://biblehub.com/greek/1411.htm.

4. *2019. Crashstats.Nhtsa.Dot.Gov.* https://crashstats.nhtsa.dot.gov/Api/Public/ViewPublication/809911.

Chapitre 38

1. *Us, Contact, and Guest Post? 2019. "Stats". Fatherhood Factor. [Nous, Contact, et Guest Post? 2019. « Statistiques ». Facteur de paternité].* https://fatherhoodfactor.com/us-fatherless-statistics/.

2. *Fatherhood Factor [Facteur de paternité]*

Chapitre 41

1. *Edmondson, Ron, Craig Blomberg, The Blog, Inside BST, Craig Blomberg, and Stephen Altrogge. 2019. "Naioth Definition And Meaning - Bible Dictionary". Bible Study Tools [Outils d'étude de la Bible].* https://www.biblestudytools.com/dictionary/naioth/.

Chapitre 43

1. *MacArthur, John. 1986. Ephesians Macarthur New Testament Commentary. Chicago: Moody Publishers.*

2. *Green, Joel B. n.d. Dictionary of Jesus and The Gospels. [Green, Joel B. s.d. Dictionnaire de Jésus et les évangiles].*

3. *Definition Of Domineering [Définition de "Domineering"] | Dictionary.Com. » 2019.* https://www.dictionary.com/browse/domineering.

Chapitre 44

1. *"Strong's Greek: 5198. Ὑγιαίνω (Hugiainó) -- To Be Sound, Healthy". 2019. Biblehub.Com. ["Le grec de Strong : 5198. Ὑγιαίνω (Hugiainó) -- Être sain, en bonne santé ". 2019].* https://biblehub.com/greek/5198.htm.

Printed in Great Britain
by Amazon

87474895R00190